教育史像の脱構築

近代化言説の系譜学

佐藤 学
Sato Manabu

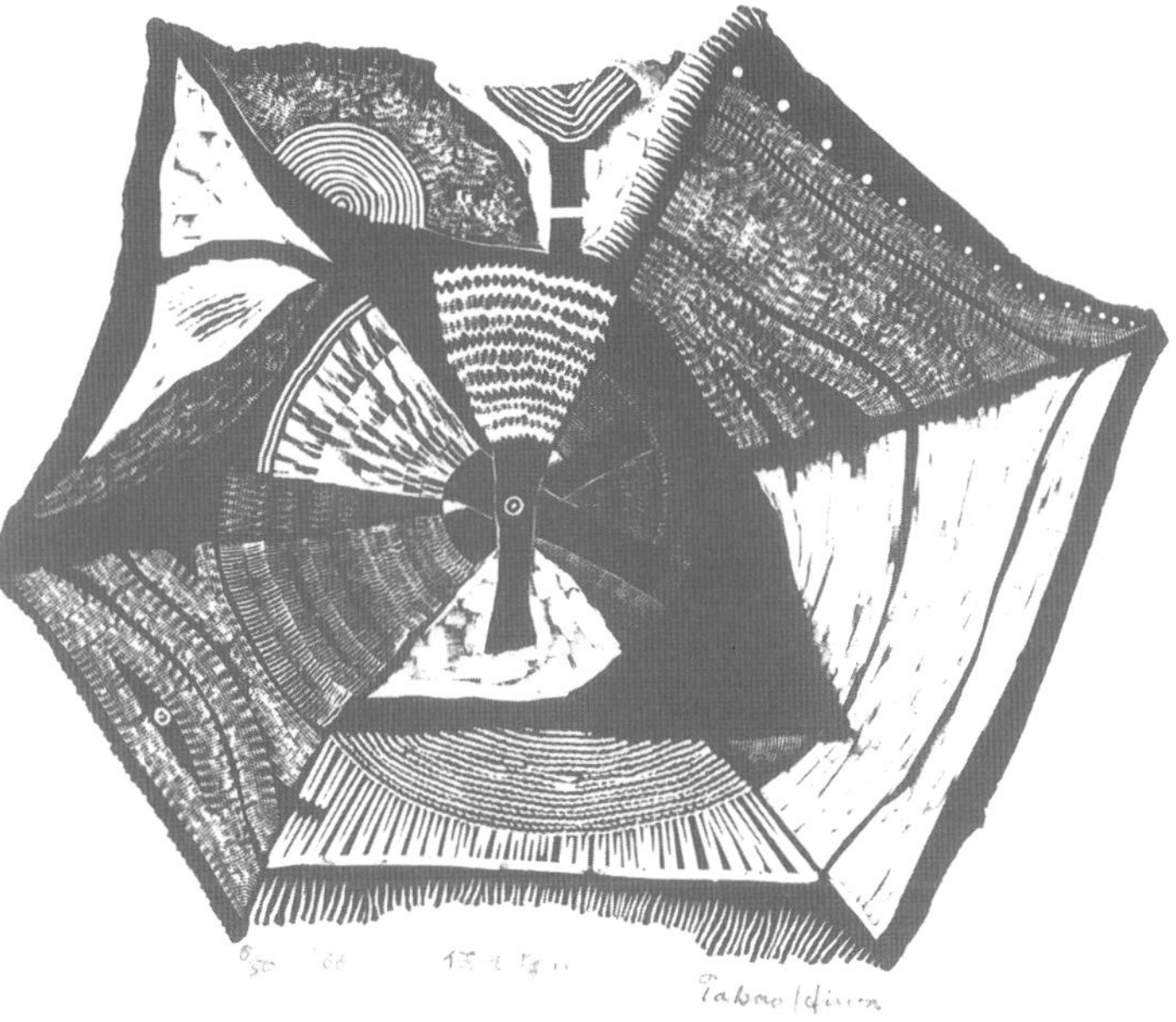

世織書房

00

教育史像の脱構築・近代化言説の系譜学・目次

教育史像の脱構築

01 序論＝教育史像の脱構築へ

この序論では、本書の教育史研究のメソドロジーについて示しておこう。教育史研究は教育研究の一領域である。教育を研究するとはどのような行為を意味しているのだろうか。教育の事象や実践や政策に関する思考と探究が「教育的であること（being educational）」とはどういうことなのだろうか。教育の事象や実践や政策は複合的である。教育の出来事は、政治学でも経済学でも社会学でも歴史学でも哲学でも人類学でも心理学でも研究対象になりうる。その事象や実践や政策を「教育的に」思考し探究するのが教育学研究であるとすれば、それはどのような方法で可能になるのだろうか。私は、教育の事象や実践や政策を「内側から（from inside, from within）」思考し探究することが「教育的であること（being educational）」であり、教育学の方法であると考えてきた。教育事実（事象、実践、政策）は多面的で複合的であるが、その多面性と複合性を保持したまま「内側から」思考し探究し叙述する。これが私の考える教育学研究の立場である。

しかし、それはどのようにして可能になるのだろうか。どの教育の事実（事象、実践、政策）も多様な文脈において個別的であり、他の出来事と交換不能な特異性（singularity）を有している。その多元性と多層性と複合性と特異性をどう認識しどう叙述すればいいのだろうか。この難業にアプローチするためには、三つの視点（perspectives）を総合するしかないだろう。マイクロの視点、マクロの視点、その二つを媒介するメゾの視点の三つを総合することである。私は「蟻の目・鳥の目・トンボの目」の三つの「目」が教育研究には必要であると主張してきた。「蟻の目」（生物の蟻には目はないが、比喩として理解していただきたい）は、歩き回って事実を微細に観察する「目」である。「鳥の目」は、その事実を上空から俯瞰的に観察する「目」である。「トンボの目」は、「蟻の目」と「鳥の目」の両者を媒介する「目」であり、事実から少し離れて複眼的に観察する「目」である。教育研究（学術的研究）が成立するのは、トンボのように複眼を備えてマイクロとマクロを媒介するメゾ・レベルの研究である。

私の教育研究において歴史研究が基幹の一つになったのは、歴史研究が「鳥の目」による俯瞰を獲得する唯一の方法だったからである。私はもう一方で学校改革のアクション・リサーチを推進してきたが、「歴史の知」と「フィールドの知」の往還が「鳥の目」と「蟻の目」の往還を可能にしてくれた。〔付言すれば個人的には、一八世紀以降、専門分化を突き進んできた人文学・社会科学は、将来「フィールドの知」と「歴史の知」を総合した「活動科学（activity science）」として統合されると展望している。〕

私の教育史研究は、いくつかのメソドロジーで特徴づけることができる。第一の特徴は、教育学の概念の再検討を行い、教育史像の脱構築を標榜していることである。第二の特徴は、日本の教育を世界史の一つとして認識していることである。第三の特徴は、過去の教育改革とその実践を「遺産の継承」としてではなく「挫折の記憶」として描き出していることである。以下、この三つの特徴に則して本書のメソドロジーの概要を提示しよう。

1　教育概念の政治社会史

教育の概念は、どの一つをとっても歴史的様相を呈している。「教育」という言葉一つをとっても、明治初期の翻訳語であり、教育の制度は大宝律令の「学令」「大学寮」に最古の記載が残されているものの、「教育」という言葉はeducation の翻訳語として『孟子』の援用によって成立する明治初年まで見ることはできない。さらに遡れば、education という言葉自体が西洋近代の歴史的所産であり、そこにも複雑な歴史〔e-ducere（能力を引き出す）とe-ducare（生命を養う）の相克〕が入り組んでいる。本書の諸論文は、直接的には個々の対象とする出来事の歴史的意味を探究しているが、同時に教育について思考し判断し実践するときに用いられる概念とその概念によって構成された言説（discourse）の歴史的位相をつまびらかにし、歴史像の脱構築を行うことを追求している。

2　教育史の基本概念の検討

本書が考察している教育概念の一つは「公教育（public education）」であり、それと並行して「国民教育」および「義務教育」の概念も俎上にあげている。この探究には二つの根本的な問いが存在する。一つは、日本の教育史研究において「公教育」はどう理解されてきたか、その理解が歪んでいたとすれば、なぜなのかという問いである。

教育史に関する文献や論文を探索していただきたい。それらの文献のほとんどにおいて「公教育」の出発点は明治五（一八七二）年の学制に求められている。しかも「公教育」と「国民教育」と「義務教育」はほぼ同義で用いられている。一部には「公教育」を「国家による教育」と錯誤している例さえ見られる。「公」は、国家と個人の中間領域に成立するのだから「公」を「おかみ」と重ねる理解は社会科学として論外なのだが、なぜ、このような通念が教育史研究に流布したのだろうか。もう一つの問いは、日本近代の教育史において「公教育」の「公（public）」は何を意味していたのかという問題である。この教育史研究の中核に迫る研究は、稀有と言ってよい。

この二つの論題は、近代教育史のいわば方位座標であり、方位座標をもちえない航海（実践・政策・改革）は暗礁に乗り上げるか、漂流を続けるか、あるいは難破するしかない。事実、日本の教育は今日に至るまで、座礁、漂流、難破を繰り返してきたのではないだろうか。

もちろん、日本の教育が何ら「海図」も「羅針盤」も持たないで実践と政策と研究を行ってきたわけではない。一般に流布してきたパラダイムは以下の通りである。

①　公教育は、明治五（一八七二）年の学制発布によって開始された。

②　近代の教育は欧化＝近代化と国家主義＝封建主義の対立によって展開した。別の表現をすれば、国家主義の教育は森有礼の第一次小学校令（一八八六年）によって開始され、教育勅語によって確立した。

③　日本の教育史は、明治維新（一八六七年）から教育勅語（一八九〇年）、教育勅語から終戦（一九四五年）、そして終戦から今日までの三つに時期区分される。

これらは、教育史研究の「通常パラダイム」を形成してきた。そのすべてが再検討されなければならない。

まず①については、「公教育」「国民教育」「義務教育」はしばしば混同されてきたが、この三つはそれぞれ異なる概念であり、異なる実体と異なる歴史的意味を有している。

公教育は公共圏に成立する教育であり、身分、階級、人種、性別、宗教の差異を超えた公共文化（common culture＝共通教養）の教育、すなわち普通教育（general education）を意味している。「公」は空間概念であり、中世にはアジール（避難所）として、中世以降は共同体と共同体が出会う市場において、芸能、金融、医療、福祉、政治の開かれた空間を形成した。公教育は、この公共圏を基盤とし公共文化を学ぶ空間として成立している。したがってアメリカの公教育は、一九世紀を通じて全米各地に普及したコモン・スクールにおいて成立している。コモン・スクールは教会から独立した学校であり、宗派を超え階級や性別を超え、時には人種も超えて公共文化を学ぶ場所であった。

同様に考えるならば、日本の公教育の起源は、古くは藩士と庶民が共に学んだ岡山藩の閑谷学校（一六七〇年創立）に遡ることもできるが、より広範には幕末期から明治初期にかけて創設された郷学（郷校・郷学校）に求めることができるだろう。郷学は設置主体によって多岐にわたり教育内容も多種多様だったが、身分を超え、階層も超え、年齢も超え、時には性別も超えて、手習い、実学、漢学、国学、洋学などが混淆する公共文化を教育内容としていた。これらの学校は「共立」という言葉で公共性を表現していた。ここに公教育の成立を見ることができる。そうだとすれば、明治五年の学制は、公教育の出発点ではなく、欧化政策によって公教育を簒奪し国家に回収した出発点として位置づけるべきだろう。

一方、「義務教育」は、英語で表記すると compulsory education（強制教育）である。義務教育の最初の提唱者がマルティン・ルターであったことが示すように、プロテスタントの宗教思想を背景として成立した。親の義務と国家の責任によって教育を行う義務教育（強制教育）は、プロテスタントの宗教思想と国家権力が結びついて制度化されたと見てよい。事実、義務教育の本格的制度化は一八〇七年、近代化が遅れていたプロイセンドイツの絶対君主制のもとで成立した。他方、カソリックにおいて義務教育の概念は今もって曖昧である。カソリックの国においては「チャーター（契約）」によって教育が制度化されたからである。またイスラムの国々において義務教育の観念は薄い。バングラディッシュが義務教育を制度化したのは一九九〇年、パキスタンは二〇〇二年であり、当時の就学率は三五％であった。

日本に義務教育を導入したのは森有礼であり、一八八六年の第一次小学校令に明記された。その基礎には森のプロテスタント思想があった。森は「国家主義」教育の創始者として批判されがちだが、森有礼の「国家主義」は近代主義の思想であり、欧化＝近代化の延長線上にあった。森有礼の思想を継承した第二次小学校令（一八九〇年）の「義務教育」は世界的に見て特殊であり、授業料を徴収する義務教育だった。森だからこそ構想しえた発明と言えるだろう。授業料無償の義務教育が制度化されるのは、第三次小学校令（一九〇〇年）である。

他方、「国民教育」は国民国家（nation state）の統合を目的とする教育を意味している。フランスにおいてコンドルセの構想した「公教育」がジャコバン党国民議会において「国民教育」として制度化されたように、どの国においても「公教育」は国家によって簒奪され「国民教育」として制度化されている。日本も例外ではない。国民教育を最初に構想したのも森有礼であり、一八八四年に「国設教育（ナショナル・エジュケーション）」という言葉で提示している。「国設教育」は「国設経済」としての政治と並列的に示されていた。こうして「国民教育」という用語は第二次小学校令（一八九〇年）第一条に登場するが、実体として制度化されたのは一九〇〇年の第三次小学校令においてである。

第三次小学校令は、「国語」と「日本歴史」の教科を創設し、「修身」とともに「国体」を理解させ「国民」の教育を目的とする国民教育を確立させた。国民国家の確立である。第三次小学校令で確立した国民教育は一九四一年の国民学校令まで目的、内容、方法、制度において大きく変化することはなかった。第三次小学校令以降、教育は絶対主義天皇制の臣民教育と国民国家の教育である国民教育と公教育としての普通教育の三層構造を形成していた。この三層構造は、一九四一年の国民学校令によって「皇国民の錬成」を目的として一元化されている。これが戦前日本の教育の基本構造である。

前記のように、「公教育」「義務教育」「国民教育」は、その由来も性格も異にする教育概念である。近代日本の教育の歴史と実態を構造的に認識するためには、この三つの概念の差異と関係を明らかにしなければならない。

②の「欧化＝近代化」対「国家主義（あるいは国粋主義）」という対立構図も再検討を必要としている。「欧化＝近代化」は「自己植民地化」によって推進された。ここで「国家主義」（ナショナリズム）と「国粋主義」（復古主義）は、まったく異なるイデオロギーである。「国家主義」（ナショナリズム）は、封建主義に回帰する復古主義（国粋主義）ではなく、近代のイデオロギーである。国民国家を統合する思想がナショナリズムであり、国民国家はすぐれて近代の所産である。本書が詳しく論じるように「教育勅語」さえも儒教倫理を近代化して創案されており、近代の道徳思想を含みこんでいる。

したがって、③の近代教育史の時期区分も再検討が必要である。多くの教育史研究は、教育勅語が成立した一八九〇年あるいは森有礼の第一次小学校令（一八八六年）を区切りとして叙述してきた。いずれも「国家主義教育」の確立という位置づけである。興味深いことに、この時期区分は、戦後の教育史像の原型となった文部省編『学制八十年史』（海後宗臣責任編集、一九五四年）とマルクス主義唯物史観に基づいて編集された『近代教育史』（全三巻、海後勝雄・広岡亮蔵編集、一九五一～六年）の二つの教育史叙述において一致している。対立する歴史観に立ちながら、この二つの歴史区分は兄弟のように類似している。

しかし、戦前期の教育を区分するならば、国民国家と国民教育が確立した一九〇〇年で区切るべきであろう。私の四〇年以上前からのこの主張は、その後、教育史研究の重鎮である佐藤秀夫の晩年に援軍をいただき、日本史研究者の賛同もえてきた。一九〇〇年を教育史の時期区分とする論拠はいくつもある。どの国においても近代国家は国民国家として成立している。(「国民国家」の概念はベネディクト・アンダーソンの『想像の共同体』参照。)この近代国家の理解が根拠の第一である。さらに、森有礼の改革は欧化主義の改革であり、彼の「国家主義」も近代思想によっている。さらに教育勅語発布で区分する見方は、戦中における教育勅語イデオロギーに対する猛省が契機となっているが、教育勅語の発布時の影響力ははるかに小さかったことを理解しなければならない。「国体」の概念も、治安維持法(一九二五年)によって定義される以前は曖昧であり、national body の翻訳語すなわち「政体」としての意味にとどまっていた。したがって教育勅語発布が教育史の時代を画するものではない。

国民国家(nation state)の確立を基軸として、すなわち国民教育(national education)の確立を基軸として歴史を認識しない限り、日本の教育史全体とその実態を一貫性のあるものとして社会科学的に叙述することは不可能である。

3　世界史の中の日本教育史

日本の教育史は世界史の中に組み込まれている。しかし、日本の教育史の叙述を読んでも教育の世界史は見えてこない。そもそも日本史と世界史を分けて考える思考の異様さを認識すべきだろう。日本と世界は太古から密接につながっており、近代以降は濃密につながっている。日本史（日本教育史）は世界史の一部である。

教育が世界各国の近代化の所産であることは広く知られている。その近代の起点はどこに求めればいいのだろうか。通常、教育史叙述において近代の起点は明治維新（一八六七年）とされている。しかし、世界史において近代の起点は、ウェストファリア条約（一六四八年）による主権国家の成立にあり、その後の画期としてイギリスの清教徒革命（一六四二年）と権利の章典（一六八九年）、アメリカの独立宣言（一七七六年）、フランス革命（一七八九年）を設定するのが一般的である。近代を資本主義の発展で特徴づけるならば、ジェノバやベネチアの地中海都市において資本の自己増殖が一挙に活発化した一五世紀まで遡ることも可能だろう。日本においても資本主義の発展で見るならば、近代の出発点は一八世紀前半にまで遡るだろう。

現代の教育に連続する近代化は国民国家の成立と不可分であり、ヨーロッパではハプスブルグ帝国の分割、東アジアにおいては中華帝国（朝貢関係）の分割、南北アメリカ、東南アジア、アフリカでは植民地化と宗主国からの独立として描き出すことができるだろう。その意味で、日本の近代国家の起点は幕末期から明治初年であり、中華帝国から離脱し万国公法（international law）の世界に参入する過程に求められるだろう。日本の近代化は「脱亜入欧」として進行した。

ここで検討したいのは、近代化と植民地化の関係であり、日本の近代化の特異性である。近代化と植民地化の関係について検討を迫られたのは、一九九〇年代前半、韓国、中国、台湾における歴史学論争への発言を求められたことによる。当時、韓国と台湾では日本の植民地化と近代化の関係が一大論争になっていた。その論争では植民地化と近代化は対立概念とされ、議論は紛糾していた。この論争への参加は、植民地の歴史を認識する契機となると同時に、日本の近代化と植民地化の歴史を見直すものとなった。

中国、韓国、台湾が植民地化の道を歩み、日本が帝国主義化の道を歩んだ分岐点は、皮肉なことに幕末期日本には中国の清王朝や韓国の李王朝のような強い国家権力が存在しなかったことにある。徳川幕府は崩壊前夜であったし、天皇も公家もほとんど権力は持ちえていなかった。逆説的だが、中心の権力が弱体で空虚な国であったからこそ、日本は国家主権を樹立して植民地化を免れ、「欧化＝近代化」をどの国よりも積極的に推進することができた。すなわち日本は、自発的に自己を「植民地化」（欧化）することによって、自国の国家主権の保持とその後の帝国主義化を実現したのである。

そもそもイギリス、フランス、オランダなどの一部の宗主国を除けば、世界中のどの国も「近代化＝植民地化」の歴史を歩んだことを想起しよう。近代化とは植民地化であり、植民地化なしに近代化は達成しえなかった。日本も例外ではない。

日本の近代化は、「自発的植民地化（自己植民地化）」であった。日本は文化と社会の植民地化を推進することによって、政治と経済の植民地化を回避することができた。しかも日本の近代化は、内地の「植民地化」（東北、北海道、琉球、小笠原諸島）から始まり、近隣諸国（台湾、韓国、中国など）の植民地化を伴って達成された。さらに、近隣諸国の植民地化によって、日本の文化と社会は植民地化した近隣諸国から

「逆植民地化」されるという歴史を歩んでいる。すなわち、日本の文化と社会の近代化は、「自己植民地化」「植民地化」「逆植民地化」のトライアングルによって進行した。教育の歴史はこのトライアングルの近代化の舞台の一つであった。この「自己植民地化」「植民地化」「逆植民地化」のトライアングルで近代化を分析する枠組みを私が創発したのは、二八年前である（栗原彬との対談「教育の脱構築——国民国家と教育」『現代思想』一九九六年六月）。前述の韓国、台湾、中国での歴史論争への参加、メキシコ教育省顧問として啓発された中南米からの視座が、このトライアングルの枠組みを構想する基礎となった。

さらに「近代化」概念の再検討と並行して、資本主義の世界システムの展開（ウォーラーステイン）と照らし合わせて教育の歴史を再構築する必要を痛感した。ここで留意したいのは「資本主義」「社会主義」という概念である。「資本主義（capitalism）」という言葉はヴェルナー・ゾンバルトが一九〇二年に『近代資本主義』シリーズにおいて始めて使用した概念であり、経済学の概念というよりも資本主義を築いたユダヤ人の精神性を意味する言葉として登場している。他方、「社会主義」という概念は一九一七年のロシア革命までは「個人主義」に対立する概念として使用され、「資本主義」の対立概念ではなかった。

私は「資本主義」を資本の自己増殖運動として定義づけ、「社会主義」はもとの原義通り「個人主義」の対立概念として使用している。資本主義は資本の自己増殖運動であるから、原理的に言えば貨幣が消滅しない限り資本主義は永続する。通常の「資本主義」対「社会主義」に関して言えば、「資本主義的な資本主義」と「社会主義的な資本主義」の二つが存在することになる。

資本主義は一方で世界システムとして機能しつつ、もう一方で国民国家において国家独占資本主義として機能してきた。その進展は、いくつかのステージを形成している。そのステージを大まかに示せば、金本位制度と資本主義の世界的分業が基盤となっていた第一次世界大戦（一九一四〜一八年）とロシア革命（一九一七年）までの時代、ロシア革命と第一次世界大戦から大恐慌（一九二九年）までの時代、そして大恐慌による世界システムの大転換からベルリンの壁が崩壊（一九八九年）するまでの時代、そしてベルリンの壁崩壊（冷戦構造の崩壊）から現在までのグローバル資本主義の時代に分けることができよう。この大恐慌とベルリンの壁の崩壊の間に第二次世界大戦があり、日本の「戦前」と「戦後」がある。

日本の教育史像を再構築するうえで重要なのは、大恐慌（一九二九年）から冷戦構造崩壊（一九八九年）までのステージである。大恐慌以後、世界のどの国も三つの国家システムの選択を迫られてきた。社会民主主義の福祉国家か、国家社会主義のファシズム国家か、あるいはスターリン型社会主義国家かの選択である。日本がドイツ、イタリアと共に選択したのはファシズム国家（国家社会主義国家）であり、戦後選択したのは福祉国家であった。

この三つの選択肢の世界システムが終焉したのが、一九八九年のベルリンの壁の崩壊であった。一九二九年から一九八九年までの世界システムの三つの選択肢のうち、最初に崩壊したのはファシズム国家であり、その次は福祉国家であり、最後に崩壊したのがスターリン型の社会主義国家であった。以後、グローバリズムにより、世界は新自由主義と社会民主主義の二つの選択肢で推移している。新自由主義はかつての自由主義とは様相を異にし、資本主義を延命させながら内側から崩壊させ続けており、もう一方で社会民主主義も自己革新を求められている。さらに新型コロナによる世界経済の停滞、第四次産業革命、ロシアのウクライナ侵攻、イスラエルのパレスチナ侵攻によりグローバル資本主義の世界システムは変貌し続けており、今後、その変容は加速度的に進行するだろう。

本書の史的理論についても言及しておこう。戦後日本の歴史理論として、最も影響が大きかったのは、マルクス主義の史的唯物論である。史的唯物論において歴史は、上部構造（政治、社会、文化、教育、メディア）と下部構造（生産力（経済）と生産関係（階級））に分けられ、上部構造は下部構造に規定されるとされる。この史的唯物論は、マルクスの唯物史観を基礎としているが、歴史理論として影響が大きかったのはスターリンのもとで定式化された史的唯物論である。

戦後の教育学と教育史学におけるマルクス主義とソビエト教育学の与えた影響は大きく、複雑な問題を数多く抱え込んでおり、それを分析し検討するためには別の一書を準備する必要がある。ここでは史的唯物論の「基底還元主義」（上部構造の出来事を下部構造に還元する理論）に限定し、この理論が教育史研究を制約し歪めてきたことを指摘することにとどめたい。史的唯物論の「基底還元主義」の影響は日本の教育史研究だけではない。アメリカにおける「資本主義と教育」の代表的研究であるサミュエル・ボールズとハーバート・ギンタスの「対応理論（correspondence theory）」も史的唯物論の「基底還元主義」の代表例の一つである。

史的唯物論の「基底還元主義」に疑念を抱き続けた私にとって、スチュアート・ホールが創発したカルチュラル・スタディーズは啓発的だった。スチュアート・ホールのマルクス主義理論では、階級闘争（生産関係・下部構造）が政治・社会・文化・教育・メディア（上部構造）を規定するのではなく、逆に人々が日常の文化活動（大衆文化を含む）において行っている意味付与が政治の中心過程であると主張されている。この新たな理論枠組みは、私の教育史研究に新たな地平を拓いてくれた。

4　挫折の記憶としての歴史

日本教育史を「国家」と「個人」あるいは「国家」と「民衆」の対立で叙述する枠組みも検討が必要である。そもそもこの通説で語られる「国家」は何を意味しているのだろうか。それが国民国家（nation state）であるならば、国家と国民（個人）とは「想像の共同体」を形成しており、根本的な対立は存在しない。「民衆」という概念も曖昧である。「民衆」は誰を示しているのだろうか。

国家権力の存在を否定しているのではない。国家に個人が組み込まれた国民国家（共同体）において権力は市民社会を媒介にして個人間においても微分的に機能しており、それらの微分的な権力を積分的に統合した国家権力として複雑に生成し機能している。国民国家の中心的な推進力はナショナリズムであるが、ナショナリズムは国家の中心よりも辺境である周辺において最も大きな力を発揮してきた。国家権力と教育の関係を明らかにするうえで、さらには国家権力の複雑な機能と構造を解明するためには、「国家対個人」「国家対民衆」という単純な概念装置は避けるべきだろう。

日本教育史の研究においては、「国家対個人」「国家対民衆」という対立構図から「抵抗の教育運動」という歴史記述が現れ、「抵抗の教育運動」の「遺産の継承」という歴史認識が流布してきた。「抵抗の教育運動」「遺産の継承」という教育史叙述は、私が教育史研究に着手した約五〇年ほど前に確立した教育史研究の枠組みである。大正自由教育、新興教育運動（プロレタリア教育運動）、生活綴方の教育実践などは、国家権力に対抗する「抵抗の教育運動」として評価され記述されてきた。しかし、はたしてそうだろうか。新興教育運動は確かに「運動」として展開されたが、厳しい弾圧のもとでその実践も影響もきわめて限定的であった。大正自由教育は明治末年頃から「新教育」として普及し、大正六年頃から活発化し昭和五年頃に幕を閉じる。しかし、それらの改革は「抵抗の教育」として実践されたのでもなければ「運動」として展開したわけでもない。昭和初期から戦時下に模索された生活綴方の教育実践も同様である。

「抵抗の教育運動」という意味づけから「遺産の継承」という歴史認識が形成された。しかし、単純なラベルづけは歴史の複雑性や複合性、解釈の多様性を閉ざしてしまう。大正自由教育の諸実践についても、新興教育の思想や運動に関しても、生活綴方の諸実践に関しても、さらには教育改革を志向した教育学者や教師の教育言説に関しても、一つひとつの「特異性（singularity）」に則してその意味を探究し、それら相互の関係と布置を歴史的構造として描出しなければならない。

そもそもなぜ、大正自由教育の指導者たちは、その多くが大政翼賛運動とファシズム教育の中心的指導者になったのだろうか。この問いは、大正自由教育はどういう改革運動であったのか。そして大正自由教育の担い手たちを分化させ再統合した大政翼賛運動はどういう運動であったのか。さらに、そこからはみ出した人たちはどのような教育概念を創出することによって、どのような教育実践を創造したのかという問いを生起させる。

本書は大正自由教育が、明治末年（一九一〇年代）に国民国家の主体化内面化の運動として成立し、その後欧米の新教育思想を取り込みつつ、自由主義を標榜し国民の自律的主体を創出する教育運動として展開した過程を描出している。その内側は複雑である。民本主義（民主主義）の系譜もあれば、東洋的アナーキズムの系譜、農本主義の系譜、産業主義の系譜、社会主義の系譜など、多種多様であった。その分化と再統合を推進したのが大政翼賛運動である。それらの展開は複雑だが、あえて単純化すれば、大政翼賛運動とファシズム教育へと大正自由教育の担い手たちを駆り立てた教育概念は「自然の理性化」（篠原助市）であり、大政翼賛運動の主流からはみ出した教育概念は「文化の個性化」（城戸幡太郎）であった。

この立場に立つとき、「遺産の継承」という方法論ではなく「挫折の記憶」として一つひとつの教育改革、教育実践、教育運動の特異性とそれぞれの系譜の構造的関係を探究する必要が生じてくる。「抵抗の教育運動（教育実践）」の「遺産の継承」という概念装置では、一九二〇年代から一九四五年までの教育実践の複雑な系譜とその相互関係を明らかにすることはできない。「挫折の記憶」という視座によってのみ、改革的実践の歴史は現在の実践と内在的なつながりを獲得できるだろう。

5　脱構築という戦略

本書のメソドロジーである「脱構築（deconstruction）」についても記しておこう。脱構築の哲学については、様々に議論されてきた。この哲学の戦略は多様に展開されてきたが、その根幹は構築主義的認識

（constructive epistemology）を脱し、構築主義の認識が前提としている概念と論じ方（discourse）の変更を迫る戦略と言っていいだろう。

教育の実践と政策は言語的実践であり、実践、政策、制度は言語によって構成され構造化されている。どのような用語（概念）で実践と政策を構想し遂行するのか、どのようなディスコースで実践と政策と制度を構成し正統性（legitimacy）を与えるのか。そのすべての過程が言語的実践として遂行されている。教育の実践と政策は、実践主体と政策主体によって意識されているか無意識に遂行されるかを問わず、その構想と実践を遂行する用語（概念）と語り方（ディスコース）によってイデオロギーを付与され権力関係を構成して具現化している。

歴史の語りはそれ自体が構築主義によって成立している。歴史的出来事（史実）は必然性と偶発性の結果であり、客観的に存在しているが、史実のほとんどは現実の深層として埋もれており、それを掘り起こし意味を付与する語りにおいて現前する。この語りが歴史認識（研究）に他ならない。したがって歴史研究はそれ自体が構成主義的であり、その史実の掘り起こし（史料調査、史料批判）と意味付与（概念とディスコース）の再解釈と再構成によって、歴史像を脱構築することが可能になる。

脱構築のための戦略的概念は、研究対象によって多様である。「近代化＝植民地化」「自己植民地化・植民地化・逆植民地化のトライアングル」「公教育・義務教育・国民教育の差異化と関係構造」「天皇制＝共生のユートピア」「国民教育の均質空間」「遺産の継承としての歴史認識ではなく挫折の記憶としての歴史認識」「文化の政治学としての教育」「身体のアーティキュレーションとしての歴史」「世界システムとしての教育史」などは、本書を通底している脱構築の戦略的概念である。

*

本書は前記のメソドロジーによって、日本近代の教育史像の脱構築を試みたモノグラフのアンソロジーである。それぞれの論文は、ときどきの要請に応じて執筆しており、一冊の著書を想定して叙述したものではない。しかも執筆時期は四八年にわたっており、その間私の歴史認識も一貫性は保持しているものの変化しなかったわけではない。そして改めて告白するまでもなく、私の歴史研究は当初から現在まで稚拙な歩みであり、どの一編も満足できるものとして完成しているわけではない。本書は私の教育史研究の格闘の痕跡を集約したものと言ってよいだろう。

したがって本書は教育史研究として多くの欠陥を含んでいる。一つは、一編も植民地の教育について論じていないことである。日本近代の教育は、国内の様々な矛盾や犠牲を植民地の教育に転嫁して展開された。近代日本の教育の歴史は、台湾、韓国、中国をはじめとする植民地における教育の歴史と一体のものとして研究され叙述されなければならない。しかし、本書はその要請に応えてはいない。私は台湾のすべての市と県と郡の学校を訪問し、韓国のすべての道と市の学校を訪問し、中国の半数以上の省と市の学校を訪問する機会に恵まれ、各地で数多くの史資料と史跡と出会い、歴史研究者との交流も行ってきたが、植民地教育に関する一編の論文も書かないまま今日を迎えている。近代日本の教育史は植民地の教育史と一体であるにもかかわらず、それを今もって達成しえていない。この根本的な欠落を埋める作業は、若い研究者たちに委ねるほかはない。

もう一つの欠陥は、一九八九年のベルリンの壁が崩壊して以降、客観的には教育史認識の再考が求められているが、本書ではこの点に関する論及をわずかしか行っていないことである。戦後日本の教育が一九八四年の臨時教育審議会以後、新自由主義のイデオロギーと政策によって一大転換を遂げたことは知られている。一九八九年以降、世界システムも歴史的転換をとげ、日本の教育もその荒波のただ中をさまよってきた。そして現在、日本の経済、産業、社会、文化、教育、学術は、「停滞の三〇年」を経てつるべ落としの凋落を続けている。この三〇余年、教育史認識（研究）は根本的に再考されなければならなかった。しかし、私の知る限り人々の教育史認識も教育研究者の歴史認識も根本的に再検討されることはなかった。この三〇余年、私自身は新自由主義のイデオロギーと政策による教育の変貌と格闘し続けてきたが、教育史研究の問題として対象化し検討する作業を怠ってきた。その必要性を痛感しながらも教育史像の根本的検討という作業は実現できないまま今日を迎えている。この論題についても、若い研究者たちに託するほかはない。

本書は、日本近代の教育史像の問い直しに挑戦した断章を提示している。その断章の一節一節が、読者の教育史像の構築と脱構築の一助になれば幸いである。

02

『近代教育史』の批判的検討

1　教育史へのアプローチ

教育史像を再構築する必要を痛感している。この課題の重要性は、私のような教育史研究と他の領域との境界領域で教育を研究している者や教育学以外の領域の研究者、あるいは、日々、教育の現実と格闘している教師たちのほうが切実に意識しているのではないだろうか。いったい、今日の教育の混迷はどこから来ているのか。わが国の学校教育は、なぜ、これほど閉鎖的で画一的な状況に追い込まれ、なぜ、教師と子どもは窒息感にあえいでいるのか。そして、なぜ、今日、教育の公共性は、これはどの危機に直面しているのだろうか。これらの問題が教育における近代の歴史的な帰結として生じているとするならば、わが国の教育の歴史が抱え込んできた難問とは何なのか。

教育の実践は、そこに参加する身体に固有の歴史を刻み込んでいる。授業や学びの実践は、学校という制度を組織している「制度＝時計の時間」（クロノスの時間）において遂行される実践であるだけでなく、もう一方で、その制度が構成する時空の狭間や亀裂において姿を現す「身体＝経験の時間」（カイロスの時間）を生きる実践であり、身体の記憶としての歴史を刻み込み、その歴史を編み直す実践として営まれている。あらゆる教育実践は、歴史的に構成された制度的実践であると同時に、一人ひとりの身体に埋め込まれた歴史を構成し再構成する実践なのである。

私が主たる研究対象としているカリキュラムや教師教育や授業実践においても、その実践を構成している〈言説〉やその実践が作動し特有の文化を構成している学校や教室の〈装置〉やその学校や教室におけるコミュニケーションを組織している〈語り〉は、歴史的に構成されたものにほかならず、その歴史の重層性の中に脱構築の可能性を秘めている。教育実践を歴史的に再検討することは、現在の状況の中で自明視されている事柄の隠された根拠をその来歴に即して吟味し、自明性の周辺や深層に隠された可能性を定位し直す作業であり、それ自体が実践的な検討課題である。

たとえば、「一斉授業」という様式一つをとってみても、その歴史的な検討はいくつもの示唆を提供してくれる。「一斉授業」という様式は、まず一九世紀初頭のイギリスにおいて大量の児童労働者を経済的・効率的に教育するために、アンドリュー・ベルとジョセフ・ランカスターによって「モニトリアル・システム（助教法）」と称される様式として開発され、一九世紀半ばにプロイセン・ドイツのヘルバルト派の連合心理学を基礎とした「教授の形式的段階」に定式化されて、世界に普及したと言われている。しかし、そこに次のような歴史を投入してみると、どうだろう。

「モニトリアル・システム」は、実は、イギリスで誕生したのではない。イギリスにおいて実施される前に、東インド会社の領事であったベルが、インド人の子どもを傀儡軍として訓練し組織するためにアシュラム（ヒンズー教の修道院）において開発した様式であった（Hamilton, 1989）。「一斉授業」という様式は、植民地化の様式として成立したのである。この認識は、さらに次のような事実へと私たちを導いてくれる。「一斉授業」は、一九世紀半ばのアフリカ分割を出発点とするヨーロッパ諸国による文化の植民地化において世界に普及した。衛生学が「不潔＝野蛮」と「清潔＝文明」の間に境界線を引くことで植民地化を促進する機能をはたしたように、「一斉授業」とその教育学は文化の植民地化の推進力として作動したとも言えよう。この「一斉授業」に象徴される教育学による植民地化の展開は、衛生学や医学の普及が医療の制度化を推進することで治癒や癒しの身体技法を無能化したのと同様、学校教育の制度化を推進することで、子育てや学びの身体技法を無能化しながら普及したとは言えないだろうか。

わが国の場合、教育は自学自習の様式を伝統としており、多くの人々が指摘してきたように、「一斉授業」という様式は、一八七二年にアメリカ人のスコットが来日して模範を示すまで存在しなかった様式であった。「一斉授業」は、翻訳教科書や学校建築と並んで〈近代化＝教育の植民地化〉を遂行する様式として導入され普及したのである。しかも、この様式は、ペスタロッチ主義の「開発主義教授法」からヘルバルト派の「教授の形式的段階」へと精密化される段階を経て、すなわち、一九〇〇年の小学校令以後の均質化された「国民教育」の普及と連動して、一般の学校に急速に浸透し支配的位置を獲得した点が重要である。

「一斉授業」の様式を教育の「植民地化」の位相において歴史的に検討することは、さらに次のような深刻な問題の検討へと導いてくれる。いくつかの国際比較の調査によれば、現在、「一斉授業」の様式を最も頑固に持続している国は、中国と台湾と韓国と北朝鮮と日本の五つの国である。もともと自学自習の様式しかもたず「一斉授業」の様式を文化的な伝統としていないこれら五つの国において、なぜ「一斉授業」の様式がこれほど頑強に学校教育を支配しているのだろうか。わが国以外の四つの国の学校が、いずれも植民地化される以前から日本の学校を「西洋」の学校の模範として導入して近代化を遂行してきた結果だろうか。これら五つの国は、近代化以前は儒教帝国主義の文化圏にあった。儒教文化と「一斉授業」の様式はどう関連しているのだろうか。少なくとも、これらの問いに答えるためには、「一斉授業」という様式に表現されている「文化の植民地化」と「国民教育」という近代教育を推進した二つのカテゴリーを再検討する必要があるだろう。

学校や教室の組織や運営に関しても同様である。わが国の学校文化の特徴は「集団主義」にあると言われている（Lewis, 1995）。ところが、教室の歴史は、このステレオタイプとは逆の姿を示しているから興味深い。もともとわが国の教室は、自学自習を基本とし個人間の競争を組織していたのであり、その個人主義的で競争主義的な性格は、今日も一斉授業の「集団主義」的な様式の内側で機能している。さらに、次のように問うてみよう。わが国の学校や教室は「班」や「係」で構成され「自治」を基本として「集団主義」的に経営されているが、この特徴は、いつどのように形成されたのだろうか。「集団主義」の様式で運営されながら、学校内に教師間の「同僚性（collegiality）」が成立しにくいのはなぜなのだろうか。

教室経営に関する史料をたどれば、「班」や「係」による教室の組織や生徒の「自治」による教室経営の原型は、手塚岸衛を中心とする千葉師範附属小学校の「自由教育」において一九二〇年頃に成立し、一九三〇年代の「農村自治」を掲げた翼賛運動を基盤として普及したことが知られる。「学級王国」という言葉も、手塚岸衛の指導する千葉師範附属小学校において成立しているが、この「学級王国」は「国体」のミニチュアとして構想されていた。しかも、この「班」や「係」による学校や学級の「自治」は、戦後の民主教育にそっくり継承され、一九六〇年代以降は、ソビエト教育学の「集団主義教育」（？）の「お墨付き」を与えられて、しかも「高度成長」という生産主義ナショナリズムの生産性向上運動におけるQCサークルの学校版として普及したのである（Sato, 1997）。

このように、わが国の教室の特徴とされる「班」や「係」の「自治」による「集団主義」的な教室経営の様式やその「画一主義」の文化は、それ自体が、わが国の近代教育の言説と様式の導入（自発的な植民地化）による「国民教育」の内面化、主体化とその再生産という、複雑な歴史を組み込んで成立している。前記のわずかの事例からも推察されるように、今日の教育危機と教育改革の数々の論題が要請している教育史像の再構成は、部分的なものにとどまらず、総合的で全体的なものとならざるをえない。

2　再構築への問題座標〈一〉——時期区分

ところで、今日の教育史の基本的なパラダイムが、一九五〇年代に提出された二つの教育史像を原型としていることに異論を唱える人はいないだろう。一つは、文部省の編纂した『学制八十年史』（一九五四年）であり、もう一つは、東京教育大学を中心とする研究者グループ「教育史研究会」が編集した『近代教育史』（全三巻、「一　市民社会の成立過程と教育」一九五一年、「二　市民社会の成熟過程と教育」一九五四年、「三　市民社会の危機と教育」一九五六年）の二つである。前者は、海後宗臣を中心とする実証史学の蓄積を基礎として近代教育の「理念」と「制度」と「実態」の変遷を叙述しており、この系譜の教育史像は、佐藤秀夫らによる検証を経て国立教育研究所編の『日本近代教育百年史』（全十巻、一九七四年）へと結実し、あるいは、学制百年の記念事業として編纂された各都道府県の地方教育史において普及している。一方、後者の『近代教育史』は、マルクス主義の史的唯物論とリベラリズムの市民社会論の折衷において成立しており、梅根悟監修の『世界教育史体系』（全四〇巻、一九七四〜七八年）へと連なっている。この二つのパラダイムのうち、本稿で検討するのは後者の系譜、すなわち、教育史研究会の編集した『近代教育史』（全三巻）の教育史像である。

「教育史研究会」は「資本主義社会の教育の特質」を解明することを目的として一九五一年夏に発足している。会員数は一九五六年の時点で約六〇〇名、この会員数に達するまでに数十回の定例研究会と合宿研究会と三回の大会を開いている。大会の主題は、第一回大会「近代市民社会の成立過程と教育」(一九五二年)、第二回大会「資本主義社会の成熟過程と教育」(一九五四年)、第三回大会「資本主義社会の教育法則」(一九五六年)であった。

「教育史研究会」の指導者は海後勝雄と広岡亮蔵であった。戦前、海後勝雄は三木清の「構想力の論理」の影響を受けて「教育技術論」を探究し社会主義思想への造詣が深く、広岡亮蔵も師範学校在学中に短期間だが「新興教育運動」(プロレタリア教育運動)に参加した経歴を持っていた。「教育史研究会」は、この二人を中心として、軍隊から復員した東京文理大学を卒業した若い学生や研究者(久保義三、中野光、石川松太郎、川合章、長尾十三二、桑原作次、小松周吉、浜田陽太郎、柳久雄、海老原治善ら)が「社会科学」としての教育史研究を渇望して多数結集するものとなる。ここで「社会科学」とは端的に史的唯物論を意味しており、「資本主義の法則」に照らして各国の教育の近代化の歴史を認識することが追求された。

「教育史研究会」の方法論は、大塚史学などの社会経済史研究とスターリンの史的唯物論の教育史研究への応用に求められた。その特徴は、近代教育の内容と制度が「絶対主義社会(封建社会の最終段階)」において整備されたと見なし、その近代教育の内容と制度が「ブルジョア革命」を経た「市民社会」において、どう成熟し発展しているかの探究に関心を集中した点にある。この立場は「絶対主義権力」への批判を先鋭化すると同時に、もう一方で「市民社会の教育」を理想化する近代主義への傾斜を導いている。戦後の歴史研究におけるマルクス主義の高揚のもとで『近代教育史』(全三巻)の与えた影響は大きかった。しかも、この研究グループの多数が、『近代教育史』の刊行後、マルクス主義や史的唯物論から脱却したにもかかわらず、いや、むしろその分散する言説を通して、この研究グループにおいて形成され提示された認識（「絶対主義的天皇制」〈戦前〉から「市民社会」〈戦後〉へという歴史認識、一九世紀の絶対主義権力をモデルとする「国家権力」の認識、市民革命によって成立したヨーロッパ社会を理想化した社会認識と教育認識、大正自由教育を「国家」と対抗した民主主義教育とする歴史認識、軍部の「上から」の弾圧と統制によるファシズム体制の確立という理解、「抵抗」の「教育運動」という教育実践の認識、「国家権力」対「個人の自由」という権力関係の認識などなど）は、今日まで批判的に検証されることなく、綿々と再生産されてきた教育史像と言ってもよいだろう。

『近代教育史』の方法論や叙述の個々の弱点を批判することは、決して困難な作業ではない。この研究グループは、スターリン主義の史的唯物論において規範化された社会構成体論を基礎として教育史を叙述しており、もはや今日の研究者でこの論理を採用している者はいない。特に、「上部構造」とされる教育現象を「下部構造」である生産力と生産関係に還元して説明している点は、マルクス主義に精通している人であっても、容易には了解しえないだろう。さらに『近代教育史』（全三巻）の日本を始めとする国別の教育史の叙述に関しても、その後三〇年間に進展した個別地域の教育史研究の到達点から見るとプリミティヴな水準にとどまっており、その不十分さや部分的な誤謬を指摘しようとすればいくらでも可能である。

しかし、ここで批判的に検討したいのは、『近代教育史』における基底還元主義や国別の教育史叙述の水準ではない。逆説的に言うようだが、それだけならば、むしろ『近代教育史』の功績は高く評価されるべきだろう。『近代教育史』三巻を基礎として、戦後の教育史研究は、教育史像においても教育史叙述の方法論においても「社会科学」としての立場を獲得したし、国別地域別の歴史認識も飛躍的な発展をとげることができたからである。

ここで検討したいのは、『近代教育史』を出発点とする教育史研究において無視され排除されてきた教育史研究の問題群、および、『近代教育史』の歴史叙述の時期区分や基本カテゴリーに関する事柄であり、現在も反復され再生産されている教育史言説の由来に関わる事柄である。

たとえば、『近代教育史』が無視し排除してきた問題の一つに、教育学者と教師の戦争責任の問題がある。『近代教育史』の叙述と刊行それ自体が、アメリカ占領軍という「革命政権」を背景とした「皇国史観」から社会主義思想への鮮やかな「転向」の所産であった。その善悪を問うているのではない。この大規模な地滑りとして生じた「転向」の意味と戦後の教育史研究の屈曲した展開を問うているのである。その屈曲の一つは、「皇国史観」からの脱却にあたって『近代教育史』の歴史像が、一九世紀ヨーロッパの市民社会を理想化する構図において模索されたことである。このヨーロッパ中心（あるいはアメリカ中心）の思惟様式は「あちらでは」という語りで日本の「近代化」の遅れを指摘する戦後の教育言説の規範型を形成し、その反復は一九八〇年代半ばに「キャッチアップ」型の終焉という壁に突き当たりながらも、今日まで持続している。もう一つの屈曲は、ヨーロッパ市民社会を規範とする歴史叙述が、アジア諸国に対する侵略と植民地支配の責任を覆い隠し、「国家権力」対「個人の自由」というリベラリズムの枠組みを媒体として、戦後においても「国民教育」（ナショナリズム）の言説を無自覚に再生産し続けてきた問題である。

この問題を明瞭にするために、すでに別の論文と座談で提示した私の教育史像の作業仮説に関する要点をもう一度提示しておきたい（佐藤 一九九五、佐藤&栗原 一九九六）。

まず、近代日本の教育史を資本主義の世界システム（Wallerstein）の歴史的展開に即して再認識する必要がある。このことは、さしあたり二つの課題の検討を要請している。一つは、教育史の時期区分の検討であり、もう一つは、教育史を叙述するカテゴリーの検討である。

一九五〇年代に提出された二つの教育史の「通常科学」である『学制八十年史』と『近代教育史』の時期区分を示しておこう。まず『学制八十年史』は、学制（一八七二年）、森有礼による学校制度の整備（一八八六年）、臨時教育会議（一九一九年）、国民学校令（一九四一年）、終戦（一九四五年）を時期区分として歴史を叙述している。一方、『近代教育史』は、第一巻（絶対主義社会から市民革命まで）、第二巻（資本主義社会の教育＝第一次世界大戦まで）、第三巻（資本主義社会の教育＝第二次世界大戦まで）の三つの時期に区分されている。日本の教育史に関しては、「封建反動の教育」（第一巻）、「日本資本主義の発展と教育」（第二巻）、「日本資本主義の危機と教育」（第三巻）という構成で叙述されている。この時期区分は、日本の近代教育を「絶対主義（教育勅語体制）の確立」と「資本主義の全般的危機」としての「ファシズム教育」という二つの座標軸によって描き出す教育史像を表現しており、近代化＝欧化の挫折として日本の教育史を構成する枠組みを示している。そして、この教育史像は、社会経済史的な説明への疑問として「子どものいない教育学」という批判を浴びながらも、戦後の教育史像の通説として今日にいたるまで影響を及ぼし続けている。

これらの通説に対して、私は「国民教育」の確立とその展開を機軸とする教育史の時期区分を提示してきた。その区分を示すと、まず第一期は、近代教育の制度化と普及の時期であり、一九世紀半ばに世界的に進行した国民国家の建設と国民教育の制度化に対応した時期である。わが国の場合、近代学校の制度化は「学制」に始まるが、「国民教育」の概念は、自由教育令（一八七九年）を準備したディヴィド・マレーによって日本に持ち込まれ、森有礼の「学政要領」（一八八四〜八五年）において「国設教育（ナショナル・エジュケーション）」と翻訳されて導入されている。森は国民国家の建設を「国設経済（ナショナル・エコノミー）」を構成する「政体」と「国設教育」を構成する「学校」と近代的な国防体制を組織する「軍隊」の三つで構想していた。

この第一期は、一九〇〇年の小学校令による「国民教育」の制度的整備を分水嶺として前後二つの時期に区分することができる。一九〇〇年の小学校令は、一八九〇年の小学校令における「道徳教育＝臣民」「国民教育＝国民」「普通教育＝人民」の三者を併存させた目的規定を踏襲し、「国民教育」の実体を教育内容と教育対象と学校組織の時間と空間の均質化において制度化している。

なお、『近代教育史』（第二巻）において「絶対主義国家」への「抵抗」、あるいは「絶対主義権力」からの「自由」と評価された大正自由教育は、私の場合、この第一期の後期に位置しており、「絶対主義権力」（国家）への「抵抗」としてではなく、むしろ「国民国家」の内面化・主体化の運動として位置づけている。大正自由教育を「大正デモクラシー」（戦後の用語！）としてのみ積極的に評価する認識では、なぜ、大正自由教育の主導者の多くが大政翼賛運動の中心的な推進者になったかを解明することはできない（佐藤 一九九五）。

第二期は、大恐慌の勃発によって金本位制度が崩壊し、世界の各国が「計画経済」（システム社会）を採用して、ケインズ主義の福祉国家か、スターリン主義の社会主義国家か、あるいは、国家社会主義のファシズム国家かの三つの体制の選択を迫られた時期である。一九三〇年代から冷戦構造が崩壊する一九八〇年代末までの時期をこの第二期に分けることができる。この時期は、さらに、第二次世界大戦が終結した一九四五年を境として前後二つの時期に区分できる。わが国の教育史に即して言えば、一九三三年頃を起点とする総動員体制から一九四一年の国民学校体制へと連なり敗戦を迎えるファシズム教育の時期と、戦後の民主化を起点とし高度成長を経て福祉国家へといたる時期に分けることができる。

戦前から戦後への転換は制度的には連続性を持っていた。企業における「日本型システム」と呼ばれる特有の雇用形態（労資協調、年功序列制、終身雇用制）が、戦前の大政翼賛運動を通して形成され戦後にも持続したように、教育における「日本型システム」（中央集権的な官僚主義と効率主義、画一主義的な平等主義と集団主義）も大政翼賛運動を基盤として登場し国民学校体制（一九四一年）において制度化されるが、その制度の基本的骨格は、戦後も継承されて今日を迎えている。また、大政翼賛運動は「国家社会主義＝ファシズム」の運動であったが、この「国家社会主義＝似非社会主義」で特徴づけられる学校文化は、戦後はヒドゥン・カリキュラムにおいて生き続けたと言えよう。戦前と戦後の制度的連続性の事例は多数存在している。戦後民主教育の象徴とされる六・三・三制にしても、総動員体制のもとで遂行された青年学校の義務化（実業補修学校と青年訓練所の統合、一九三五〜三九年）を基盤として成立していたし、六・三制それ自体も、新体制運動のブレーンとして組織された昭和研究会の教育改革同志会において構想された制度であった。さらに、新体制運動と六・三制との結びつきの背景に中国への侵略と植民地化の要請を読みとることも可能だろう。中国では、一九二〇年から二二年まで訪中したデューイの指導によって六・三制（一九二二年発足）がすでに制度化されており、中国の植民地化は、内地における六・三制の導入という「逆植民地化」を要請していたからである。

戦前から戦後への制度的な連続性は、他にも認めることができる。学校の設置主体である地方行政の権限を越えて文部省が中央集権的に学校を管理し統制する方式、あるいは、私立学校の設置基準を厳格化して公立学校と同じ教育課程を強制する制度は、国民学校体制において導入され、戦後の教育制度に引き継がれている。戦後において大正期の新学校のような自由な実験学校が成立しないのは、この私立学校に対する公立学校並の制度的規制に起因している。戦後の日本には、財源においてもカリキュラムにおいても自立的である本来的な意味の私立学校は存在しないのであり、このことが今日、学校改革における「公」と「私」の関係を厄介なものとしている。

第三期は、前記の三つの体制選択のシステムが世界的に崩壊した時期である。一九八〇年代末の冷戦構造の崩壊は、第三期の開始を告げる象徴的な出来事であった。第二期の崩壊は、まず、アジアや南アメリカのファシズム国家（軍事独裁政権）の崩壊に始まり、次にＩＭＦ体制の崩壊を背景とする福祉国家の財政赤字の累積と新保守主義と新自由主義への政策転換へと繋がり、そして最後に社会主義諸国が瓦解することによって、第二期の三つの体制のすべてが終焉をとげたのである。わが国の教育改革で言えば、一九八四年の臨時教育審議会の設置が一つの転機であった。新保守主義・新自由主義のイデオロギーによる市場主義の教育改革の推進である。

この第三期の特徴は、帝国主義の普遍化と、経済のグローバライゼーションを基盤とする国民国家の揺らぎとその反動としての民族主義の高揚による局地戦争の危機の拡大、そして、市場原理とそれに伴う自由な競争原理の拡大による社会生活の私事化と公共性の解体にある。その行方はいまだ未知数であるが、一方には、市場原理の拡張による帝国主義化の経済競争が進行するとともに、もう一方では、社会民主主義による新しい福祉国家の建設が共生の原理によって模索されつつある。わが国の社会と教育も、この二つの未来選択の岐路に立たされていると言ってよいだろう。

3　再構築への問題座標〈二〉──基本カテゴリー

教育史を叙述するカテゴリーについての作業仮説も提示しておこう。近代日本の教育史像を脱構築するカテゴリーとして、私は「帝国主義化（自己植民地化）」と「植民地化」と「逆植民地化」の三つ巴の作用として、近代日本の教育史を叙述する必要を痛感している。

わが国の近代教育史において「帝国主義化」が「脱亜入欧」において進行したことは誰もが認める事実だろう。この「帝国主義化」が文化の自発的な「植民地化」として進行した点が重要ではないだろうか。

逆説的だが、文化の「植民地化」を自発的・積極的に推進し「国民国家」を構成しえたからこそ、わが国は、他のアジア諸国のような植民地化を免れて、欧米の帝国主義諸国への仲間入りをはたしたのである。

しかし、「自己植民地化」を推進力とする「国民国家」の「帝国主義化」は、国内における文化の均質化とアジア諸国の侵略と植民地支配を過激なものとした。しかも「植民地化＝近代化」という独善的認識は、アジア諸国に対する植民地支配の意識までも麻痺させていた。その結末は悲惨である。アジアの二千万の死者とわが国の三百万の死者の犠牲はあまりにも大きい。そして、教育の「自己植民地化＝帝国主義化」は、戦前において劇的に進行しただけでなく、戦後においても安保体制のもとで再生産されている。

この「帝国主義化」「植民地化」「逆植民地化」のトライアングルを認識の枠組みとして近代日本の教育史を再構成するとすれば、以下のような論題の検討が求められるだろう。

第一は、教育の「近代化」それ自体に関する検討である。これまでの「欧化＝近代化」の枠組みにおいては、『近代教育史』において典型的に見られるように、ヨーロッパの近代が中心化され普遍化されており、それとの対比で日本の近代化の遅れと不十分さを検討する接近が一般的であった。それに対して、「帝国主義化」「植民地化」「逆植民地化」のトライアングルは、「近代化」の筋道を多元化し複数化して各国の特異性に即して再検討する方法を提供している。

たとえば、学校教育の制度化に関しても、わが国の近代化の特異性を検討する必要がある。本書の第三章「明治元年創設の公立学校＝柏崎県小千谷民政局立「小千谷校・振徳館」」で示したように、公教育の制度化は決して「欧化＝近代化」という一元的な展開において進行したのではない。教育の公共圏を構成し公立学校として制度化する思想と実践は、「欧化＝近代化」の進行の外部においても内発的に準備され展開していたのである。

実際、小千谷校・振徳館の創立（慶応四年）、公立学校としての認可（明治元年）から「学制」（明治六年）までの歴史は、神道、国学、漢学の思想を基盤として公立学校を制度化する筋道の存在を証明している。また、その公共圏における教育内容が、神道、国学、漢学、洋学、および手習いや裁縫で複合的に組織された事実は、複数的な文化で公立学校を組織する「近代化」の独自な様相を明示している（小千谷小学校史編纂委員会、一九七七年）。

実際、小千谷小学校の創始者山本比呂伎にとって、「学制」は教育の植民地化にほかならなかった。彼は、「学制」の学校への移行に際して教職を去っているが、その最大の理由は、「学制」の提供する教育内容が翻訳教科書（洋学）一辺倒であったからである。この事実は、「学制」によって制度化された公立学校における「近代化」の現実的な意味を再検討する必要を提起している。

学校教育の「欧化＝近代化」が「一斉授業」という教育形態で象徴されるとすれば、その「欧化＝近代化」は大半の学校において一九世紀末までは達成されなかった点も重要である。一九〇〇年においても学校の半数は一学級の学校であり、各自が個人別の進度で自学自習を行う藩校や寺子屋の学習形態を採用している学校が多数を占めていたからである。「学制」によって導入された「欧化＝近代化」の現実的な機能は、むしろ試験による差異化にあった。「学制」は「小学」を上等下等二段階の八級（四年）に区分し、進級に関わる試験に関して一四項目もの規定を記している。「近代化」は、現実的には試験による等級の差異化とそれをめぐる競争において具体化されたのである。しかし、前述の小千谷小学校をはじめ「学制」以前の学校においては、試験も進級のシステムも採用されてはいない。

第二は、「国民教育」というカテゴリーによる歴史の再構成である。『近代教育史』（全三巻）の特徴の一つは「国民国家」と「国民教育」に関して言及していない点にある。『近代教育史』において、近代の国家と国民は「市民社会」として普遍化されている。しかし、近代の教育は何よりもまず「国民教育」として制度化されたのである。「国民教育」は、「想像の共同体」（ベネディクト・アンダーソン）である「国民国家」を創出する教育装置であり、先にも述べたように、わが国の場合、一九〇〇年の小学校令における国語の成立と教育内容・方法、および学校の空間と時間の均質化において確立したと見てよいだろう。

この「国民教育」に関して次の点が検討課題となる。まず「国民教育」の内包の変遷史である。教育勅語に象徴される「臣民の教育（道徳教育）」と国民国家を構成する「国民の教育（国民教育）」と「学制」以来の「人民の教育（普通教育）」との三者をどのように統合するかは、日本の近代教育の中核的な問題であった。この三者の相克において、天皇制イデオロギーは「共生のユートピア」として、あらゆる差異を無化する装置として機能してきた（佐藤 一九九六）。前記の「臣民」と「国民」と「人民」の三者を統合したのは国民学校令の「皇国民」の概念であり、「皇国民」による「大東亜共栄圏」の樹立は「共生のユートピア」を基盤として提出されていた。

「国民国家」の内包は歴史的に伸縮している。その伸縮に即して「国民教育」の展開史を検討する必要があろう。たとえば、第一回帝国議会の選挙（一八九〇年）において、北海道と小笠原諸島と沖縄は、衆議院議員の選挙権、被選挙権を与えられてはいなかった。一九〇二年の第七回衆議院選挙まで北海道と小笠原諸島と沖縄の住民は「国民」としての権利を認定されてはいなかったのである。また、台湾の人々は一八九五年以降、韓国の人々は一九一〇年以降、「国民」として同化の対象とされ、「国民教育」の範疇に組み込まれている。「国民教育」の範疇は、一五年戦争の中でさらに拡張し、満州の人々をはじめ、東南アジアの国々の人々に及んでいる。

戦前の「国民教育」が拡張性を特徴とし他民族を包摂する概念であったのに対して、戦後の「国民教育」は逆に凝縮性を特徴とし他民族を排除する概念として機能してきた。ここでも「人民(people)」と「国民(nation)」の二重性は無視されている。戦後の支配権力は憲法のマッカーサー原案における「人民(people)主権」を「国民主権」と翻訳して「人権」それ自体を換骨奪胎したのである。自然法的な人権思想は、戦後の教育においても「国民主権」の「国民教育」において存立基盤を喪失している。

この「国民教育」の拡張(戦前)と縮小(戦後)の狭間の問題を最も端的に照射しているのは、在日韓国人の問題である。在日韓国人は、戦前においては「国民」への包摂によって民族的アイデンティティを剥奪され、戦後においては「国民」からの排除によって民族的アイデンティティと人権を制限されている。戦前と戦後のいずれにおいても「国民教育」という装置によって同化と差別と排除の対象とされ続けてきたのである。「国民国家」の規範性と正統性が揺らぎつつある現在、「国民教育」という装置も、その現実的な機能に即して歴史的に再検討すべき時期を迎えている。

第三のカテゴリーは「植民地化」と「逆植民地化」である。「植民地化」は「国民教育」を創出する近代化の中心的な推進力の一つである。わが国の教育の近代化は、欧米の教育文化の「植民地化」として進行したのであり、その「植民地化」は、台湾や韓国への侵略以前から、まず国内において展開していた。琉球の植民地化と、文字通り植民によって先住民アイヌから土地を強奪した北海道の植民地化は、植民地化がまず国内において展開したことを示している。もちろん国内の「植民地化」と国外の「植民地化」とは、その政治的な暴力性や文化的な破壊性や経済的な搾取と収奪の程度において大きな違いはあるものの、「植民地化＝近代化」という同一の枠組みを共有している点に注目したい。

たとえば、第一期国定教科書の『尋常小学読本』（一九〇四年）は「イエ、スシ」で書き起こされているが、この「イエ、スシ」という教育内容が、東北地方の方言の矯正を目的として編纂されていることは明瞭である。東北は「植民地」として教育の対象とされたのである。しかも、発音指導を「国語（国定日本語）」教育の出発点とする方式は、最初の植民地となった台湾の無文字民族の教育において伊沢修二を中心に発案され実験された方式を、東北の方言の矯正に適用したものであり、「植民地化」と「逆植民地化」の循還の最初の典型を見ることができる。

「植民地化」と「逆植民地化」が循還する事例は、いくつも挙げることができる。唱歌における「ヨナ抜き」の旋法（ファとシを除いた五音階の旋法）は「植民地化」と「逆植民地化」の好例だろう。「ヨナ抜き」は、「和洋折衷」の産物と言われているが、日韓併合（一九一〇年）後の文部省唱歌に多く登場することを考えれば、「日韓折衷」として普及し定着したものと見るほうが妥当だろう。朝鮮半島の民謡の音階は「ヨナ抜き」の五音階を基本としており、韓国の「植民地化」において採用された「ヨナ抜き」の旋律が逆に日本国内の唱歌教育を規定するという「逆植民地化」が、ここにも認められる。付言しておくと、この「逆植民地化」が「和洋折衷」の性格を持ったことも事実である。この「和」とはいわゆる雅楽の旋法を意味しているが、雅楽は、朝鮮半島においてはすでに消滅している古代朝鮮の宮廷音楽を保存し伝承した音楽にほかならない。「ヨナ抜き」旋法による文部省唱歌は、日本と朝鮮との重層的な「植民地化」と「逆植民地化」の往還の所産なのである。

植民地と内地との教育の均質化をはかった国民学校令（一九四一年）は、「植民地化」と「逆植民地化」との循環をいっそう顕著なものとしていた。まず「皇国民の錬成」という教育目的それ自体が「逆植民地化」の所産であった。朝鮮総督府は国民学校令に先だつ一九三八年の教育令において「皇国臣民の教育」を目的として政策化しており、その政策を前提として国民学校令の「皇国民の錬成」という目的が政策化されている。国民学校令における「国民学校」という呼称も満州国の植民地教育において成立していた概念を逆輸入したものにほかならない。

「植民地化」と「逆植民地化」の往還を通して教育史を叙述する試みは、ナショナリズムの生成をめぐる問題にも新しい視野を提供してくれる。一般にナショナリズムは、国民国家の中心で生成され周辺へと普及し拡大する運動として認識されがちだが、教育史の事実は、ナショナリズムを最も強烈に醸成する基盤は異質な民族が交渉し合うマージナルな領域においてであることを示してくれる。ナショナリズムは、中心化の運動であり、その基軸を中心においていることは事実だが、その運動はむしろ周辺から中心へと展開するのである。「植民地化」と「逆植民地化」が進行するマージナルな周辺領域こそが、ナショナリズムのエネルギーが最も熱く生成し運動する舞台なのである。戦前においても皇居や国会から最も遠い所でナショナリズムは最大のエネルギーを発動していた。

民族的アイデンティティをめぐるこの逆説は、近代日本の歴史において痛ましい悲劇を再生産してきた。わが国の右翼団体の起源は九州の自由民権運動を組織した玄洋杜であるが、その関係者たちは中国大陸や朝鮮半島からの渡来人の家系として自らを語って日韓の合邦とアジア諸国の独立を掲げたテロリストであり、マージナルなアイデンティティによって国粋思想を先鋭化させ、日韓併合の黒幕として活躍したと言われる。植民地の教育が内地以上に狂信的な天皇制教育を推進した事実も、そこが国家への忠誠を競い合うマージナルな場所だからである。ナショナリズムは辺境であればあるほど、遠い植民地であればあるほど、そして民族的アイデンティティに脆さを抱えている人ほど強く作動する傾向がある。そうであればこそ、マージナルな領域に生きる人々の歴史に深い傷跡を残すのである。（なお、同じ理由で、戦前日本の労働運動と社会主義運動が、韓国からの移民の労働者の貢献によって支えられていた事実も、もっと着目されてしかるべきである。）

そのほか、教育の「植民地化」は学校文化にいくつもの特徴を刻印してきた。近年のフェミニズムの教育研究は、宗主国として近代を経験した国々では女性教師が大半をしめるのに対して、植民地を経験した国々においては男性の教師が多く、教育文化においても男性原理が支配する傾向を指摘している。この男性原理による生産と競争と支配を再生産と共生と連帯よりも優位におく特徴は、そのまま日本の学校文化に表現されている。

近年のカルチュラル・スタディーズにおけるコロニアリズムに関する研究は、「クレオール」（混淆文化）が植民地文化の特徴の一つであることを指摘してきた。この点に関しても、わが国の教育文化は、宗主国の純粋志向の教育文化よりも、雑多な文化の混淆を特徴とする植民地の教育文化に近い性格を持っている。大正自由教育以来の教育実践の展開をたどっても、単一の原理を純粋に志向した教育実践は次第にエネルギーを消失するのに対して、むしろ異種の原理や様式が混淆する教育実践のほうが積極的なエネルギーを獲得してきた歴史を確認することができる。〇〇主義や△△原理を純化し体系化することで活力を強化する宗主国の教育文化とは対照的なのである。実際、戦前、戦後を通して、わが国ほど、多様な国々の多様な教育書が多数翻訳されてきた国は欧米には見られないだろう。しかし、「植民地化」にせよ「逆植民地化」にせよ、『近代教育史』（全三巻）は、日本の教育の近代化の中核的な論題として扱ってはいない。

4　『近代教育史』の歴史認識再考

『近代教育史』（全三巻）の提出した教育史の方法論を再度検討しよう。『近代教育史』は、「社会科学としての教育学」への挑戦であった。この「社会科学」とは〈法則定立学〉としての「科学」であり、教育史も「資本主義社会の一般法則」において「科学的」「客観的」に説明される歴史であった。このような伝統的マルクス主義を基礎とする「資本主義の発展段階」としての〈法則定立学〉において記述される教育史は、教育の出来事を固有の歴史的な文脈において叙述しその歴史的な意味を開示する〈個性記述学〉

としての教育史研究とは、およそ異なる教育史のイメージを生み出している。

『近代教育史』（全三巻）を読んで、何よりも違和感を覚えてしまうのは、それぞれ特異な意味と関係を有する歴史の出来事を「一般的な法則」において普遍化して認識する方法にある。「資本主義の発展法則」を理解すれば、教育史の多様な事実は、すべて普遍的、客観的に認識できるという前提が違和感を呼び起こしてしまうのである。この〈法則定立学〉としての「社会科学」を基盤とする教育史研究に対して、「子どものいない教育学」という批判が寄せられたが、より正確には「固有名が登場しない教育学」と言ったほうがよいだろう。『近代教育史』において叙述された歴史は、固有名をもった個人がその身体を投企して構成した個の軌跡としての歴史（身体の記憶としての歴史）と、どう生々しい交渉を持ちうるのだろうか。

さらに『近代教育史』を「社会科学」として読んだとしても、あるいはマルクス主義の文献として読んだとしても多数の疑問がわいてくる。ここに登場する「ブルジョア」とは誰なのか。そして「プロレタリア」とは誰なのか。マルクスの理論に即して読めば「プロレタリア」は「労働力を商品として売る労働者」ということになるのだが、ときにはこの概念に「農民」までも含まれているのは驚きだし、ほとんど「貧民」という意味で使われている箇所も少なくない。さらに資本主義社会の矛盾を階級に限定し、その克服を階級闘争に一元化している点も、俗流マルクス主義の域を脱していない。資本主義における社会問題は、階級において生じているだけでなく、民族の差別や性の差別においても派生しており、さらには、都市の問題、農村の問題、市場の問題、文化の問題、植民地の問題としても派生している。しかし、『近代教育史』は、社会問題のすべてを一国内の階級の対立と階級間の闘争に還元している。資本主義の発展を否定的に評価している箇所なども、マルクス主義の理論とは齟齬する部分である。さらに、生産主義の教育を無批判に肯定している箇所や、貧しい農民を中心的な変革主体として位置づけている箇所、生活綴方の実践を「抵抗の教育運動」として描き出している点など社会科学の概念から見ても、教育史の事実から見ても多くの疑問を抱かざるをえない。

しかし、ここで中心的に検討すべきなのは、「社会科学」（史的唯物論）による『近代教育史』が、なぜ戦後において多くの教育研究者をひきつけ、教育史像の構成に多大な影響を及ぼしたのかという問題である。「教育史研究会」を批判的に検討するとすれば、何よりも中心的な問題は、この研究会に集った人々が自らのスタンスとその仕事について、どれほど批判的、反省的でありえたのか、という問題につきあたるだろう。

「教育史研究会」の「社会科学としての教育学」への傾倒やマルクス主義への接近は、言うまでもなく、戦争に対する反省を主たる動機としていた。なぜ、日本は無謀な戦争へと突入したのか、なぜ、日本の教育はファシズムへと突進してしまったのか。この反省と問い直しが根底にあればこそ、「教育史研究会」は、「絶対主義社会」における「近代教育」の成立と「資本主義の全般的危機」から派生した「ファシズム教育」の解明を主題としたのである。「近代教育史研究会」のメンバーの大半は、戦後の男性教師の多数がそうであったように、軍隊の経験者であり軍学校の卒業生たちであった。マルクス主義の社会経済史を基礎とする「資本主義社会の教育法則」は、皇国史観から移行すべき信念の体系として、あるいは皇国史観から移行すべき「科学的」な教育史像への渇望として探究されたのである。

しかし、「教育史研究会」の最大の問題は、むしろ「皇国史観」から「史的唯物論」へという地滑りの転向にあったのではないだろうか。転向それ自体が問題なのではない。この転向が「革命政府」として君臨したアメリカ占領軍の「外圧」を背景として進行したことを問題にしているのでもない。一国の革命的な変革は「外圧」によって進行するのがむしろ一般的である。問題なのは、この転向が地滑りとして、もっと言えば、主体の喪失において遂行されたことである。「なぜ、戦争へと突入してしまったのか」と問い、その答えを「資本主義の発展法則」に求め「社会科学」の「客観的な法則」で説明したとすれば、それこそ地滑りの解決であろう。戦争という史実と格闘して戦争責任を担いうる主体をたちあげなくとも、この解答は容易に提起しうるからである。

「なぜ、戦争へと突入してしまったのか」という問いは、「あの時、私に何かできたのか」という問い、さらには「あの時、日本人は何をなすべきだったのか」という問いへと連なってこそ、歴史の迷宮の中に入り込み、見えなかった関係を読み解いて新しい言説を生み出し、新しい主体を構成することができる。その意味で歴史の語りとは、歴史の迷宮の中に身を投企する実践にほかならない。しかし、「社会科学」の「客観的な法則」で因果関係を説明した途端、それを語る主体は、歴史の外部にとびだしている。実際、ホームレスのような主体でしか、歴史を「客観的」な「科学」として語ることはできないだろう。もちろん、ホームレスの主体は歴史家ではありえないのである。

ここには、教育学の戦争責任という厄介な問題が潜んでいる。まず確認しておこう。戦争責任は戦中において戦争に加担した責任だけではなく、それ以上に戦争に加担した事実に対して戦後どう責任を負うのかという問題である。戦争責任をめぐる問題は、本質的に言って、戦後の問題なのである。

戦後の教育は、墨塗り教科書に象徴されるように、戦争の記憶を墨で塗りつぶし、あの戦争をなかったものとして、あるいは、戦争の記憶の連続性を遮断することによって、戦後の教育を民主教育として再出発させることを可能にした。この離れ業を可能にしたのは、終戦直後の国体擁護の政策と東京裁判の不徹底さであった。戦争直後の国家権力は「国体護持」を最優先課題として戦後処理にあたったし、東京裁判は、アジア諸国の植民地支配の責任を不問にしただけでなく、天皇を免責するために戦争責任を軍の指導者に限定し、国民の戦争責任を免罪している。戦争責任の不徹底な追求は、戦争の記憶を遮断し消去して戦後を生きる道を準備し、アジアの二千万人の死者、日本の三百万人の死者と正面から向き合わないまま戦後を生きることを可能にしたのである。

『近代教育史』の叙述には、国民の戦争責任を免罪した痕跡が多数残されている。まず、『近代教育史』の第二巻には、植民地支配の歴史が記されていない。第三巻において一章が与えられているが、その叙述は「朝鮮」と「台湾」に限定され、中国や東南アジアの国々への侵略と植民地支配の記述は見られない。また「朝鮮」と「台湾」の記述も教育政策の展開と学校の普及に関する記述が中心であり、侵略と植民地支配の悲劇とその責任に関する言及は不十分である。

戦争責任の追及の不徹底は『近代教育史』の歴史認識に歪みをもたらしている。「資本主義の全般的危機」をファシズム教育と侵略戦争の原因とすること自体、戦争を資本主義の歴史的必然として宿命論的に認識する点で大問題であるが、それにとどまらず、軍部と政府の推進したファシズム教育の政策は批判されていても、学校におけるファシズム教育の実態やそれを推進した教師の責任に関する言及がないのは、戦前と戦中の教育史の叙述として奇異である。ほとんど教師が登場しないのも『近代教育史』の特徴だが、新興教育運動や生活綴方運動など「抵抗の教育運動」に参加した教師だけが登場するのは問題であろう。

さらに検討を要するのは「ファシズム」それ自体の認識である。『近代教育史』は、ファシズムを「絶対主義」の権力が上から組織した運動として描いているが、このファシズムの理解は「社会科学」として通用しない俗論と言うべきだろう。ファシズムは資本主義の運動というよりは、むしろ「国家社会主義」の主体的な国民運動であり、雑多な集団や団体の「寄り合い所帯」と呼ばれた大政翼賛会を基盤とする総動員体制において組織されている。ここにも国民の戦争責任を免罪したことによる教育史像の歪みを見ることができるだろう。

5　アーティキュレーションとしての教育史へ

『近代教育史』の提示した教育史像の批判的検討は、さらに一歩進めると、歴史と教育の関係をどう認識するかという根本問題にまでゆきつく。最後に、二つの問題に言及しておこう。

一つは「教育史研究会」が依拠した史的唯物論と社会構成体論の問題性である。その最大の問題は、教育を上部構造において認識し、下部構造の社会構成体（生産力と生産関係）の歴史によって決定論的に説明する論理にあった。「教育史研究会」において教育の「歴史」と「心理」は、異なる科学の対象として二分されていたのである。しかし、いわゆるマルクス主義とその史的唯物論の予見とは異なって、歴史と教育とは別々の実体ではない。歴史が教育を包摂しているのでもない。具体的な教育の実践や事象の内側に入ると、歴史は教育の中に埋め込まれ、教育もまた歴史の中に埋め込まれている。歴史と教育とは二つの層なのではなく、同一の過程を構成しているのである。特定の教育が特定の歴史を創造するのであり、教育はそれ自体で歴史の一部分である。

もう一つは、教育の歴史をその教育に参加する人々が意味を構成し社会的な関わりを構成する出来事の特異性（シンギュラリティ）に即して叙述する課題である。この課題を遂行するにあたっては、カルチュラル・スタディーズの指導的な研究者であるスチュアート・ホールが提起した「アーティキュレーション（articulation）」の概念が有効である（Hall, 1985; Morley & Chen, 1996）。

ホールは「表現すること（to express）」と「参加すること（to join together）」という二つの意で「アーティキュレーション」の理論を構成している。ホールによれば、文化的な意味はあらかじめテクストや活動に刻み込まれているのではなく、また、テクストや活動が生み出される目的によって保障されているものでもない。出来事の文化的な意味は、テクストを使った能動的な活動の結果として生成され創出されるのである。文化的な意味が表現されるのは、常に特定の社会的文脈であり特定の歴史的な瞬間においてであり、特定のディスコースにおいてである。文化的な意味は特定の歴史的な文脈に即して社会的に生産されるのであり、テキストや活動や出来事は、文化的な意味を生成する源泉なのではなく、多様な文化的な意味が表現される場所である。同一のテキストや活動や出来事から異なる多様な文化的な意味が生み出されるからこそ、文化的な意味をめぐって様々な葛藤や対立や妥協が起こる可能性がある。「アーティキュレーション」は、テキストを能動的に使用する身体の活動が体験する文化的意味の生成作用であり、歴史的行為の最も具体的な活動である。と同時に、個の身体がたどるこの「アーティキュレーション」の過程は、歴史研究のもっとも具体的な対象なのである。

このような認識は、一般化され普遍化された単一の歴史において教師や子どもの経験を記述することの断念へと導くだろう。一般的な歴史的事件は存在しないし、一般化された歴史的主体も存在しない。一般化された歴史的な出来事の意味も存在しないだろう。歴史は個の身体の「アーティキュレーション」の軌跡であり、その「アーティキュレーション」を通して生成される意味の個の身体における記憶である。私たちは、そのような個の身体の軌跡を描き出すことを通して、歴史的特異性を奪われた一人ひとりの教師や子どもの歴史の実像に迫ることを可能にする。そして、一人ひとりの教師や子どもの歴史的特異性を描き出すことを通して、私たちは教育の複数的で重層的な歴史の襞の中に自らの身体を投企し、歴史の主体として自己を甦らせることも可能にするのである。

〈参考文献〉

藤田省三「昭和二十年、二十七年を中心とする転向の状況」思想の科学研究会編『共同研究転向』下巻、平凡社、一九六二年、藤田省三著作集2『転向の思想史的研究』みすず書房、一九九七年に再録。

Hamilton, David, *Toward a Theory of Schooling*, Falmer Press, 1989.

Hall, Stuart, The Rediscovery of Ideology : The Return of the Represented in Media Studies, InV. Beechey and J. Donald (eds.), *Subjectivity and Social Relations*, Open University Press, 1985.

海後勝雄「資本主義社会の発展と教育上の諸法則」教育史研究会編『教育史研究』創刊号・第2号、一九五四年。

海後勝雄編『教育科学——その課題と方法』東洋館出版社、一九五六年。

海後勝雄・広岡亮蔵編『近代教育史Ⅰ　市民社会の成立過程と教育』誠文堂新光社、一九五一年。

海後勝雄・広岡亮蔵編『近代教育史Ⅱ　市民社会の成熟過程と教育』誠文堂新光社、一九五四年。

海後勝雄・広岡亮蔵編『近代教育史Ⅲ　市民社会の危機と教育』誠文堂新光社、一九五六年。教育史研究会『資本主義社会の教育法則』東洋館出版社、一九五六年。

Lewis, Catherine, *Educating Hearts and Minds*, Cambridge University Press, 1995.

文部省編『学制八十年史』一九五四年。

小千谷小学校史編纂委員会『小千谷小学校史（上）』東峰書房、一九七七年。

Morley, David & Chen, KuaulHsing (eds.), *Stuart Hall: Critical Dialogues in Cultural Studies*, Routledge, 1996.

佐藤学「「個性化」幻想の成立——国民国家の教育言説」森田尚人・藤田英典・黒崎勲・片桐芳雄・佐藤学編『教育学年報4　個性という幻想』世織書房、一九九五年、二五〜五一頁。

Sato, Manabu, 'The Dilemma in Managing to Teach and to Leam: A Historical View of Classroom Lifein Japan,' In Nobuo Shimahara (ed.), *Politics of Classroom Life in International Perspective*, Garland Press, 1997.

佐藤学・栗原彬「教育の脱構築——国民国家と教育」『現代思想』一九九六年六月号、青土社、六〇〜七七頁。

佐藤学「共生へのユートピアとその挫折——学校改革運動の「近代」と「反近代」」栗原彬編『講座・差別の社会学』第二巻『日本社会の差別構造』弘文堂、一九九六年、一八八〜二〇〇頁。

03 明治元年創設の公立学校

柏崎県小千谷民政局立「小千谷校・振徳館」

〈概要〉

わが国の最初の公立学校は、これまで、明治元年一〇月に小学校設置の趣旨を論達し明治二年二月から学校が設置された京都府番町の京都小学校、あるいは、明治元年一二月に開校した沼津兵学校附属小学校であると言われてきた。しかし、京都小学校が開設される四カ月前、沼津兵学校附属小学校が開設される二カ月前の明治元年一〇月一日（年号が「慶応」から「明治」へと変更された日）に柏崎県庁が公式に認可した「小学校」が存在している。「小千谷校・振徳館」（新潟県小千谷市立小千谷小学校）である。

同校の『学校日誌』と『小千谷民政局日誌』によると、縮織物の豪商、山本徳右衛門（比呂伎）を中心とする町民有志が創設者となり、慶応四年九月二八日に一三名の生徒を入学させ、一〇月一日に柏崎県知事久我通城より「元長岡降人之幼弱教育場」として公式に認可を受けて小千谷民政局立「小千谷校・振徳館」として発足している。教師として元長岡藩校筆頭教授山田愛之助など三名が任命され、山木徳右衛門は「世話懸」を命じられている。「元長岡降人幼弱教育場」という言葉が示すように、同校は、戊辰戦争の結果、浮浪生活へと追い込まれた旧長岡藩士の子弟を対象として設立されるが、次第に、一般の町民の子弟を対象とする普通教育の機関へと発展している。一年後に同校は、柏崎県の財政逼迫のため山本による独立経営を余儀なくされるが、翌年、柏崎校分校として再び認められ、明治六年一二月に学制の小学校へと連続している。

「小千谷校・振徳館」の創設にあたって、山本徳右衛門は私財を擲って浮浪児と化した旧長岡藩士の子弟の救済に奔走し、二度にわたる「建白書」を県庁に提出して学校創設の認可を獲得している。

当時、柏崎県庁は、戊辰戦争に参加した藩士とその子弟に対する一切の庇護を禁止する通達を出し、新政府に敵対する「賊徒」を根絶やしにする方針を明示していた。旧藩士の子弟を保護し教育する学校の設立は、県庁と官軍の方針に対立するものであり、山本は「建白書」の中で「甘斧鉞之罪（どんな刑罰も覚悟の上で）」と命がけの決意を記している。その「建白書」の内容と学校創設の経緯を見ると、教育史研究の通説に再検討を迫るいくつかの特徴を認めることができる。

まず第一に、この公立学校が、上からの行政主導で組織されたのではなく、民間人の自発的な構想力と財力によって創立され維持されたことである。「慶応四年八月」の日付で提出された第一次の「建白書」

（柏崎県知事四條隆平宛）において山木徳右衛門は、維新の結果の「下意上達」の世の中において、戊辰戦争の戦禍で「捨置候幼稚輩」を「御一新後之赤子」として学校に受け入れ「天授五倫」を教える必要を力説し、その教育が必ずや「郷」や「国」に有益な人材を育成する基礎となることを主張している。そして山本は、「小学校之創営」と寄宿舎の「衣食薪油」の費用として「金千両」を「五ヶ年」にわたって県庁に寄付することを申し出ているのである。こうして「小千谷校・振徳館」は、家を失い飢えと寒さにあえぐ子どもを保護し無償で教育する公共圏（「アジール」としての公共圏）として創設され、「徴士貢士（地方官）之選挙」（民主政治）を「実」のあるものにする前提として存在を根拠づけられている。このような公共性の理念が明治元年に成熟していたことは特筆に値する。

第二に、「小学校」という名称が当初から使用され、旧藩士のみならず一般の子弟を対象とした普通教育の学校が構想されたことである。「小千谷校・振徳館」は、旧長岡藩士の身寄りを失った子弟の学校として認可されているが（生徒数＝慶応四年九月二八日・一三名、明治元年一〇月一五日・二一名、同年一二月・三二名）、明治二年三月に小千谷民政局は管下の最寄に就学を奨励しており、生徒数は明治四年四三名（寄宿生二〇名、通生二三名）、学制の学校に移行した明治六年で一二三名（内女子二名）。明治七年には三五六名（内女子九二名）にまで拡大している。生徒の年齢も、明治四年から六年までの間、下は六歳から上は四二〜四四歳まで幅広く分布していた。

明治元年以来の奨学措置は高い就学率をもたらした。小千谷小学校の学区の生年別就学率を見ると、明治二年生まれの子どもの就学率は五五・三％（男子七二・一％、女子四一・二％）。明治四年生まれの子どもの就学率は七四・〇％（男子八二・二％、女子六五・三％）に達している。学制実施後も就学率が低迷した全国的な状況と比較すれば、きわめて高い就学状況であることが知られよう。

第三に、「天性の真」を教育の原理とする山本の自然主義がこの学校の理念と制度と内容と方法を貫いていた点である。山本は儒教の教養を柏崎の藍沢南城の家塾三餘堂で六年間学び、伊勢之津の谷川士清の神道を学んだ小千谷在住の神南誠敬の思想にも傾倒していた。その自然主義は第二次の「建白書」に表明された子どもの「本性」に依拠した教育方法の提唱において顕著である。その思想は「教之方束切駆切する事なく、労之、来之、匡之、直之、輔之、翼之、遊優して自から不倦しめ、正に水之潤染し江河之科に満て進む如く、駿々乎本然固有之徳性を成就せんと要す」と記されている。すなわち教える方法は、決して急いで追い立てず、いたわり引き寄せて、まちがいをただし、援助して、悠々とのびのびと学ばせ倦きることのないようにして、水が潤って川の窪地を満たしながら進むように人間が本然として備えている徳性を成就させることが肝要だと言うのである。「慎みて寛に在れ」と言われた山本の教育思想の自然主義は、同校の教育の内容と技術の基本原理を構成していた。

第四に、教育された文化の内容の複合性が特徴的である。学制に吸収される明治六年まで同校の教育課程は、「漢学」「国学」「算学」「洋学」の教養に「手習い」などの技能を包摂した複合的な教育内容で構成されていた。近世以来、高水準の学問と教育を普及させてきた小千谷の文化風土が、この複合的な教育内容の基礎に息づいている。しかし、学制による学校への移行は、「小千谷校・振徳館」のハイブリッドな教育内容を洋学の翻訳教科書の教育へと推移させ、「立身出世」をめざす競争と評価を導入した教育機関へと変貌させている。事実、学制への批判として、創設者の山本比呂伎（徳右衛門）は、同校が学制へと吸収されると同時に教師の職を辞している。

1　はじめに

小千谷小学校の創設は慶応四＝明治元年一〇月一日である。小千谷の縮商人・山本比呂伎は、戊辰戦争によって浮浪の生活に追い込まれた旧長岡藩の子どもたちを保護し教育するために、私財と精力をそそぎ込んで「振徳館」を開設。二度にわたる「建白書」によって柏崎県庁の認可を獲得している。元号が「慶応」から「明治」へと転換した年の一〇月一日のことであり、日本で最初の公立学校の誕生であった。当時、新政府は「賊徒の子ども」の一切の保護を禁じる「お触れ」を掲示して「賊徒」を根絶やしにする方針を固めており、小千谷に逃げ込んだ子どもたちは、すべて男の子たちである。女の子どもたちは、ある者は人さらいに誘拐され、ある者は身売りされたという。山本は「建白書」を提出するにあたって極刑を覚悟していた。妻と子どもを病気で失った直後の山本は、戦禍の中で浮浪する子どもたちの救済に私財と人生のすべてを託したのである。

「小千谷校・振徳館」の創設は、教育史の通説を覆す事件である。わが国の公立学校の創設は、これまで、明治元年一〇月に学校設置の趣旨を諭達し明治二年二月から学校が設置された京都府番町の京都小学校、あるいは、明治元年一二月に開校した沼津兵学校附属小学校が最初のものとされ、公立小学校の普及は学制が発布された明治五年以降と言われてきた。しかし、「小千谷校・振徳館」は、京都小学校が開設される四カ月前、沼津兵学校附属小学校が開設される二カ月前に創設され、公立学校としての認可を獲得している。わが国の最初の公立学校が、新政府による学校設置の施策の前に地域を主体として、しかも、子どもの保護と救済の公共圏（アジール）として創設された事実は、旧来の教育史の常識を超える事件である。

同校の歴史は、小千谷の人々にとってさえ闇の中に埋もれていた。山本の二つの「建白書」、「小千谷校・振徳館」の創設を記録する詳細な『学校日誌』、および創設期の同校の事情を記した「小千谷民政局日誌」が発見されたのは、『小千谷市史』（上・下、資料集、一九六九年）の編纂過程においてであった。旧校舎の倉庫から史料を発見した桑原芳太郎校長も、これらの史料の存在に驚き、東京大学の史料編纂所で鑑定を受けるまではにわかには信じられなかったという。

私自身は、同校の歴史を東京大学教育学部の図書室の『小千谷小学校史』（上巻・下巻、一九七七年）を読んで知った。星野初太郎校長が執筆した労作である。近代教育史研究の骨格を形成した海後宗臣（東京大学教育学部創設の中心人物）は、小千谷小学校の調査を戦後直後に行っていたが、その時点ではこれらの資料は発見されていない。海後門下の稲垣忠彦（東京大学教育学部名誉教授）が『小千谷小学校史』を図書館に収め、稲垣門下の私が同書を手にしたわけである。しかし、小千谷小学校創設の歴史的意義を再認識したのは、同校の平澤憲一校長から「わが国でもっとも古い学校でもっとも新しい教育に挑戦したい」という趣旨の手紙を受けて学校改革のコンサルテーションを開始した一九九五年からである。フィールドワークと歴史研究という二つの方法によって「越境する教育学」を模索し「行動する教育学者」としてのあり方を模索してきた私にとって、小千谷小学校との出会いは、偶然とはいえ、運命的なものであった。

2　内乱の記憶

小千谷小学校は、戊辰戦争の出発点となった岩村精一郎（軍監）と河井継之助（長岡藩家老）との「小千谷談判」が行われた慈眼寺のすぐ近くにある。詩人西脇順三郎の生家も近い。中越一の縮商であった西脇吉郎右衛門（西脇順三郎の曽祖父）は、明治以後、第四銀行や小千谷銀行を創設した富豪であったが、山本比呂伎の最大の理解者であり、「小千谷校・振徳館」の存続を財政的に支援した中心人物であった。西脇順三郎も、小千谷小学校の校歌の作成に協力している。

小千谷小学校を最初に訪問したときから、この小さな町の大きな学校（新潟県で二番目の大規模校）が、文化と教育の共同体の核として存在している点が印象的であった。同校は塀がなく地域に開かれており、校舎の中心に障害児学級の教室が位置づいている。学校を支えてきた町の歴史も興味深い。豪雪で知られる盆地だが、信濃川の水運と街道の交差点として商業と文化と宗教の伝統は深い。この小さな町に百以上の神社が今も存在し、山岳宗教と修験道が多種多様に存在したと言う。信濃から川を下った諏訪神や日本海の海岸を北上し信濃川を上った白山菊理媛、東北文化を象徴する羽黒権現や関東から北上した二荒など、多種多様な神々が棲息した場所である。さらに、みごとな火焔土器が多数発掘される縄文遺跡が町内に四〇カ所近くもあり、それに反して弥生文化の遺跡はほとんど存在しないことから考えて、この地域の産業と文化は民族的な古層の上に立っていると言ってもよいだろう。

同校の訪問を続ける中でさらに興味深い発見は続く。「小千谷校・振徳館」の存続と並行して、この町の人々は、柏崎県から独立し「小千谷県」を自治地域として建設する運動を起こし、政府の弾圧を受けていた。維新後の一揆の高揚を基盤として、明治三年、小千谷町以下四二〇カ村（署名一七八名）による嘆願書にまとめられた「小千谷県」設置構想は、小千谷民政局管内だけで七三五の村数の賛同を獲得していた。同年三月、小千谷村の庄屋五人と年寄一人が柏崎県庁に無届けで上京し民部省に嘆願書を提出している。しかし民部省はこの嘆願書を受け入れず、柏崎県庁は「皇室」を「あざむきし」罪として、この六人を検挙し数カ月にわたって牢に幽閉している。

この事件は「御一新」をめぐる「近代化」のイメージにおける政府と小千谷町民との大きなズレを示している。このズレを「小千谷校・振徳館」も共有していた。山本比呂伎は、「建白書」において「御一新」を上意下達の社会から「下意上達」の社会への転換として評価しており、「徴士貢士（地方官）ノ選挙」（民主政治）を「実」あるものにする前提として「天授五倫」を教える学校を設立する必要を訴えている。この理念に立って、山本は旧長岡藩士の子どもを対象とするだけでなく、すべての子どもが「御一新の赤子」として共に学び合う学校を構想していた。事実、「小千谷校・振徳館」は、階級、階層、性、世代など、あらゆる差異を超えて学び合う場所であり、生徒の年齢構成も七歳から四四歳にまで及んでいた。生徒数も慶応四年九月に一三名、明治元年一〇月に二一名、同年一一月に三二名、明治四年に四三名（寄宿生二〇名、通生二三名)、学制の学校に移行した明治六年に一二三名(内女子二名)、明治七年には三五六名(内女子九二名)にまで拡大している。

明治元年以来の奨学措置は高い就学率をもたらした。小千谷小学校学区の生年別就学率を算定すると、明治二年生まれの子どもの就学率は五五・三%(男子七二・一%、女子四一・二%)、明治四年生まれの子どもの就学率は七四・〇%(男子八二・二%、女子六五・三%)にまで達している。全国の学校の就学率が、学制発布後も長らく一〇%台を低迷した状況、および、新潟県の就学率が沖縄と北海道に次いで低かった事情を考えれば、小千谷小学校の就学率の高さは驚異と言うべきである。このように「小千谷校・振徳館」(小千谷小学校)は「共生のユートピア」としての学校であった。

「小千谷校・振徳館」の学校像は、学制の「共生のユートピア」と一部重なり合っている。学制は「人民一般」を対象として構想されていたが、この「人民一般」とは「華士族農工商婦女子」と説明されており、階級、階層、性、世代の差異を超越して構想されていた。この「超近代」とも呼べる「共生のユートピア」が、前近代の装置である「太政官」によって布告されているところに、わが国の近代学校のその後の運命が表現されていた。「学制」における「共生のユートピア」は、あらゆる差異を無化する天皇制というイデオロギー装置によって提唱されていたのである。

一方、「小千谷校・振徳館」と学制の学校との差異は明瞭である。その差異は、両者の含意した「近代性」の性格に見ることができる。「小千谷校・振徳館」における「近代性」とは、公費による教育(無償教育)、教育内容における漢学、国学、神道、洋学、手習い、裁縫などの総合(公共的文化)において表現されていた。それに対して、「学制」の学校は、授業料を徴収する有償の学校であり、教育内容も翻訳した欧米の教科書であった。その「近代性」は、欧米文化の移植という植民地性と、もう一つは、「上等」「下等」の二段階八級の「等級」制度とその「進級」を決定する「試験」の導入において表現されていた。「学制」は、二九の教科名を翻訳名で明示するとともに、一四もの条文で週、月、学期、年ごとの「試験」について記述している。

明治初期の識字率は国際的にトップ水準にあり、藩校、寺子屋、郷学などの教育機関の普及も欧米に匹敵する水準に達していた。「学制」による「小学校」の普及が「自発的植民地化」であったことは明瞭であろう。「学制」による「小学校」の創設は、藩校、寺子屋、郷学の近代化ではなく、それらの廃絶による欧化として断行されている。儒教文化圏からの脱出による〈欧化＝近代化＝自発的植民地化〉が、「学制」の学校における近代化の性格であり、翻訳教科書の導入と「試験」による「等級」づけの二つが「近代」の徴であった。

小千谷の人々にとって、学制の発布は「公教育の創始」ではなく「教育の公共圏の再編・回収」として機能した。「小千谷校・振徳館」は、明治六年に学制の学校へと回収されるが、それと同時に山本比呂伎は退職し学校を去っている。教育内容の「洋学（欧化）」と「試験」による「進級（序列化）」の二つで特徴づけられる学制における「近代」を拒絶したからである。

「小千谷校・振徳館」が学制に吸収されて以後、小千谷には私塾が隆盛する。たとえば、国学と漢学を教授する私塾の一つ「斯道館」は、小千谷中学が開校する明治三五年まで数百名（女子数十名）の塾生を擁していた。「小千谷校・振徳館」が閉鎖された後も、小千谷の地には二つの「近代」が相克していたのである。

3　場所の再編——植民地化としての「近代化」

「小千谷校・振徳館」の場所の意味も検討しておいてよいだろう。「小千谷校・振徳館」は、創設時は、小千谷の地に立ちながら、むしろ長岡の藩校・崇徳館の再建としての意味を担っていた。創設者の山本比呂伎において崇徳館の再建という意識は皆無だったが、創設時の同校に身を寄せた子どもたちや初代校長をつとめた山田愛之助、教師をつとめた今泉友三郎と木村一蔵らにおいて、「小千谷校・振徳館」は崇徳館の復興としての意味を持っていたと推察される。山田愛之助は、元崇徳館の都講（校長）であり、河井継之助による戊辰戦争への突入に反対して山にこもり、山本比呂伎に誘われて「小千谷校・振徳館」の創設に協力している。「小千谷校・振徳館」は長岡の崇徳館の延長線上にあった。この地政学的な位相は、「小千谷校・振徳館」を公的に認可した柏崎県庁にも共通していた。「小千谷校・振徳館」は「小千谷民政局立」として認可されたものの、公文書における同校の名称は「長岡降人之幼弱教育場」と記されている。

さらに言えば、明治五年の学制における「小学」「中学」「大学」の階梯も、年齢的な階梯と言うよりはむしろ、東京を中心とする空間の地政学的な構成において規定されていた点が重要だろう。学制は、全国を八つの「大学区」とし、その「大学区」を三二の「中学区」に分割し、さらに一つの「中学区」を二一〇の「小学区」で組織する学校制度を提案している。「小学校」「中学校」「大学」は、教育段階の制度化であったが、それ以上に、帝国大学を中心とする教育空間の地政学的構成を意味していたのである。事実、学制による「小学校」は六歳から四〇歳をこえる人々が通う学校であり、「小学校」「中学校」「大学」という区分は、年齢段階による学校の区分というよりはむしろ、教育空間の中央集権的なハイアラーキーを意味していた。このハイアラーキーにおいて上級の学校に進学することは、地域から離脱し中央へと身体を移動させることを意味している。東京大学を頂点とする教育意識、地域の学校を中央のサブシステムと見なす意識は、学制において準備されていたのである。

山本比呂伎の創設した「小千谷校・振徳館」は、小千谷という場所を中軸として地域と地域が交流し、地域と中央が循環する教育空間を構成している。「長岡降人之幼弱教育場」として認可された創設時においても、同校に集う戦争孤児たちは長岡藩にとどまらず諸藩に及び、創設直後には小千谷と小千谷近郊の子どもたちが通う学校へと展開し、数年後には東京からの寄宿生も集う広い地域を基盤とする学校へと発展している。このような地域を中軸とする水平的で循環的な教育空間は、この学校が、士族の教育伝統を継承しながらも、商業を基盤とする文化の交流圏において発展したことを示している。

小千谷は縮商を中心とする商業都市であった。「小千谷校・振徳館」の創設に尽力した山本比呂伎は中越地方五番目の豪商であり、山本とともに同校の「世話係」をつとめた久保田弥三右衛門は中越二番目の豪商、同校に多額の基金を提供し続けた西脇吉郎右衛門は中越最大の豪商であった。商人の儒学文化の伝統については、大坂商人のアカデミアとして発展した懐徳堂の教育が知られている（ナジタ、一九九二）。

懐徳堂における教育のエートスが「経国救民」(政治秩序の確立による民の救済)に求められたように、「小千谷校・振徳館」における教育空間の構成も政治倫理の啓蒙による「救民」を主題としていた。

山本比呂伎における教育の公共圏の思想が、「小千谷校・振徳館」を生んだ地域の学問と教育の伝統を基盤として形成されたことは確かである。しかし、その公共圏の思想が、具体的にどのような思想によって構成されたのかを明示することは困難である。「小千谷校・振徳館」の教育内容は漢学、国学、神道、洋学、手習いなどのハイブリッドな組織で特徴づけられるが、その公共圏の思想も複合的で折衷的な思想の産物として形成されているからである。その生成の内側に接近する前提として、山本比呂伎を中心とする小千谷商人の学問と教育の伝統を概観しておこう。

山本比呂伎は一二歳から六年余り、小千谷の藍沢南城の主宰する家塾、三餘堂で学び儒学の教養を身につけている。山本は、神道、国学の造詣が深かったが、彼の神道、国学への傾斜は、小千谷における学問の開拓者、神南誠敬を追慕した結果と言われている。神南誠敬は、『和訓の栞』の著者として知られる阿波の津(三重県津市)の仮名学者、谷川士清の薫陶を受けている。さらに山本比呂伎は、山崎闇斎が儒学と結合して創始した垂加神道を修めていた。これらの教養を基礎として、山本は「小千谷校・振徳館」における教育活動に傾倒しただけでなく、生産所、保進社、漆園社、農談会などの企業や公職の活動に傾倒した小千谷の代表的な知識人であった。

小千谷の町の学問と教育の伝統の厚みについても言及しておこう。小千谷の寺子屋は享保年間から存在が認められ、天保年間には一つの寺子屋、遍照庵に男二三〇人、女一一〇人が在籍した記録も残されている。寺子屋レベル以上の教育を求める者は、儒学を教える家塾に通っている。天保年間には、片貝村に折衷学を教える朝陽館が開設、門下生は六〇〇名に達している。朝陽館の師を父とする藍沢南城は、北条村に三餘堂を開き、小千谷からは山本比呂伎を含む四一名が塾生として折衷学を学んだという。朝陽館は耕読堂と名称を変更し、江戸に遊学した丸山貝陵が塾主となって明治元年まで教育活動を展開している。慶応三年の状況は、男の塾生六五人、女の塾生二三人であり、素読（四書・五経・文選）と講義（蒙求・文章軌範・八大家文・国史略・十八史略・春秋左氏伝）と習字（正草仮名数字・干支・三字経・千字文など）が教えられ、修業年限は五年から七年ほどであった。

幕末期の小千谷の学問の活況を象徴する人物として、和算家の佐藤雪山と究理学者の広川晴軒をあげることができる。佐藤雪山は、『算法円理三台』において和算の方法で無限級数の展開式を考案したり、区分求積法による積分の計算式を提示している。佐藤雪山の門下生は多く、遠く江戸、野州、長州からも多くの塾生が遊学した記録が残されている。他方、究理学と天文学を探究した洋学者、広川晴軒は、『三元素略説』において「温・光・越素」（熱・火・電気）の三元素が本質的に同一の現象であることを主張した。広川は、維新直後、小千谷に「洋学校」を建設することを柏崎県庁に建白し、明治一〇年に江戸から帰郷してからは私塾「算学舎」を設立している。

一方、「小千谷校・振徳館」の直接的な基礎となった長岡藩の崇徳館では、儒学の伝統に加えて洋学が活況を迎えていた。後に「小千谷校・振徳館」の校長となった崇徳館の都講（校長）山田愛之助は、崇徳館で藩儒院秋山景山に学んだ後、江戸に遊学して伊東玄朴のもとで蘭学を修めている。また、小山良運、小村準碩、小林誠卿、吉見雲台などは緒方洪庵の適塾、その他、長崎で蘭学、医学を学んだ者も多い。「米百俵」で知られる小林虎三郎は、佐久間象山に師事し勝海舟とも親交があり、後に幕府目付役となった鵜殿団次郎は、江戸で英学、蘭学、数学、天文学、航海学などを学んでいる。このような洋学研究の過剰な傾向を懸念して、一時、藩当局は洋学を学ぶ者に対する許可制を導入するほどであった。

「小千谷校・振徳館」へと合流した学問的・教育的水脈は、ハイブリッドな性格を持っていた。儒学の諸派、国学、和学、神道、蘭学の境界線の越境、および、藩学、寺子屋の境界線の越境、士族文化、商人文化、農民文化の境界線の越境という、多層的な文化の混淆が、「小千谷校・振徳館」の成立の基盤を形成していた。学問と教育の公共圏が地域を基盤として学校という場に成立する筋道を、「小千谷校・振徳館」の歴史は示していると言ってよい。

「小千谷校・振徳館」の生徒の構成と教育内容に、文化の公共圏の成立の徴は表現されている。創設当初は、旧長岡藩の子弟のアジールとして成立した「小千谷校・振徳館」は、次第に、小千谷の豪商、富農、村役人の子弟や諸藩の子弟が通学する学校へと発展し、明治四年一二月の『学校日誌』には、在塾生三一名、通生二七名の計五八名が、「漢学」「皇学」「算学」「洋学」の四つの領域に分かれて学んでいたことが記録されている。

この教育と文化の公共圏は、しかし、明治五年の学制によって破壊されることとなる。中央政府と柏崎県庁による「欧化＝近代化＝植民地化」の断行である。明治五年一〇月四日の小千谷校の『学校日誌』は、学制の学校への移行後の「課目」に関する県庁から指導された「教授方概略」を記している。それによると「読本読方」（但し訳書を主とし用ゆべき事）「暗誦並書取」（童蒙必読、単語篇の類）「修身口授」（小学、勧善訓蒙の類）「算術」「習字綴字」「温習」「読本輪講」（天変地異、西洋事情の類）「地学輪講」（日本区尽、与地誌略の類）「理学輪講」（博物新篇、究理図解の類）「史学輪講」（外史、万国新史の類）「作文」「修身学」（論語）「法学」（万国公法の類）が、教育内容として指導されている。さらに県は、「大試」の実施のために「生徒上級之向」をさしだすよう指導している。

この政府と県による教育内容の一方的な「欧化＝植民地化」と「試験」による序列化の指導に、小千谷校・振徳館の山本比呂伎は憤然と抵抗し、ついには辞表を出すにいたる。市内の子弟の多くが通う家塾、三餘堂でも学制への抵抗が認められる。三餘堂を経営していた藍沢雲岫は「欧化＝植民地化」の統制に憤って家塾を閉鎖している。「欧化＝植民地化」によって教育の公共圏を破壊した傷は深い。新潟県の就学率は、明治後期にいたっても北海道・沖縄を除いた府県中、最低であった。

4　忘却された歴史と創作された歴史

小千谷校・振徳館の歴史は、百年以上にわたって人々の記憶から忘却されていた。身体の記憶にとどめていた人々は存在したにもかかわらず、「賊徒」の刻印を付された歴史の記憶は公的に語られることはなかった。反逆の歴史の宿命だろう。この忘却の記憶は、創作された記憶と対比すると、その性格がいっそう明らかとなる。

第二次世界大戦の最中、旧長岡藩士による学校創生の物語が、教育の美談として人々の喝采を浴びている。「小千谷校・振徳館」の話ではない。明治三年六月に長岡に開校した「国漢学校」の創生にまつわる教育美談「米百俵」である。この美談の創作者は山本有三であった。山本有三は、戊辰戦争で廃墟と化した長岡において、旧藩士の処遇を預かる大参事（老中）の小林虎三郎が、三根山藩から長岡藩への見舞いとして贈られた米百俵を、飢えに苦しむ藩士の反対を押し切って学校創設の基金に投じた偉業に感銘し、「米百俵」と題する戯曲を書き上げている。「米百俵」は、昭和一八年に新潮社から初版五万部という、当時としては破天荒な部数で出版され、築地の東京劇場で上演されて喝采を浴びている。

ところで、著者の山本有三自身が記しているように、小林虎三郎が藩士の反対を押しきって米百俵を「国漢学校」の創設にあてたという確かな証拠はない。「米百俵」の戯曲は、ノンフィクションの体裁はとっているが、フィクションなのである。確かに長岡藩が三根山藩から贈られた米百俵の一部を「国漢学校」の創設基金にした事実は記録されているが、小林虎三郎の伝記にも他の史料にも、山本有三の描いた教育美談を確認することはできない。この美談は、史実のかたちをとって語られた山本有三の創作物語であった。

山本有三が「米百俵」という教育美談を創作した意図は、山本五十六を輩出した長岡の教育伝統を全国にアピールするためであったと著者自身によって明言されている。戊辰戦争のトラウマと言うべきだろうか、「米百俵」の教育美談は「聖戦」の志気を鼓舞する文学として創作されたのである。しかも、「米百俵」の物語は、戦後、いっそう人々の共感を呼んでいる。舞台となった長岡は、戊辰戦争において町の大半を焼失したが、昭和二〇年八月一日にも米機の空襲で全市が焦土と化している。「米百俵」の物語は、今度は、焦土と化した国土を教育によって再建する希望を表象するものとして、人々の喝采を浴びたのである。

他方、「小千谷校・振徳館」の歴史は、戦後においても想起されることはなかった。いくつかの契機はあった。たとえば、近代教育史研究の開拓者、東京大学の海後宗臣は、戦後まもなく、明治初年の教育の地域における実態を調査するため、小千谷小学校を訪問している。海後は、当時、教育学部の学生であった小林哲也（後、京都大学教育学部教授、比較教育学）に小千谷小学校の講師として一年半の経験を積ませるが、「小千谷校・振徳館」の歴史については、どこにも記していない。もし、このとき海後が『学校日誌』にふれる機会があったならば、わが国の近代教育史研究は、まったく異なった展開を遂げただろう。

山本比呂伎の学校創設の「建白書」から柏崎県庁の認可の文書、および草創期の学校のカリキュラムと生徒の名簿等を記した『学校日誌』が発見されたのは、小千谷市百年史の編纂作業においてであった。小千谷小学校の桑原校長が市史関連の史料を探索したところ、学校の倉庫の奥から『学校日誌』が発見されたのである。「小千谷校・振徳館」の歴史は、こうして『小千谷市史』に記載されるとともに、桑原校長の後を継いだ星野校長によって編集執筆された『小千谷小学校史』にも記述されている。

しかし、「小千谷校・振徳館」の歴史は、市史と学校史において叙述された以上の意味を獲得してはいない。わずかに、同校の歴史に関心を抱いたジャーナリスト立石優が、浮浪する長岡藩士の子ども勇三を主人公とし、彼に対する村人の救済の物語を記した『学校物語——雪国・小千谷に生まれた日本最初の小学校』（一九九五年）を著して、同校を最初の公立学校として記しただけである。しかし、同書も、第二次世界大戦後の浮浪児の生活と重ね合わせて、小千谷を彷徨した旧長岡藩の子どもが描かれ、人情ものの大衆小説に近い叙述にとどまっている。しかも、同書はノンフィクションの体裁をとっているが、登場人物もドラマの展開もフィクションで構成されていた。「米百俵」において創作された語りは、「小千谷校・振徳館」の回想において再生産されていた。

山本比呂伎の水墨画の一つに「讃竹図」という書画がある。小ぶりの竹が群生している一角の風景を根元から描いた掛け軸である。その絵には次の山本の言葉が記されている。

「親の根の涼しき露を置き敷くは、その若竹の影にぞありける」

親竹は育ちゆく若竹の影によって根もとを涼しくし潤いを得ることができるという意味である。子どもという存在がもたらす恵みをうたった親の讃歌である。山本が「賊徒の子ども」の救済と「小千谷校・振徳館」の創設に私財を擲ち、極刑を覚悟して尽力した背景には、最愛の妻と息子を失った喪失の哀しみがあった。子どもを育てる事業は、親の責任であると同時に、その子どもや親の帰属する共同体の公共の事業であり、その恵みは親と共同体の構成員がともに享受すべきものなのである。

明治元年に創設された「小千谷校・振徳館」は、翌年、柏崎県の財政難のために公立学校としての認可を取り消され、山本比呂伎の私設の学校として持続することになる。その間、山本をはじめ、小千谷の人々は何度も柏崎県に再認可の申請を繰り返しているが、一年以上も受け入れられてはいない。この経緯に関する資料は乏しいが、この事実一つの中にも、公共圏の近代化をめぐるヘゲモニーの激しい闘いの痕跡を読みとることが可能である。

明治三年、小千谷と周辺の七三五カ村は、柏崎県から独立して「小千谷県」を建設する一揆の運動を起こし、四二〇カ村の嘆願書を政府の民部省に提出するという事件を起こしている。民部省はこの嘆願書の受諾を拒否し、柏崎県に通報して運動は直ちに弾圧された。主導者の庄屋六人は「皇室」を「あざむきし」罪として数カ月拘留されるが、人々の抵抗に屈して柏崎県は、彼らを釈放し、再び庄屋と年寄役に任命している。「小千谷校・振徳館」の認可に対する柏崎県の一方的な取り消しが、この「小千谷県」独立運動に対する抑圧と制裁としての意味を担っていたことは想像に難くない。

「小千谷校・振徳館」の歴史の語り起こしは、学びの公共圏の記憶として、さらには、地域のコミューンの記憶として、抑圧され制圧された地域を基盤とする近代化の可能性の記憶として甦ったのである。

5　身体のアーティキュレーション

学びの公共圏は多様な身体のアーティキュレーションが複数的に交差する空間である。「學」という文字には、学びが内包する人と人の関係が内包されている。「學」の上部の中心にある二つの「メ」はいずれも「交わり」を意味している。上の「メ」は垂直方向の「交わり」、すなわち天（祖先の霊＝文化遺産）との「交わり」、下の「メ」は水平方向の「交わり」、すなわち子どもと子どもとの「交わり」を意味している。この二つの「メ」の両側にある「𦥑」と「彐」は、子どもの「交わり」に心を砕き世話をする大人の「両手」である。学びはその「交わり」に心を砕く大人のケアによって成立するのである。「學」という字は、さらに学び舎の屋根を意味する冠とその中心に位置する「子」によって構成されている。

この「學」の思想は、山本比呂伎の「建白書」の中において、「教之方束切駆切する事なく、労之、来之、匡之、直之、輔之、翼之、遊優して自から不倦しめ、正に水之潤染し江河之科に満て進む如く、駿々乎本然固有之徳性を成就せんと要す」（教える方法は、決して急いで追い立てることなく、いたわり引き寄せて、まちがいをただし、援助して、悠々とのびのびと学ばせ、倦きることのないようにして、水が潤って川の窪地を満たしながら進むように、人間が本然として備えている徳性を成就させることが肝要である）と記されていた。

この山本の「建白書」に表現されている「教」の概念は、大人が一方的に子どもを操作対象とする近代の「教育（education）」の概念ではない。「教育（education）」の制度化によって消滅した「edu-care」（生きとし生けるものの成長に心を砕くこと）としての「教育」の概念である。大人が子どもの能力を一方的に引き出す近代の「education」とは異なり、「edu-care」としての「教育」は、ケアリングという他者の脆さや要求に応答する関わりを基盤として成立する。「慎みて寛に在れ」と言われ「天性の真」を基本原理とした山本の自然主義の教育は、edu-care の思想を基礎としていたのである。

6　学びの公共圏へ

「小千谷校・振徳館」は、学びの公共圏を創出した歴史的な事件であった。その公共性の水準の高さは、山本の建白書において同校の創設の中心的な目的が、新しい「下意上達」の社会において将来、選挙によって選出されるべき郷土と国の公僕を育成することに求められていた点からも明瞭である。

この事実は、わが国の公教育の起源が明治五年の学制にあるのではないことを示唆している。小千谷小学校の歴史に即して言えば、明治六年四月に学制に吸収された小千谷尋常小学校よりも、明治元年（慶応四年）一〇月に柏崎県庁の認可を受けた「小千谷校・振徳館」のほうが、はるかに公共性の高い学校であった。「小千谷校・振徳館」は、階層や世代をこえた人々が交わり援助し合い学び合う空間であり、国学、漢学、洋学、神道など多様な文化が交差し合う教育空間であった。明治六年の「学制」への移行は、翻訳教科書の学校への移行であり、成績によって進級（グレード）を序列化される学校への移行であった。文化の自発的植民地化を推進した国家の意志が、小千谷小学校における学びの公共圏を国家に回収し、その植民地化の過程に組み込んだのである。山本比呂伎が、「小千谷校・振徳館」が学制に吸収される際に辞表を提出して同校を去ったのは、この植民地化への抵抗であった。

「小千谷校・振徳館」の歴史は、従来、一体化して認識されてきた「公教育」と「義務教育」と「国民教育」を区別する必要を提起している。「小千谷校・振徳館」の創立は、わが国の公立学校の起源であり、「公教育」の成立を意味している。それに対して明治五年の学制は「公教育」の制度的な回収と再編を意味しており、また、「国民教育」の成立は、国民国家の統合を目的として教育と権力の均質空間を組織した一九〇〇年の小学校令に求めるべきだろう（佐藤 一九九五、一九九七b）。

「小千谷校・振徳館」の歴史は、近代化の出発点に対する通説の見直しを要求している。近代教育史研究の礎石を築いた海後宗臣は、一九二九年と一九三〇年に文部省精神科学研究補助費を受け一九三一年に「明治初年に於ける教育の調査研究報告書」を作成している。この報告書は「学制」以前の文部省の施策を調査し、大学規則中小学規則における小学（大学への予備機関としての小学）と府県に設置を奨励した小学校（民衆学校としての小学校）とは性格を異にしており、それぞれが藩校と寺子屋の伝統を引き継いでいることから、学制以前の制度方針は「複線型の学校体系」にあり、学制の意義がアメリカ型の「単線型」の採用にあったことを結論づけている。さらに海後は、学制実施以前に「小学校またはこれに類する名称をとった学校が成立していたこと」に注目し、沼津兵学校附属小学校と京都小学校、そして愛知県義校などの調査を行っている。

海後宗臣の近代教育の「理念」と「制度」と「実態」の成立と変遷に関する実証的研究は、その後、文部省編『学制八十年史』（一九五四年）へと結実し、近代教育史におけるアカデミズムの基本的なパラダイムを構成している。その出発点となった明治初年の調査研究の報告書（前記）が、四〇年の歳月をこえて学制百年の一九七三年に『明治初年の教育』（評論社）として刊行されたのは象徴的である。学制以前の教育（「近世の教育」）と学制以後の教育（「近代の教育＝公教育」）との発展的な連続性を跡づける意識が海後を中心とする教育史研究の基軸を構成してきたのである。

「小千谷校・振徳館」に見られる学びの公共圏（公教育）の形成は、全国の各地においても確認できる事柄である。幕末期から明治初年にかけて、全国の各地で「郷学」と呼ばれる士族と民衆（農・工・商）の身分差や世代差や性差をこえた学校が創設されている。それらの郷学は「共立」の学校と呼ばれていたが、この「共立」の学校こそ「公立」の学校の原型であり、それらの郷学の教育内容は「小千谷校・振徳館」と同様、国学、漢学、洋学、神道、手習いや裁縫など、学びの公共圏にふさわしくハイブリッドな文化によって構成されていた。明治五年の「学制」は、この草の根の「公教育」を中央の国家へと回収する政策だったのである。

「小千谷校・振徳館」の歴史は、学制以前にも近代の教育の公共圏が地域を基盤として成熟していた事実を示している。学制による近代化は、自発的に文化的植民地化を断行した明治国家による教育の公共圏の回収であり、内地の植民地化政策の断行であった。学制による公教育の制度化は、地域を基盤とする公教育の挫折の歴史であった。

〈参考文献〉


小千谷市史編修委員会『小千谷市史』上巻・下巻、資料編、小千谷市教育委員会、一九六九年〜。

小千谷校・振徳館『学校日誌』（明治元年〜明治七年）、小千谷小学校所蔵。

小千谷小学校史編纂委員会『小千谷小学校史』上巻、東峰書房、一九七七年。

海後宗臣『明治初年の教育』評論社、一九七三年。

佐藤学「「個性化」幻想の成立——国民国家の教育言説」森田尚人・藤田英典・黒崎勲・片桐芳雄・佐藤学編『教育学年報4　個性という幻想』世織書房、一九九五年。

佐藤学a「明治元年創設の公立学校＝柏崎県小千谷民政局立「小千谷校・振徳館」」藤田英典・黒崎勲・片桐芳雄・佐藤学編『教育学年報6　教育史像の再構築』世織書房、一九九七年。

佐藤学b「教育史像の脱構築へ――『近代教育史』の批判的検討」藤田英典・黒崎勲・片桐芳雄・佐藤学編『教育学年報6　教育史像の再構築』世織書房、一九九七年。

佐藤学脚本・三善晃編曲『学校の創生』小千谷小学校、一九九七年。

佐藤学作詞・三善晃作曲「あなたに」「学校讃歌」小千谷小学校、一九九七年。

立石優『学校物語――雪国・小千谷に生まれた日本最初の小学校』恒文社、一九九五年。

テツオ・ナジタ『懐徳堂――一八世紀日本の「徳」の諸相』子安宣邦訳、岩波書店、一九九二年。

04

「義務教育」概念の歴史的位相

公教育と国民教育

1 「義務教育」という問題構成

教育改革において「義務教育」概念が汎用されている。中央教育審議会は二〇〇五年二月に「義務教育特別部会」を設置して「(1)義務教育の制度・教育内容の在り方 (2)国と地方の関係・役割の在り方 (3)学校・教育委員会の在り方 (4)義務教育に係わる費用負担の在り方 (5)学校と家庭・地域の関係・役割の在り方」を議論し、「学習指導要領の見直し」「教員養成・免許制度」を検討事項として掲げている(1)。この背景には、義務教育費国庫負担制度をめぐる文部科学省と全国知事会および総務省との攻防戦がある。

義務教育費国庫負担制度の危機は、「小さくて効率的な政府」へと突進する新自由主義の構造改革によってもたらされた。「経済財政運営と構造改革に関する基本方針二〇〇五」（閣議決定）は、国から地方への「三兆円規模」の「税源移譲」と「国と地方を通じた行政のスリム化」そして「所得税から個人住民税への税源移譲」と「個人住民税所得割の税率のフラット化」を謳っている。「義務教育」に関しては、「評価の導入、多様性の拡大、競争と選択の導入」、「学校選択制」の「全国的な普及」、「全国的な学力調査の実施」、「教育における利用券制度」（バウチャー制度）の検討、「教員人事権の移譲」、「教員養成・免許・採用制度の抜本的見直し」などが提唱されている(2)。過激過ぎる改革の強行である。

本論が検討するのは、これら一連の改革の中心概念である「義務教育問題」と呼ばれる問題構成の教育学的検討である。「義務教育問題」として表象される問題群は「義務教育」概念で統括できる問題なのだろうか。「義務教育問題」は、義務教育国庫負担金の一般財源化をめぐる問題である。この場合の「義務」の概念は、「義務的経費」の「義務」の意味合いが強い。「義務的経費」とは国家が責任を負うべき経費を意味している。義務教育段階の公教育の財源は「義務的経費」として扱われるべきであり「裁量的経費」として扱うべきではないというのが文部科学省の主張である。その意味で言えば「義務教育問題」の「義務」は「義務教育」の「義務」ではなく、「義務的経費」の「義務」として限定的に議論されるべき事柄である。ところが、現実の「義務教育問題」は、学校教育の制度と内容の全般に拡張している。なぜ、このような事態になったのだろうか。「義務教育問題」という問題構成によって何が見失われているのだろうか。本論が探究するのは、この問いである。

まず「義務教育」概念の概要について確認しておこう。「義務教育」は英語で「compulsory education

（強制教育）」であり、その「義務」は子どもの就学に対する保護者の義務を意味している。義務教育の最初の提唱者はマルティン・ルターであり、義務教育の観念と制度はプロテスタンティズムを基盤として成立し発展してきた。義務教育制度はルターの教義によって国家統一を志向したザクセンなどの領邦国家で開始され、プロイセンのフリードリッヒ大王による一七六三年の「一般地方学事通則」によって制度化される。絶対君主制の時代の「義務教育」の「義務」は、君主に忠実な「臣民」として教育される義務を意味していた。

「義務教育」は公教育制度の成立によって再定義されている。絶対主義君主制を倒し社会契約に基づく市民国家を樹立したフランス革命を経て、教育は人権と市民権の一部となり、それを保障する保護者の子どもに対する就学義務と公権力による学校の設置責任による義務教育制度が成立する。この市民国家の義務教育を再編し強化したのが、国民国家の義務教育である。近代市民社会は教育と文化の公共空間を構成し「公教育（public education）」の制度と実践を形成するが、国民国家（nation state）の樹立は「国民教育」としての義務教育制度を形成した。以上が欧米における「義務教育」の歴史の基本構図である(3)。

2　公教育の制度化と義務教育

日本における「義務教育」の概念と制度化の歴史を解明するためには、「公教育」「普通教育」「義務教育」「国民教育」の諸概念の整理とそれらの成立史を史実に即して峻別する必要がある。今日の改革論議において「義務教育」は、この概念本来の内包である「強制教育（compulsory education）」と「保護者による就学義務（obligation of education）」の意味を超えて汎用されている。「義務教育問題」として議論されている諸問題は、国家による教育の強制の是非や保護者による就学義務の是非をめぐる問題ではない。なぜ、このような事態が生じたのだろうか。その原因の一つは「公教育」「普通教育」「義務教育」「国民教育」などの概念が峻別されず混同されてきたことにある。史実と字義に即して、これらの概念と制度の歴史を検討しておこう。

欧米の教育史の叙述において、「公教育（public education）」の成立は、教育の世俗化によって文化と教育の公共圏が成立し、宗派や階級を超えた教育機関が成立したことを意味している。たとえばアメリカにおける「公教育の成立」は一九世紀前半におけるコモン・スクールの成立を意味している(4)。同様の意味で定義するならば、日本の「公教育の成立」は幕末期から明治初期に普及した郷学とその普及に求めることができるだろう。郷学の多くは、藩校と寺子屋を混成した教育内容を組織し、身分と階級の境界を越えた学校であった。漢学、手習い、和学、洋学を混合した教育内容は共通文化による公共圏の成立を意味し、しばしば「共立」と表現された設置形態も教育の公共圏の成立を表現していた(5)。

したがって、一八七二（明治五）年の「学制」を「公教育」の起点と見なす常識は検討を必要としている。「学制」は、欧化＝近代化の政策によって全国各地に自生的に成立した「公教育」を国家を中心に吸収し再編する機能をはたしたと言えよう(6)。

さらに言えば、「学制」を「国民皆学」の出発点と記す教科書の叙述も「義務教育」の起点とする常識も検討を必要としている。いわゆる「学事奨励に関する被仰出書」（太政官布告第二百十四号）[7]で唱えられているのは「一般の人民（people）」の教育であって「国民（nation）」の教育ではない。「国民教育（national education）」の概念が政策文書に登場するのは森有礼の「学政要領」（一八八四年）であり、「国民教育」が制度的に確立するのは第三次小学校令（一九〇〇年）においてである。「学制」に提示されているのは「一般の人民」の「学事奨励」であり、「国民教育」の提唱でも「国民皆学」の提唱でもなかった。なお、「一般の人民」の「学事」（学問と教育）を表現する概念が「普通教育（general education）」である。「普通教育」は教育の公共圏における共通教養（common culture）を意味していた。

「学制」を「義務教育」の起点とする認識も検討を要する。「一般の人民（華士族農工商及婦女子）必ず邑に不学の戸なく家に不学の人なからしめん事を期す　人の父兄たるもの宜しく此意を体認し其愛育の情を厚くし其子弟をして必ず学に従事せしめざるべからざるものとす」という「学事奨励に関する被仰出書」の文言は「義務教育」の意志を伺わせる。しかし、この文書は「学事奨励」を行っているのであって、強制力によって教育を義務づけているわけではない。また文部省布達の「学制」第二一章は「小学校ハ教育ノ初級ニシテ人民一般必ス学ハスンハアルヘカラサルモノトス」と規定しているが、これも「学事の奨励」であって、親の就学義務の規定はなく、国家による強制の根拠が示されているわけでもない[8]。

「学制」以前には、大学と学問を担当する文部省と「人民の教化」を担当する神祇省とは区別されていた。神祇省は「学制」の五カ月前に教部省へと再編され、「学制」によって文部省と教部省（旧神祇省）が文部省に一元化される。「学事奨励に関する被仰出書」が太政官によって「学制」が文部省によって布告されたのは、その背景による。つまり「学事」とは大学の学問と人民の教化とを一元化した名称であり、「学制」は「学事」を「奨励」する文部行政の制度構想を条文化した文書であった。そこに教育を「義務」として規定する法的根拠は存在しない。

それでは「義務教育」の概念と制度の起点をどこに求めればいいのだろうか。政策文書に「義務」という用語が登場するのは、「自由教育令」と呼ばれる「教育令」（一八七九＝明治一二年）の案文においてである。「義務教育」が条文の用語として登場するのは、さらに遅れて第一次小学校令（一八八六＝明治一九年）においてである。

「教育令」の案文から正文へといたる過程は、「公教育」と「教育の義務」の二つの概念の成立と変遷を歴史的に検討するうえで重要である。一八七九年、政府は「学制」を廃止して「教育令」の制定を決定し、文部省の「教育令」の案文「日本教育令」は、第一七条において「学校ニ官公私ノ別アリ官費ヲ以テ設立スル者ヲ官学トシ公費ヲ以テ設立スル者ヲ公学トシ私費ヲ以テ設立スル者ヲ私学トス」と規定している。そして第一九条において「小学ハ人間普通欠ク可ラサルノ学科ヲ児童ニ教フル所ナリ」と述べ、小学校が「普通教育」の機関であることを明示している(9)。

この案文で着目されるのは、「官学」と「公学」と「私学」を学校設置の費用の担い手によって定めている点である。「官」と「公」と「私」は三つに峻別されており、「公」は各府県を分割した「学区」の費用によって設立された学校の教育を意味していた（正文では「学区」の概念も実態も消滅し「学区委員」も「学務委員」へと変更され、「学区委員」に替わって、町村自治体の選挙で選出される「学務委員」が「公立学校」

の責任主体とされた）。そのうえで、案文は「文部卿ハ学校ニ補助金ヲ給与スルノ権アルヘシ」（第八条）と、学校への補助金の給付を文部省の権限としていた。文部省による補助金の給付を「責任」ではなく「権（権限）」と規定しているのは、「公」の学校の責任が「学区委員」に求められたからである。この案文において「官」（国家の財源による教育）と「公」（地方の財源による教育）とは一線を画されている。

「義務」の用語が登場するのは文部省の案文（「日本教育令」）第三一条であり、「凡父母及後見人等学齢児童ヲ就学セシメサル者ハ其義務ヲ尽ササル者トス」と保護者の就学義務を表現している。「義務」規程が否定形による遠回しの表現になったのは「公学費用ハ学区人民ノ負担スヘキ者」（第三三条）と定めながら、財政基盤は脆弱であり、保護者の授業料と地域の篤志家や名望家の寄付金に依存せざるをえなかったからであろう。保護者の支払う授業料と地域の篤志家の寄付金は「公費」の中心であった(10)。しかし文部省の案文の「義務」は、「教育令」の正文では「責任」へと修正されている。「教育令」の就学規程は「学齢児童ヲ就学セシムルハ父母及後見人等ノ責任タルヘシ」（第一五条）と表現された。「小学校ハ普通ノ教育ヲ授クル所」（三条）であり、「凡児童学齢間少クトモ十六箇月ハ普通教育ヲ受クヘシ」（第一四条）とされ、四年間の就学を保護者の「責任」としている。

なお教育令において「普通教育」概念が明示的に使用されている点に留意しよう。案文における「人間普通欠ク可カラサルノ学科」という表現が「普通教育」として概念化されている。小学校教育が「普通教育」の機関であるのに対して、中学校は「高等ナル普通学科ヲ授クル所」（第四条）とされた。この「普通教育」は「公教育＝普通教育」というアメリカの公教育思想を踏襲したものである。デイヴィッド・マレーと田中不二麻呂による制度設計は「公教育」と「普通教育」の概念において合理的なものであった。後に「普通教育」の概念が曖昧となり、特に「高等普通教育」の概念が臨時教育会議において混乱を招くのは、教育令における合理性がその後の勅令によって崩された結果である。

「教育令」の正文において「官学」と「公学」と「私学」の三つは「公立」と「私立」の二つで表示され、「学校ニ公立ト私立ノ別アリ地方税若クハ町村ノ公費ヲ以テ設置セルモノヲ公立学校トシ一人若クハ数人ノ私費セルモノヲ私立学校トス」（第一九条）と規定される。それに伴って文部卿の給付する補助金は案文における「権アルヘシ」（権限）から正文第二八条における「各府県ニ配布スヘシ」（責任）へと変化している。この責任は府県知事にも課せられ「府県知事令ハ文部卿ヨリ領主セシ補助金ヲ各公立小学校ニ配布スヘシ」（第二九条）とされる。正文はさらに第三一条において「私立小学校タリト雖モ府県知事令ニ於テ其町村人民ノ公益タルコトヲ認メルトキハ補助金ヲ配布スルコトヲ得ヘシ」と定めている(11)。私立学校への公費の補助を禁じるアメリカ教育法令と日本の教育法令との分岐点を示す条文として注目すべきだろう。この規程は日本固有の「公」概念の所在も示している。

教育令（一八七九年）の自由主義による就学率低下を憂慮して翌年に教育令の改正が行われた。改正教育令は、第一四条の「学齢児童ヲ就学セシムルハ父母後見人等ノ責任タルヘシ」に加え、第一五条で「父母後見人等ハ其学齢児童ノ小学三箇年ノ課程ヲ卒ラサル間已ムヲ得サル事故アルニアラサレハ少クトモ毎年十六週日以上就学セシメサルヘカラス」と就学の督責を強化している。しかし「義務」の文言はない。

保護者の就学の「責任」に対する督責の強化とは矛盾するが、一八八〇年の教育令の改正において文部卿の補助金に関する条文はすべて削除され、国よる補助金制度は廃止された。改正された教育令は「公立学校ノ費用府県会ノ議定ニ係レルモノハ地方税ヨリ支弁シ町村人民ノ協議ニ係レルモノハ町村費ヨリ支弁スヘシ」（第二四条）と規定し、「補助」については続く第二五条で「府県会」に移譲されて廃止され、私立学校への「補助」も「公益」（教育令）の判断が困難であることから、「府県知事令ノ認可」によって決定する方式へと変化している(12)。

なお、改正教育令第二〇条は公立学校のうち府県立の学校については文部卿の認可を求めているが、その解説において「公立学校トハ官立私立ノ中間ニ位スル二種ノ学校ヲ指テ云フモノナリ」と定義しているのは注目される(13)。「二種ノ学校」とは「町村立」の学校と「府県立」の学校を意味しているが、「公」を「官」と「私」の「中間」と定義している点が重要である。改正教育令までは「公」は「官」の外部に位置していたのである。

3 義務教育制度の成立と国民教育の確立

教育法令に「義務」という用語が登場するのは、森有礼文部大臣が作成した一八八六（明治一九）年の第一次小学校令である。第一次小学校令第三条は「児童六年ヨリ十四年ニ至ル八箇年ヲ以テ学齢トシ父母後見人等ハ其学齢児童ヲシテ普通教育ヲ得セシムルノ義務アルモノトス」と規定している。それまで学齢児童の「父母及後見人」の就学に関する規定は「責任」であって「義務」ではなかった。森によって義務教育は理念的に基礎づけられ成立したと言ってよい。

森の設計した義務教育制度は近代的であり独自的である。その独自な特徴の一つは義務教育の主要な財源を保護者の支払う授業料に求めた点である。小学校令第六条は「父母後見人等ハ小学校ノ経営ニ充ツル為メ其児童ノ授業料ヲ支弁スヘキモノトス」と規定している。もう一つの特徴は保護者が授業料を払えない地域において「尋常小学校」（修業年限四年）の代替として「小学簡易科」（修業年限三年）を設けたことである。「小学簡易科」の財源は「区町村費ヲ以テ之ヲ支弁ス」（第一五条）とされ、「小学簡易科教員」の給与は「地方税」によって補助することができる（第一六条）とされている(14)。

森の設計した義務教育の近代性は、小学校教育を「普通教育」と規定し（第三条）、その内容を文部大臣の定める「小学校ノ学科及其程度」で規定した点にも表現されている。小学校教育の目的を「普通教育」と明言し、その主たる財源を授業料に求めた点で、第一次小学校令は「学制」構想の延長線上にある。同時に、第一次小学校令は学校の設置を「府知事県令」、教育事務を「区町村」に求め、もう一方で教育内容を省令で定め文部大臣による教科書の検定（第一三条）を定めて、国家を教育主体とする公教育制度を確立した。この法的論理を支えているのが、国民教育の構想である。森は国民教育のパイオニアであった。国民教育（national education）の概念を最初に掲示した文書は、森の起草した「学政要領」（一八八四年）である。この文書で森は、「国体」（政体）を「国設経済（ナショナル・エコノミー）」と、国家による教育を「国設教育（ナショナル・エジュケーション）」と表現していた(15)。近代国家を国民国家と定義し、国民国家を構成する装置として国民教育が構想されている。第一次小学校令は、「国民教育」という用語は使用していないが、森の構想においては人民の教育（普通教育）から国民の教育（国民教育）へと移行する勅令であった。前述のように、義務教育は欧米社会においてはプロテスタンティズムの思想を基礎としていた。森の青年期におけるプロテスタント信仰が、第一次小学校令の義務教育の成立を促したと言うのは言い過ぎだろうか。

とは言え、法制度的に言って、森個人のプロテスタント信仰の経験に義務教育制度の成立根拠を求めるわけにはいかない。何が義務教育を根拠づけたのだろうか。一つの説明は、第一次小学校令における小学簡易科の設定、つまり、例外的措置であれ、授業料無償の小学簡易科が設定されたことにより、「父母及後見人等」の就学の「責任」を「義務」へと転換することが可能になったことをあげることができるかも知れない。しかし、小学簡易科の授業料は区町村によって補塡されている。しかし「父母後見人等」の就学における「義務」は区町村に対する「義務」ではなく、国家に対する「義務」である。授業料無償制が義務教育の根拠になるのではない。尋常小学校は「父母後見人等」の授業料を主たる財源にしつつ、義務教育を成立させている。ちなみに当時、アメリカの義務教育は授業料を無償としていたが、フランスの義務教育の財源の約二割は授業料に依存し、イギリスでは約三割、イタリアでは約五割の財源を保護者の授業料に依存していた。授業料無償制が義務教育制度の決定的な根拠にはならない。

第一次小学校令の義務教育の構想は何を制度的根拠として成立したのだろうか。その答えは教育に対する国家の普遍的意志を確立したことにあると言うべきだろう。第一次小学校令は、公立学校の主たる財源を授業料に求めた点や学校の設置と教育事務を区町村に依存した点において地方分権を徹底しているが、その三年後に制定された「地方学事通則」は区町村や府県の教育事務を委任機関事務と性格づけ、教育の内的事項に関しては国家主体の立場を鮮明にしている(16)。地方自治体の「教育事務」を国家の「委任機関事務」として性格づける規定は、国家が教育主体であることの端的な表現である。国家は教育の「内的事務」を扱い、地方自治体は「外的事務」を扱うというのが「地方学事通則」の原理である。森が「国設教育（ナショナル・エジュケーション）」の最初の提唱者だったことを想起しよう。国家共同体の意志による教育（国設教育）というヘーゲル的な国家理念による普遍的教育という森の国家思想が、「義務教育（強制教育）」制度を成立させたのである。

しかし、森の「国設教育（ナショナル・エジュケーション）」の構想は、森暗殺によって第一次小学校令制定直後に頓挫する。第二次小学校令（一八九〇年）による改正は、森の国民教育構想の挫折を意味していた。森の夭折後、その遺志を継いだのは憲法起草と教育勅語起草において中心的役割を担った井上毅である。しかしアメリカをモデルとする森の国家観とプロイセンドイツをモデルとする井上の国家観は根本的に異なっていた。その相違は両者の「国体」概念の違いに表現されている。森の「国体」概念は「国家」と同義であり「国設経済（ナショナル・エコノミー）」と規定されたように、政治と経済の統治機構として道具的に認識されていたのに対し、井上は「国体」を「萬世一系」の精神的文化的共同体として認識していた(17)。この森と井上との国家観の違いは、第一次小学校令を作成した森と第二次小学校令を作成した文部官僚江木千之との国家観の違いでもあった。

第一次小学校令の就学規定における「父母後見人等」の「義務」という規定は、第二次小学校令（一八九〇年）に継承されている。第二次小学校令第二〇条は以下のとおりである。

児童満六歳ヨリ満十四歳ニ至ル八箇年ヲ以テ学齢トス　学齢児童ヲ保護スヘキ者ハ其学齢児童ヲシテ尋常小学校ノ教科ヲ卒ラサル間ハ就学セシムルノ義務アルモノトス　前項ノ義務ハ児童ノ学齢ニ達シタル年ノ学年ノ始メヨリ生スルモノトス　学齢児童ノ保護スヘキ者ト認メルヘキ要件ハ文部大臣之ヲ規定ス

ところで、第一次小学校令で設定された「小学簡易科」は第二次小学校令では廃止されている。授業料無償の「小学簡易科」が廃止されたにもかかわらず、「父母及後見人等」による学齢児童の就学の「義務」が継承された法的正統性はどこに求められたのだろうか。その答えの一つは同年に制定された「地方学事通則」にあり、もう一つの答えは第二次小学校令第一条に明示された「小学校ノ本旨」にある。

「地方学事通則」は市町村制の実施に伴う規定であり、第一条において「町村ハ教育事務ノ為勅令ノ規定ニ依リ町村学校組合ヲ設ク」と述べ、府県と町村が「教育事務」を担当する趣旨を明示している。この「教育事務」は、機関委任事務を意味していた。教育を国家の事業としたうえで、その「事務」を町村が担うという趣旨である。「教育事務」を教育そのもの及び直接教育に関係することを扱う「内的事務」と学校の設置や管理や経理に関する「外的事務」とに区別して表現すれば、「地方学事通則」において「内的事項」は文部省、「外的事項」は府県と町村の所轄に区分されている(18)。

「教育事務」は国家の事業であるとする中央集権の原理とその「教育事務」の機関委任事務としての地方分権の原理が統合され、就学に関する保護者の「義務」を根拠づけるものとなった。国家への忠誠による教育の「義務」の概念は、国民国家を標榜するナショナリズムによって制度的な正統性を獲得したと言えよう。

第一次小学校令をへて成立した義務教育は第二次小学校令（一八九〇年）に引き継がれた。第二次小学校令による義務教育の正統性は第一条の規定において示されている。

小学校ハ児童身体ノ発達ニ留意シテ道徳教育及国民教育ノ基礎並其生活ニ必須ナル普通ノ知識技能ヲ授クルヲ以テ本旨トス(19)

この第一条は、第二次小学校令の作成にあたった江木千之の原案によるものである。江木原案は、文部省案において「小学校ハ帝国臣民ニ欠ク可カラザル普通教育ヲ施スヲ以テ旨トス」へといったん修正される経緯をたどる。文部省による修正案は、学制以来の「普通教育」（「一般人民の教育」＝公教育）の伝統を継承し、それに「帝国臣民ニ欠ク可カラザル」という限定を施すことによって国民教育の論理を与えていた。文部省案は、森有礼の「普通教育」を基礎とする国民教育の構想を第一次小学校令以上に明示的に表現したものと解することができる。

江木による文部省案の改変は国民教育制度の樹立に重大な変更をもたらしている。江木の原案にもどされた正案の第一条は「道徳教育」と「国民教育」の基礎と「其生活ニ必須ナル普通ノ知識技能」の三層によって小学校の目的を規定している(20)。第二次小学校令が制定された一八九〇年は教育勅語の渙発の年でもある。「道徳教育」が意味しているのは臣民の教育であり、「国民教育」は国民の教育、そして「普通ノ知識技能」は普通教育すなわち人民の教育に対応している。しかも、この三層構造において「道徳教育」は三者の筆頭に置かれ、普通教育は「生活ニ必須ナル普通ノ知識技能」という表現によって矮小化されている。

第一条に条文化された臣民教育を筆頭とし国民教育と普通教育の三層で構成する国民教育制度は、第三次小学校令（一九〇〇年）に継承され制度的に完備されて、その後、国民学校令（一九四一年）まで変化することはなかった。この三層構造は内部に矛盾を抱えていた。戦前、「普通教育」概念の曖昧さが事あるたびに議論されるが、その淵源は「普通教育」を矮小化し三層構造で小学校の目的を規定した第二次小学校令にあったと言うべきだろう。臣民の教育、国民の教育、人民の教育という三層構造の内部矛盾は、国民学校令において「皇国民の錬成」に一元的に統合され、戦後の教育改革では「国民の教育」へと再統合されたのである。

第二次小学校令の制定においてもう一つ重要な改変があった。第二次小学校令の作成に中心的役割をはたした江木は、この小学校令が文部省内において勅令ではなく法律として準備されたにもかかわらず、枢密院において勅令へと変更されたと述懐している。法律を主張する文部省と勅令を主張する枢密院との間の議論は一二日間も続いたという(21)。義務教育という国民を強制する事項を勅令で決定してよいのかどうか、逆に、国民を強制する事項を立憲主義の法律で決定してよいかどうかは中心的な論点の一つであった。すでに大日本帝国憲法が制定され、立憲主義政治が開始された段階である。しかし、法治国家にふさわしい教育法令の扱いを求める文部省の主張は枢密院において退けられ、以後、教育財政に関する法令のみが法案として国会で審議されることとなる。

義務教育費の国庫負担制度が政策論議として浮上するのは、この文脈においてである。小学校に対する国の補助金は学制（一八七二年）から一八九〇年までは持続していたが、改正教育令が実施された一八八一年以後は途絶えていた。国庫補助制度再開の契機となったのが、日清戦争による賠償金である。一八九六（明治二九）年、「市町村立小学校教員年功加俸国庫補助法」が国会を通過し、一八九九（明治三二）年には「教育基金特別会計法」、翌一九〇〇（明治三三）年には小学校教育費国庫補助法が国会に上程されるが、一般的国庫補助の目的で作られた同法案は貴族院で修正され、教員給与の年功加俸及び特別加俸の補助に限定された「市町村立小学校教育費国庫補助法」として成立する。義務教育費の一般的補助金としての国庫負担制度が実現するのは、一八年後の一九一八（大正七）年の「市町村義務教育費国庫負担法」の制定まで待たねばならなかった。なお教員給与の半額を国庫で負担する制度は、一九一七（大正六）年の臨時教育会議の諮問第一号の答申（二）において「市町村立小学校教員俸給ハ国庫及市町村ノ連帯支弁トシ国庫支出額ハ右教員俸給ノ半額ニ達セシムコトヲ期スヘシ」と勧告されるが、この答申が実現するのは、戦時下の動員体制で制定された「義務教育費国庫負担法」（一九四〇年）においてであった。

ところで第二次小学校令（一八九〇年）以後の変化として地方教育行政にも変化が見られた。「地方視学」（府県視学）の設置（一八九四＝明治二七年）と「群視学」の官吏化（一九〇〇＝明治三三年）である。各道府県に二～三人配属された「地方視学」は内務省に所属する高級官吏であり、小学校令実施の視察が職務とされた。学制以後、「教育事務」を担う「地方教育官」が配属されたが、教育令以後は「地方学事通則」により地方自治を基本とし「府県令」と市町村「学務委員」が「教育事務」の委任事務を行う制度がとられていた。第二次小学校令によって新たに「郡視学」が設けられるが、「郡視学」が国家の官吏として位置づくのは第三次小学校令が制定された一九〇〇年である。こうして教育行政は、文部行政における勅令・省令による統制と地方教育行政における「地方視学」（府県視学）と「郡視学」「区町村」による管理の三層構造によって、学制以来のトップダウンの中央集権的統制と地方分権によるボトムアップの自治的運営という日本特有の国民教育の行財政制度を確立している。その意味でも、第三次教育令（一九〇〇＝明治三三年）は、第二次小学校令の延長線上に立って国民教育の樹立を実現した改正であったと言えよう。

樺山資紀文部大臣のもとで澤柳政太郎普通学務局長が法案作成に従事した第三次小学校令は、第二次小学校令の第一条（小学校の目的）で提示された「道徳教育」（臣民の教育）「国民教育」（国民の教育）および「普通ノ知識技能」（人民の教育）の三層を統合した国民教育の制度的確立を実現している。主な改正点は、①従来、三年～四年とされてきた義務教育年限を四年で確定し強制力を付与したこと、②第五七条で「市町村立尋常小学校ニ於テハ授業料ヲ徴収スルコトヲ得ス」と定め、授業料有償を本体とする制度から授業料無償を本体とする制度へ移行したこと、③上田萬年専門学務局長のもとで「読方」「作文」「習字」を総合して「国語」を統一し仮名表記の統一をはかったこと、④教科書の国定制と検定制を確立したこと、および、⑤教育行政において文部省の中央集権的統制と区町村の地方自治の管理を一体化したこと（前述）である。第三次小学校令において国民教育は理念的にも制度的にも完備されたのである(22)。

第三次小学校令は、日清戦争と日露戦争によるナショナリズムの爆発的な高揚を背景とする就学率の急激な増加をもたらし、国民教育と義務教育の実体化を実現する。文部省統計によれば、日清戦争直後の一八九五年の就学率は約六四％であったのに対して、一〇年後の日露戦争直後の一九〇五年の就学率は約九五％に達している。学制からわずか三〇年間で、日本の教育は、平等な基礎教育の確立と普及において欧米諸国を凌駕する近代化を達成している。その是非はともあれ、驚異的達成であることは間違いない。

4　近代教育の重層性と義務教育の概念

近代日本において公教育と公教育制度と義務教育と国民教育は、それぞれ独自の歴史的位相を形成している。これらの用語はしばしば混同され同一視されてきたが、それぞれの歴史的位相の峻別があらゆる議論の前提となるべきだろう。ここまでの叙述で示した事柄を要約しておこう。公教育（public education）は文化と教育の公共圏において成立した学校（common school）教育であり、日本においても多数の「郷学」が身分や階級を超えた「共立」の学校として成立していたことが知られている。「公教育制度（public school system）」は、公教育の国家による制度化の所産である。政府によって「学事奨励」を主導した

校令まで持続している。

民の教育）を基礎とする公教育制度は、「学制」を起点として自由教育令、改正教育令を経て第一次小学育」を標榜しており、「欧化＝近代化」による公教育の国家的回収として機能した。この「普通教育」（人「学制」によって「公教育制度」が確立する。「学制」によって成立した公教育制度は「一般人民の普通教

普通教育による公教育制度の形成途上の最終段階において義務教育（compulsory education）が成立する。第一次小学校令は、それまで「責任」と表記されていた保護者の就学に関する事項を「義務」と明示している。義務教育の成立である。その根拠は第一次小学校令を起草した森有礼の「国設教育（ナショナル・エジュケーション）」の理念にある。森は「国体」（国家）を「国設経済（ナショナル・エコノミー）」と規定し、教育を「国設教育（ナショナル・エジュケーション）」と規定することによって国民国家の樹立をデザインした。森が創出した国家の普遍的意志による教育の観念が義務教育を根拠づけたのである。

国民教育の制度化は、第二次小学校令において準備され第三次小学校令において確立する。森有礼の作成した第一次小学校令が国民教育思想を基盤としながらも「普通教育」として構想されたのに対して、江木千之が起草した第二次小学校令は「道徳教育」（臣民の教育）と「国民教育」（国民の教育）と「普通の知識技能」（普通教育＝人民の教育）の三層構造で小学校の目的を規定し国民教育の制度構想を準備する。この構想は、その後、地方学事通則による委任教育事務制度を備え、樺山資紀文部大臣と澤柳政太郎普通学務局長の起草による第三次小学校令よる国民教育制度へと連なっている。第三次小学校令において就学義務は四年で徹底され、授業料無償制度、国語の統一、教科書の国定制などが制定されて国民教育制度が確

立している。第三次小学校令において確立した国民教育は、「皇国民の錬成」によって臣民の教育（道徳教育）と国民の教育（国民教育）と人民の教育（普通教育）を一元的に統合した国民学校令（一九四一年）まで変更されることはなかった(23)。

5　戦後改革と義務教育

戦後の教育改革において「義務教育」の概念はどのような変遷をたどったのだろうか。この問いに答えるのは容易ではない。戦後改革の資料において「義務教育」をめぐる議論の形跡をほとんど見ることはできない。奇妙な現象だが、教育の義務が議論されなかった経緯は、納税の義務においても同様であった。日本国憲法は第三〇条において「国民は、法律の定めるところにより、納税の義務を負ぶ」と規定しているが、この規定は大日本帝国憲法第二一条「日本臣民ハ法律ノ定ムル所ニ従ヒ納税ノ義務ヲ有ス」と何ら変わるところはない。戦前、教育の義務（小学校令第三二条）と納税の義務（大日本帝国憲法第二一条）と兵役の義務（大日本帝国憲法第二〇条）は「国民の三大義務」と呼ばれていた。戦後、徴兵制が廃止され兵役の義務は廃止されたが、納税の義務と教育の義務は、人々の通念において無批判に連続してしまったのではないだろうか。

戦後の法令において「義務教育」は、憲法と教育基本法と学校教育法において規定されている。教育基本法は第四条（義務教育）において「①国民は、その保護する子女に、九年の普通教育を受けさせる義務を負う。②国又は地方公共団体の設置する学校における義務教育については、授業料は、これを徴収しない。」と定めている。①②とも憲法第二六条②を敷衍した規定である。学校教育法は「就学させる義務」を第二二条（小学校、中学校は第三九条）において次のように規定している。

保護者（子女に対して親権を行う者、親権を行う者のないときは、未成年後見人をいう。以下同じ）は、子女の満六才に達した日の翌日以後における最初の学年の初めから、満一二才に達した日に属する学年の終わりまで、これを諸学校又は盲学校、聾学校若しくは養護学校の小学部に就学させる義務を負う（学校教育法第二二条）。

この規定が、小学校令第三二条の「学齢児童保護者ハ就学ノ始期ヨリ其ノ終期ニ至ル迄学齢児童ヲ就学セシムルノ義務ヲ負フ　学齢児童保護者ト称スルハ学齢児童ニ対シ親権ヲ行フ者又ハ親権ヲ行フ者ナキトキハ其ノ後見人ヲ謂フ」と同一の内容を示していることは明瞭であろう。

しかし、戦前と戦後の「義務教育」の概念に変化はなかったのだろうか。すなわち、日本国憲法における「教育を受ける権利」という規定は「義務教育」概念に変容をもたらさなかったのだろうか。日本国憲法は第二六条で「義務教育」について規定している。

第二六条（教育を受ける権利、教育の義務）①すべて国民は、法律の定めるところにより、その能力に応じて、ひとしく教育を受ける権利を有する。②すべて国民は、法律の定めるところにより、その保護する子女に普通教育を受けさせる義務を負ふ。義務教育は、これを無償とする。

憲法の唯一の教育条項である第二六条は、マッカーサー原案には含まれていなかった。しかも第二六条の①は、もともと高等教育の機会均等を拡充する目的で挿入された条文である。マッカーサー原案が教育条項を含んでいなかったのは、アメリカ合衆国憲法が連邦制をとり教育を州政府の自律的権限に属するものと解していたからである。

ところで、憲法制定の国会における審議過程において新たに挿入されたのは第二六条のみではない。第二五条（生存権、国の社会的使命）も同様である。第二五条は「①すべて国民は、健康で文化的な最低限度の生活を営む権利を有する。②国は、すべての生活部面について、社会福祉、社会保障及び公衆衛生の向上及び増進に努めなければならない。」と規定している。

憲法第二六条の「教育を受ける権利」と「普通教育の義務」は、その成立経緯から言って、第二五条「生存権、国の社会的使命」と結びつけて解釈されるべきである。それには根拠がある。国会審議を通じて新たにマッカーサー原案に挿入されて成立した第二六条と第二五条は、いずれも在野において憲法草案を準備した憲法研究会において考案された条文を基礎としている。憲法研究会（一九四五年一一月結成）は、元東京大学教授の高野岩三郎を中心とし、評論家の室伏高信、元東京大学教授の森戸辰男、憲法史研究者の鈴木安蔵ら学識者と知識人によって組織された憲法草案作成の自主的な研究会である。彼らの特徴はワイマール憲法をモデルとして憲法草案を準備した点にある。憲法第二五条の生存権は、憲法研究会の最大の成果の一つであった。憲法研究会がＧＨＱに提出した「憲法改正案要綱」には「国民ハ健康ニシテ文化的水準ノ生活ヲ営ム権利ヲ有ス」という条文があり(24)、高野岩三郎が国会に提案した「改正憲法私案要綱」（高野案、一九四六年一月）では、「国民ハ生存ノ権利ヲ有ス」（生存権）に次いで「国民ハ教育ヲ受クルノ権利ヲ有ス」と「教育を受ける権利」を謳っている(25)。

憲法第二六条「教育を受ける権利、義務教育」は、憲法研究会のメンバーであった衆議院議員（社会党）森戸辰男が国会に提案した第二五条「生存権、国の社会的使命」と一体のものとして提案されたのであり、生存権の一つとして教育を受ける権利は解釈されるべきだろう(26)。

ここで、憲法第二六条の「教育の義務」が「普通教育を受けさせる義務」と規定していることに留意しよう（「普通教育」の内容は、学校教育法第一八条（小学校教育の目標）第三六条（中学校教育の目標）で定められている）。「普通教育」を「義務教育」とする規定は、第一次小学校令の提示した「義務教育＝公教育＝普通教育（人民の教育）」を理念とする義務教育概念である。しかし、第一次小学校令は授業料徴収を本体としており、憲法第二六条の提示する義務教育無償制は第三次小学校令の「義務教育＝国民教育」を理念とする義務教育概念を継承している。この義務教育概念の複合性に見られるように、戦後教育改革において「公教育＝普通教育（人民の教育）」と「公教育＝国民の教育」という二つの制度規範とその正統性の差異について議論されることはなかった。換言すれば、「公教育＝普通教育（人民の権利）＝義務教育＝無償制（国家の責任）」という一元的な制度規範とその正統性は、日本においては戦前には成立せず、戦後は法体系において成立したものの思想と議論と政策において未成熟であった。

6　改革の歴史的構図

義務教育の概念とその制度は、子どもを普通教育に就学させる保護者の義務として成立し、その保護者の義務の履行を強制する国家の責任として理念化し制度化される。義務教育は、その内部に保護者の義務と国家の意志と責任という二つの契機によって法的に規範化され制度的に正当化される制度である。戦前の日本の義務教育は、普通教育を求める人々の公共圏を基盤として国家共同体の強い意志によって制度化する論理において成立していた。学制から第三次小学校令までの義務教育の構想が、授業料徴収を本体とし区町村の自治的な管理を基本として構想されたのも、あるいは、第三次小学校令以後の義務教育が国家共同体の教育を根拠とし授業料無償制による義務教育を実現させたのも、いずれも人々の普通教育の要求を基盤として国家共同体の教育（国民教育）に統合する強靭な国家の意志とその正統化の論理を背景としていたからである。授業料の有償制、無償制、および、義務教育費国庫負担の有無は、どちらの制度であろうとも、法規範と制度的正統性において根本的に対立するわけではなかった。

しかし、戦後の義務教育は、その法規範と制度的正統性を脆弱なものとしている。国民の「教育を受ける権利」と「教育を受けさせる義務」とは、しばしば混乱し迷走する。不登校をめぐる人々の心情と論理はこの矛盾を端的に表現していた。不登校（長期欠席）という現象は、子どもの心情においては義務の不履行という苦悩を呼び、保護者の責任が問われることなく学校と教師の責任が問われるという事態を引き起こした。また不登校を子どもの学習権の保障という論理で対処する行政の責任ある政策も欠落していた。

さらに今日、義務教育に対する人々の懐疑は、教育における一切の強制や統制を廃するという極端な自由主義の議論や政策を呼び起こし、もう一方では、義務教育という根拠で教師や子どもの市民的自由を侵害する権力的統制が正当化されている。前者は、新自由主義による教育改革の温床となり、後者は新保守主義の教育改革の基盤となっている。

義務教育費国庫負担制度をめぐる政策論議は、戦後日本の義務教育の法規範と制度的正統性の脆弱性の総決算としての性格を持っている。「義務教育問題」と一括されているが、問われているのは「義務教育」（強制教育）ではない。議論の焦点となっているのは、公教育の制度構想である。その意味では「公教育制度問題」として議論されるべき事柄である。にもかかわらず「義務教育問題」という呼称が汎用されているのは、「公教育制度問題」が義務教育費国庫負担制度に政策的に限定して議論されているからである。冷静に考慮するならば、義務教育費国庫負担制度の問題それ自体は、文部科学省が「総量裁量制」を採用した時点で解決している。義務教育費を「義務的経費」つまり国家が責任を負う経費とする点において何ら対立はないからである。義務教育費を「義務的経費」として国家に責任を負わせつつ、それを「裁量的経費」として使用することを主張するとすれば、それは法的にも制度的にも成り立ちようがない。

むしろ政策的に議論されるべきは、公教育制度の制度構想であろう。戦後日本の公教育制度は、法システムにおいては教育基本法体制、財政システムにおいては義務教育費国庫負担制度、行政システムにおいては地方教育委員会制度であった。この三つの主柱は、いずれも地方分権化と規制緩和のもとで揺るがされ、三本柱の主柱としての規範性と正統性を失い、宙づり状態になっている。最も憂慮すべき事柄は、既存の制度の解体は進行しているが、それに代替する制度が何一つ準備されていないことである。地方分権化は新たな地方自治と国の責任の体制化を求めているし、規制緩和は新たな規制（ルール）づくりを求めている。しかし、現実に進行している地方分権化において国の責任はいっこうに明確化していないし、規制緩和によって新たな規制（ルール）も生まれていない。進行しているのは教育の公共圏の崩壊であり公教育そのものの解体である。

もし公教育の制度構想において少しでも安定した出発点を求めるとすれば、私見によれば憲法第二六条の「教育を受ける権利」を第二五条の「生存権、国の社会的使命」と接合して定位することにある。「義務教育」を「普通教育を受ける権利」とする規定も同様の文脈において解釈が可能であり、しかも「公教育＝普通教育＝義務教育」という公教育制度は、少なくとも学制から森有礼による第一次小学校令までの公教育の歴史的伝統とも直結している。言い換えれば、「教育を受ける権利＝生存権としての学習権」を基礎とする公教育の制度構想を樹立することである。この法規範と制度的正統性以上の説得的な公教育構想が成立しうるだろうか。

いずれにせよ、本論が提示したように「公教育（普通教育）」と「公教育制度（公立学校制度）」と「義務教育」と「国民教育」とは、それぞれ歴史的に位相を異にして成立した概念であり制度である。これらの概念と制度の歴史的位相を峻別し、それぞれの歴史的伝統を認識し直すことがすべての改革論議の出発点となるだろう。「義務教育問題」として議論されている事柄を、より包括的で重層的な公教育制度の将来構想へと再定位し直すことが、現実的かつ生産的に政策論議を展開する第一歩であろう。

〈註〉

1　中央教育審議会「義務教育に係る諸制度の在り方について（初等中等教育分科会の審議のまとめ）」二〇〇五年一月。

2　経済財政諮問会議『「小さくて効率的な政府」の実現に向けて――経済財政運営と構造改革に関する基本方針二〇〇五』二〇〇五年六月二一日、閣議決定。

3　阿部重孝「義務教育」（城戸幡太郎編集者代表『教育学辞典　第一巻』岩波書店、一九三六年、四〇一～〇四頁）および、阿部重孝『欧米学校教育発達史』（目黒書店、一九三〇年）参照。

4　Butts, R. Freeman and Cremin, Lawrence, *A History of Education in American Culture*, Holt Rinehart and Winston, NewYork, 1953.

5　稲垣忠彦「郷学校の発展と学習内容」『帝京大学文学部紀要：教育学』第二八巻、二〇〇三年、一～二三頁。

6　佐藤学「交響する学びの公共圏――身体の記憶から近代の脱構築へ」（栗原彬・小森陽一・佐藤学・吉見俊哉『内破する知――身体・言語・権力を編みなおす』東京大学出版会、二〇〇〇年四月、八三～一二二頁）参照。この論文では、新潟県小千谷市に明治初年に開設された「振徳館」が「小千谷小学校」へと展開する過程を検討し、学制前後において地域共同体を基盤とした教育と文化の公共圏に成立した公立学校と明治政府の学事奨励によって創設された公立学校の関係について歴史的に考察している。

7　太政官布告第二百十四号「学事奨励に関する被仰出書」一八七二年九月四日。この文書の呼称と性格をめぐる問題点については、佐藤秀夫「教育史研究の検証――教育史像の改築をめざして」(藤田英典・黒崎勲・片桐芳雄・佐藤学編『教育学年報6　教育史像の再構築』世織書房、一九九七年一〇月、八五～一一六頁)に詳細な検討が施されている。筆者も佐藤秀夫氏の「御布告書」とこの文書を称する主張に同意するが、本論では読者の通念による理解を考慮して慣例による呼称を採用した。

8　文部省布達第十四号別冊「学制」一八七二年九月五日。

9　「日本教育令」(教育令文部省原案・一八七九年内閣編輯「法規分類大全」第一編、文部省内教育史編纂会編修『明治以降教育制度発達史』第二巻、龍吟社、一九三八年、所収、一四一～一五四頁)。

10　同前

11　「教育令」(太政官布告第四十号)一八七九年。

12　「教育令」(太政官布告第五十九号)「改正教育令」一八八〇年。

13　「改正教育令制定理由・布告案」(文部省改正案・内閣編輯『法規分類大全』第一編)(文部省内教育史編纂会編修『明治以降教育制度発達史』第二巻、龍吟社、一九三八年、所収、一八五頁)。

14　「小学校令」(勅令第十四号)一八八六年。

15　森有礼「学政要領」一八八四年(大久保利謙編「森有礼全集」第一巻、宣文堂書店、一九七二年、所収)。

16　「地方学事通則」(法律第八十九号)一八九〇年。

17　井上毅「皇典講究所講演」(文部省内教育史編纂会編修「明治以降教育制度発達史」第三巻、龍吟社、一九二八年)六～一一頁。なお、井上毅の「国体」概念と大日本帝国憲法と教育勅語の関係については、佐藤学「教育基本法成立の歴史的意味――戦後教育の象徴とその表象」(藤田英典・黒崎勲・片桐芳雄・佐藤学編『教育学年報10　教育学の最前線』世織書房、二〇〇四年三月、五七～八五頁)を参照されたい。

18　前掲「地方学事通則」。

19　「小学校令」（勅令第二百十五号・第二次小学校令）一八九〇年。
20　江木千之「明治二三年小学校令の改正」（国民教育奨励会編纂『教育五十年史』文部省教育史編纂会編修『明治以降教育制度発達史』第三巻、龍吟社、一九三八年、所収）七八頁。
21　同前、七九頁。
22　「小学校令」（勅令第三百四十四号・第三次小学校令）一九〇〇年。
23　本論で提示した公教育と公教育制度と国民教育の峻別、国民教育の確立を第三次教育令に定位する歴史区分、および「臣民の教育」「国民の教育」「人民の教育」の三層を内包する国民教育の内部構造とその歴史的展開についての著者の見解は、以下の諸文献を参照されたい。
佐藤学・栗原彬「教育の脱構築――国民国家と教育」（『現代思想』一九九六年六月号、青土社、六〇～七七頁）。

佐藤学「「個性化」幻想の成立――国民国家の教育言説」（森田尚人・藤田英典・黒崎勲・片桐芳雄・佐藤学編『教育学年報4　個性という幻想』世織書房、一九九五年九月、二五～五一頁）。

佐藤学「教育史像の脱構築へ――『近代教育史』の批判的検討」（藤田英典・黒崎勲・片桐芳雄・佐藤学編『教育学年報6　教育史像の再構築』世織書房、一九九七年一〇月、一一七～四一頁）。
24　憲法研究会「憲法改正案要綱」（竹前栄治・岡部史信編『憲法制定史』第一巻、小学館、二〇〇〇年、所収、一三四～三五頁）。なお、憲法研究会がＧＨＱに提出した「憲法改正案要綱」には直接の教育条項はないが、「国民ハ民主主義並平和思想ニ基ク人格完成社会道徳確立諸民族トノ協同ニ努ムルノ義務ヲ有ス」という条文がある。この条文が、研究会のメンバーであった森戸辰男を媒介として教育刷新委員会において教育基本法制定に継承されたことは確実と言えよう。教育基本法の「人格の完成」という用語のルーツの一つはここにある。
25　高野岩三郎「改正憲法私案要綱」（初出『新生』一九四六年二月号、前掲竹前栄治・岡部史信編『憲法制定史』第一巻、所収、一三七～三九頁）。

26　生存権の成立に関心を寄せる研究者から、憲法第二五条の生存権が高野岩三郎を中心とする憲法研究会においてワイマール憲法における生存権の延長線上で提起されている点が指摘されてきた（中村睦男・永井憲一『生存権・教育権』法律文化社、一九八九年、古関彰一『新憲法の誕生』中央公論社、一九八九年）。同様の事情は「教育を受ける権利」においても合致する。

05 「個性化」幻想の成立

国民国家の教育言説

1 問題の設定

「国家は人によって栄え、人によって滅ぶと申します。教育を通じて、個性と創造性にあふれ、思いやりの心を持った人間を育てることは、国づくりの基本であります。」

この一文は、社会党党首としては二人目の総理大臣、村山富市が、戦後五〇年を迎えた一九九五年一月に行った施政方針演説の一節である。ここには、一世紀近く前に確立し現在まで持続している国民国家《ネーション・ステート》の教育言説の骨格が端的に表現されている。欧米の文化（「個性」と「創造性」）と日本の道徳（「思いやりの心」）を融合した「人づくり」を「国づくりの基本」とする「国民教育」の言説である。

国民の意識と文化を統合して国民国家という擬似的共同体を構築する論理それ自体は、どの近代国家にも共通する国民教育の論理である。しかし、その統合の核を欧米の文化と日本の道徳との結合に求め、「教育」と「人づくり」と「国づくり」とを一体化するところに、わが国の国民教育言説の特徴を見ることができるだろう。わが国において「教育」とは、文化を伝承し配分し再構成する実践と制度というよりも、「人づくり」なのであり、その「人づくり」を背後から人間主義《ヒューマニズム》と国民主義《ナショナリズム》のイデオロギーが支える構造が認められるのである。そして、この「人づくり」において、欧米の文化と日本の道徳を媒介し人間主義と国民主義を結合する触媒こそ、これまた日本に特徴的な現象であるが、欧米への格別の憧憬を込めて語られる「個性化」という教育幻想ではないだろうか。

本章は、国民教育の歴史的展開に即して「個性化」という教育言説の成立と展開の過程を描出する試みである。日本の教育言説が「人づくり＝国づくり」として特徴づけられるとすれば、もう一つの日本的特徴である「個性化」幻想は、どのように成立したのだろうか。

ここで「個性化」を「差異化」として認識するならば、「個性化＝差異化」の運動は「近代化」の運動そのものと言ってよいだろう。「近代化」とは、あらゆるものを均質化しながら差異化し続ける運動にほかならない。

近代の日本において、この「個性化＝差異化」の運動は、一九〇〇年代から一九二〇年代にかけて一挙に高まっている。血縁からも地縁からも離脱した「個人」の析出は、旧来の国家、家族、地域から離脱した「個人」がどのように公共的な生活を築くのかという課題を尖鋭化している。この課題を政治的に表現したのが、田中正造、木下尚江、吉野作造、大山郁夫、石橋湛山らの社会的行動であったとすれば、この課題を教育的に表現したのが、明治の末年に胚胎し大正期に開花した大正自由教育の運動であった（中野一九九〇）。

「個性化」言説は、産業社会と市場社会において析出される個々人を差異化し、民主主義の成熟を基盤として、新しい共同体へと同一化する言説として機能している。「個性化」は、一方で既存の共同体を分解し解体する「個体化（individuation）」を促進するが、もう一方では「特異化（singularization）」を推進して、新しい共同体の絆を編み続ける運動も展開する。この後者の「特異化」における共同体との同一化が、国民国家（擬似的共同体）とその中枢をなす国体（虚構的共同体）との同一化へと向かうとき、「個性化」言説は倒錯的な幻想へと転じたのではないだろうか。国民主義《ナショナリズム》とは、「個性化」を求めてさまよう諸個人が自己の同一性を「国民」として追求する虚偽意識の運動であり、ファシズムとは、その運動が純化され美学化されて、倒錯的で狂信的な合意形成へと発展した運動と言ってよいだろう。

事実、「個性化」言説の転倒は、国民国家（擬似的共同体）の内側において生じている。あらゆる差異を抹消する装置である国体を中枢とする戦前日本の国民国家において、「国民＝臣民」を析出し続ける「個性化」言説は、魔力的なエネルギーで作動しながら虚構的で倒錯的な性格を強めたと言えよう。以下、国民教育の成立過程へと立ち戻り、「個性化」言説の成立と転倒の過程に接近しながら、「個性化」幻想において語られる教育言説の歴史的性格を抽出することとしよう。

2　国民教育の成立──「人民」の教育から「国民」の教育へ

国民国家《ネーション・ステート》の教育、すなわち「国民教育」の理念と実態は、いつ、わが国に登場し、いつ確立したのだろうか。この問いに対して、これまでの教育史研究が明確な答えを準備しているとは思われない。したがって、まず、この「国民教育」の成立に関して概略を素描することから「個性化」言説の成立へと接近することとしよう。

近代学校の出発点が一八七二（明治五）年の「学制」にあることに異論を説く人はいないだろう。「学事奨励に関する被仰出書」は「其身を修め智を開き才芸を長ずる」教育の必要を提起し、「国家の為」と論ずる「空理虚談」の学を排し実学を奨励して、「一般の人民必ず邑に不学の戸なく家に不学の人なからしめん事を期す」学校の成立を宣言していた。この「学制」において、「小学校」は「人民一般必ず学ばずはあるべからざるもの」と規定されていたが、その対象は「人民一般」であって「国民」ではなかった。「人民一般」とは「華士族農工商及婦女子」を意味するものと注釈で明示されたように、階級と階層と性と年齢の差異を超越した教育のユートピアが唱われていたのである。そして、この超近代とも呼べるユートピア構想が「太政官」という前近代の権力装置によって公布されたところに、日本の学校のその後の数奇な運命がすでに宿命づけられていたと言ってもよいだろう。

「学制」における「人民」という表記は、その後の公文書では消滅している。「教育令」（一八七九年）では「人民」に替わって「児童」が登場し、「教育勅語」（一八九〇年）においては「臣民」が登場している。「国民」という言葉が登場するのは、「教育勅語」と同年に制定された第二次「小学校令」においてであった。その第一条は次のように言う。

小学校は児童身体の発達に留意して道徳教育及国民教育の基礎並其生活に必須なる普通の知識技能を授くるを以て本旨とす（第一条）

この第一条は、教育令（一八七九年）、改正教育令（一八八〇年）、第一次小学校令（一八八六年）には見られない初めての目的規定であり、国民学校令（一九四一年）まで変更されることはなかった。この目的規定において「身体」の重視は「智を開く」学校からの転換を意味していた。そして、「道徳教育」は「教育勅語」に対応し、新たに登場した「国民教育」は国民国家の教育を準備していたのである。

この「国民教育」という概念は、森有礼が「学政要領（成案）」（一八八四〜八五年）に記した「国設教育（ナショナルエジュケーション）」の概念に由来するものと見てよいだろう。この「成案」の前の「第二案」では「国設教育」は「国家（体）教育」と記されていた。「国設教育」は後に「国民教育」と呼ばれる意味を示す造語であった。森は「学制」に象徴される欧化＝近代化の最後の継承者であったが、欧化＝近代化の卓越した継承者であればこそ、国民主義《ナショナリズム》の教育を逸早く構想したと言ってよいだろう。政体は「国家経済「ナショナルエコノミー」を推進し、その目的に従属する学校は「国設教育」すなわち「我国臣民の教育」を推進するというのが、森の国民国家《ネーション・ステート》のヴィジョンであった。この「国設教育」の論理において、森は、「智を開く」場所と規定されていた「学制」ユートピアの「学校」を、「良き人をつくる」ことを第一義的な目的とする「我国臣民の教育」を行う場所として再定義したのである（一八八七年）。

前記の第二次小学校令の第一条の目的規定において、「道徳教育」「国民教育」「普通教育」の三者が統合されていない点に注意しておこう。この三者は「臣民」「国民」「人民」の三者の分裂を反映しており、「児童」は、この三者の亀裂を抱え込んだ概念であった。この三者が「皇国民」という理念で一元的な「国民教育」に統合されるのは、一九四一年の国民学校令においてである。もちろん、現実的な意味における「国民教育」が、それ以前に確立していたことは言うまでもない。

第二次小学校令で登場した「国民教育」が制度的に整備されるのは、一九〇〇年の第三次「小学校令」においてであった。第三次「小学校令」と同年の「施行規則」こそ、国民国家の教育＝国民教育の確立を表現していると言ってよいだろう。この「小学校令」は、途中、義務教育年限の延長などの部分的な改訂は施されるものの、国民学校令まで効力を持続し、この時期に整備された学校教育の構造は、今日にいたるまで、学校の制度と文化の両面を深く規定し続けている。

この第三次「小学校令」（一九〇〇年）が、就学率の普及の頂点において制定されている点は重要である。小学校の就学率は、日清戦争と日露戦争の間の一〇年間に三五％も増加し、一八九五年の六一％（男子七七％、女子四四％）から一九〇五年には九六％（男子九八％、女子九三％）にまで到達している（文部省統計）。

第三次「小学校令」は「国民教育」の名にふさわしく、就学義務の徹底を明文化し、授業料を廃止して義務教育無償制を実現し、同時に、教育内容と登校日数と学校時間と学級組織を標準化し均質化して、共通の教育を提供する制度的措置と、国庫補助金制度を完備している。この均質性と国家管理において。国民教育が、名実ともに確立したと言ってよいだろう。

国民教育の確立は、象徴的には「小学校令施行規則」（一九〇〇年）における「国語」の成立に表現されている。国民国家の樹立が統一的な標準語の成立で示されるとすれば（ベネディクト・アンダーソン）、国民教育は「国語」の成立において確立したと言ってよい。「国語」という用語それ自体は「学制」の「中学教科」に「国語学」として登場し「尋常中学校の学科及其程度」（一八八六年）では「国語及漢文」と記されていたのだが、その「国語」とは「外国語学」に対する「国語学」あるいは「漢文」に対する「和文」を意味する言葉にすぎなかった。しかし、「小学校令施行規則」の「国語」は、第三次「小学校令」の「読書」「作文」「習字」を統合し、さらには、国字表記や文体の標準化も推進する「国語」の成立を意味しており、統一的な標準語文体の教育を含意していた。

「国語」の成立は、言うまでもなく、一八八〇年代の末頃から坪内逍遥、二葉亭四迷、山田美妙、尾崎紅葉、森鷗外らを中心に推進された言文一致運動の所産であった。言文一致運動が日本語の標準語文体を創作して、共同体としての国民国家を構成し国民も構成したのであり、「国語」は、その標準語文体を伝播し普及する使命を担って成立したのである。実際、「国語」の成立と同時に、文部省普通学務局は、維新以来の難題であった国語国字表記の問題の解決に乗り出している。普通学務局は、澤柳政太郎・上田萬年を中心に、それまでの多種多様な歴史的仮名遣い表記に替えて、発音通りに表記する統一的な「字音仮名遣い」を創作し、第三次小学校令の公布と同時に省令として公表して、教科書における国字表記の標準化を推進している。

国民国家の特徴が均質化された権力空間にあるとすれば、国民教育も、教育空間の均質性で特徴づけることができるだろう。登校日数と授業時間と学級組織が「小学校令施行規則」で標準化されたのをはじめ、この時期、学校教育のあらゆる領域が均質化へと向かっている。廊下を北側に配して教室を構成する学校校舎の定型が成立するのも、あるいは、祝祭日学校儀式（一八九一年制定）が全国的に広く普及し定着するのも一九〇〇年前後の現象であった。

一九〇三年に発足した国定教科書制度は、それまで百種以上出版されていた教科書を国定の一種に限定し、教育内容の画一化を達成している。教科書の装丁が和紙和装本から洋紙洋装本へと一転したのも一九〇四年に始まる国定教科書からである。全国一律の均質な場所で均質な内容を均質な時間において均質に経験する国民国家の教育空間の出現である。学校は、軍隊と並んで、国民国家が出現し現象する日常空間として、人々の前に現出したのである。かつての学校は「欧化」の象徴であったが、今や、学校は「国民国家」の象徴として立ち現れてくる。教師の「殉死」の発生もその現象の一つであった。

国民教育の空間が、小学校の就学率が九〇%以上に達した時点で構成されたことは重要である。「かたち」が先行し「かたち」の背後で「精神」と「活動」が意味を獲得していた状況から、「精神」と「活動」が直接的に意味とエネルギーを獲得する状況への移行である。学校という場所は、教育の機能的な意味と建築的な意味を越えて、象徴的空間として現れてくる。カーニヴァルやイヴェントやドラマを演出する祝祭空間（バフチン）としての学校の登場である。その場所が普遍的に均質化されていれば、なおさら、学校の祝祭的機能は強化されたと言えよう。

一九〇〇年前後において、学校教育の意味と活力が「かたち」から「精神」へと推移した現象はいくつも指摘できるだろう。日清戦争前に登場し一九〇〇年頃に大半の学校に普及した運動会は、まさに祝祭空間としての学校の象徴的イヴェントであった。遠足、学芸会などの学校行事や校内の清掃や身体検査などの慣行が広く普及したのも、一九〇〇年代のことである（佐藤 一九八七）。これらの学校の行事と慣行は、第三次「小学校令」で必修教科に昇格した「体操」とともに、子どもの身体をまるごと学校に吸収し、管理し訓練してドラマを演出する教育空間を出現させている。

一九〇〇年代には、校旗、校章、校歌などの象徴も普及し始めている。一学級一学校の数が半数を割るのは一九〇〇年頃であったが、学年制の浸透と学校規模の拡大は、学校を共同体として作動させる儀式化と象徴化に拍車をかけている。学校目標が定められ始めるのも一九〇〇年前後のことである。学校は文化的な象徴のシステムとなり、それ自体が特異な生活共同体として自立的に機能する場所へと変貌している。

国民教育の確立は、教育の言説と実践の関係、あるいは、教育の言説と制度の関係を逆転させている。かつては教育の実践と制度が言説を構成していたのに対して、今や、教育の言説が実践と制度を構成するものとなる。教育ジャーナリズムが一挙に拡大したのも、一九〇〇年前後であった。『教育実験界』（一八九八年）『日本之小学教師』（一八九八年）『児童研究』（一八九八年）『教育学術界』（一八九九年）『教育界』

（一九〇一年）『実験教授指針』（一九〇二年）『教育研究』（一九〇四年）『小学校』（一九〇六年）『内外教育評論』（一九〇七年）などの代表的雑誌が続々と創刊されている。その普及も著しかった。一九〇七年に行われた富山県西杤波郡教育会の調査によれば、同郡の二〇九名の教師のうち一七七名が何らかの教育雑誌を購読しており、その冊数も一人当たり二冊近くに及んでいたと言う（小熊 一九九一）。普遍的で均質的な学校空間の成立とその空間の中で過剰に語られる教育言説の出現、この国民教育の確立は、その均質で虚ろな空間を数々の象徴と物語で埋め尽くす「精神」の「活動」を主体化する運動をひき起こしている。国民教育という「身体」に「気」を吹き込む国民運動の成立である。そして、一連の「個性化」言説が登場するのは、この文化的象徴で彩られた学校という祝祭空間においてであった。

3 「かたち」から「精神」へ──「個性化」言説の成立

国民国家の膨張し濃縮する活力を自らの生命力とした国民教育の運動は、明治末に胎動を開始し大正期に開花した大正自由教育運動の中心的エネルギーであった。大正自由教育運動は、国民教育の内面化と主体化において成立したと言ってよいだろう。その言明は、「新教育」を「活人間を造る活教育」と規定した谷本富の『新教育講義』（一九〇六年）や、わが国最初の私立実験学校である帝国小学校を創設した西山哲治の『児童中心主義攻究的新教授法』（一九一一年）の中に早くも準備されている。

たとえば、西山は、『児童中心主義攻究的新教授法』において「教授本来の目的は生徒の個性に応じて独立思索の人たらしめ、生徒自らをして努力、研学、工夫、発明、応用せしむるという迄に帰せなくてはならぬ」と主張している。興味深いのは、その「児童中心主義の教授法」が「努力主義の主意的鍛練的教育教授」である「硬教育」との一致で語られ、「硬教育の精神を体して軟教育を施す」ものと定義されていることである。「児童中心主義」の教育言説は、国民国家の「硬教育」を内に組み込んで成立したのである。西山の執筆した帝国小学校の「設立趣旨」(一九一一年)は、国民主義《ナショナリズム》をより明示的に表明していた。「設立趣旨」は、冒頭で「帝国文運の進歩」の状況に対して「徳性の涵養」「独立自治の念」「堅忍不抜の意気」「身体の鍛練」が欠如している状況を指摘し、「学校教育が果たして健全なる小国民を国家に提供し得べきかは遂に一大疑問」と嘆いている。そのうえで「将来の我帝国民として恥づるなき小国民の養成」を目的とする私立の新学校の設立を宣言しているのである。

同様の性格は、「国家の中堅となり国力の充実を謀るべき覚悟と実力とを有する人物の養成」を提唱した中村春二の成蹊実務学校の「設立趣旨書」(一九一二年)など、一連の「新教育」と「新学校」の宣言に見ることができる。大正自由教育の開拓者たちは、国家への忠誠を通して「主体」の概念を獲得し、国民国家の膨張する活力を新教育の実践に内面化したのである。「児童中心主義」「動的教育」「自由」「自治」の教育も、あるいは「他律的教授から自律的学習へ」の転換も、国民教育の主体化と内面化において遂行されたと言えよう。大正自由教育の実践の多くが「活動」を自己目的化する「活動主義」へと傾斜したのは、その結果ではなかったか。

その意味で、大正自由教育を国家権力との対抗図式で説明する従来の解釈は再検討が必要である。「児童中心主義」や「活動主義」のレトリックは国民教育の主体化を通して現実化したのであり、その運動が国家権力に対抗するものへと発展するかどうかは、国民教育の内側で増殖する「個性化」幻想と「共同体」幻想から脱却できるかどうかにかかっていた。大正自由教育の推進者の多くが、やがて大政翼賛運動やファシズム教育の推進者として活躍するのも、彼等の活力の源泉が国民教育の活力と基盤を共有していたからである。

しかも、国民教育の主体化と内面化は、個人と国家との修復不能な亀裂を露呈した大逆事件（一九一〇年）後の「時代閉塞の現状」（石川啄木）において、そして国際的には、韓国併合（一九一〇年）というアジア侵略への水路づけの中で大規模に進行した。

国民国家の膨張するエネルギーは閉塞され、内面において濃縮したエネルギーとして蓄積される。第二次と第三次の「小学校令」において「道徳教育（臣民の教育）」と「国民教育（国民の教育）」と「普通教育（人民の教育）」の混合体として規定された学校教育は、一九一〇年代には「帝国臣民」を「国民」とする一元化の方向を強めており、いっそう内側の起爆力を強化している。国民国家の膨張と濃縮を背景とする国民教育の展開は、教育の言説と現実の関係の逆転に拍車をかけている。かつては教育の現実が言説を構成していたのに対して、今や、教育の言説が現実を構成するものとなる。教育学説史において指摘された一九一〇年前後における「自然科学主義の教育学説」から「理想主義の教育学説」への転換（海後 一九三六）とは、この言説と現実の関係の逆転を意味するものと見てよいだろう。

「個性」概念の推移は、この教育言説の転換と転倒を直截に示す現象の一つである。「individuality」

という言葉は明治初期に導入されているが、この概念が「個性」として教育文献に登場するのは一八八〇年代のことである。この「個性」は、当初はもっぱら自然的・生得的な生理的・身体的・心理的差異を表現する言葉でしかなかった。そこでの「個性」は、文化的差異も社会的差異も価値的意味も含まない概念だったのである。

この自然的差異を表現する「個性」が、文化的・社会的差異と結合し価値的意味を獲得したときに、「個性化」という教育言説が成立した。その結合は、まず一九〇〇年代から一九一〇年代における心理学関連の文献において現れた。学習における「能率主義」と「効率主義」の追求である。知能テストと学力テストの普及や児童研究の高まりは、この「個性」への関心を表現している。ちょうど「優生学」の流行もあって、「個性」は、当初、「優秀児」と「劣等児」の教育として注目されている。

教育言説における「個性」への関心は、明石師範附属小学校の及川平治に見ることができる。及川は「個性の伸張は学校教育の目的なり」と述べ、「能力不同」である子どもを「急進、普通、遅進」の「分団」に分けて教育する『分団式動的教育法』（一九一二年）を提唱している。その目的が「善き日本人」としての「有能者」の養成にあった点に留意しておきたい。及川は「善き日本人とは、個人として家族として社会の一員として、又国民として有能《エフィセンシー》なる者をいう」と述べている。そこには「有能者の教育」という「効率主義」によって「国民教育」と「個性化」を一体化する論理を見ることができる。その反響は大きく、同書は、姉妹編『分団式各科動的教授法』（一九一五年）と合わせて二万五千部も出版されたという。及川は、その後アメリカに留学し、産業主義を基盤に発展した「社会的効率主義（social officiency）」

のカリキュラム研究の導入者として、「効率主義」の立場から「個性化」教育を推進したのである。「効率主義」の「個性化」教育の系譜は、大正自由教育における「個性化」教育の主流の一つを形成していた。その特徴は、学習内容の個別化と学習活動の個別化を押し進めて、一人ひとりの学習の能率と生産性を向上させる点にあった。大正自由教育の代表的実験学校である成城小学校の「ダルトン・プラン」の実践も、この系譜に位置づいている。同校の「創設趣意」(一九一七年)における「個性尊重の教育」宣言は「附・能率の高い教育」と記していたし、「個性化」教育の具体である「ダルトン・プラン」の実践は、個々人の学習を個別化して、能率的学習を達成することを基本としていた。そして、この「能率の高い教育」の推進を同校の「科学的実験的精神」が支えていたのである。

しかし、成城小学校の「個性尊重の教育」は、もう一面で「個性化」幻想の成立を準備していた点を見過ごすことはできない。国民教育の内面化と主体化を基礎とする「革新」の論理である。「創設趣意」の冒頭部分を引用しよう。

我が国の小学教育が明治維新後、半世紀に為した進歩は実に嘆賞に値しますが、此の五十年の歳月に由って今や因襲固定の殻が出来、教育者は煩瑣な形式に囚われかけました。外観の完備に近い程の進歩の裏には動もすれば、教育の根本精神を遺れて形式化せんとする弊害を醸しつつあるように思われます。我が教育界には今や所謂、物極まって変じ、変じて通ずべき時節が到来したのではありますまいか。されば今こそは此の固まりかけた形式の殻を打砕いて教育の生き生きした精神から児童を教養すべき時であろうと思います。実に我が国現今の教育は単に小学校教育のみならず、あらゆる方面に亙って種々の意味に於て革新を要望されています。殊に現に行われつつある欧州大戦乱は我が国の教育界に向かってもひしひしと一大覚醒を促しています。我が成城小学校は、此の気運に乗じ、此の要望に応じ、微力を端らず戴に教育上の新しき努力を試みんがために生まれんとするのであります（傍点は原文）。

ここには「形式の殻」（制度）から「教育の生き生きした精神」（活動）へという、あの国民教育の内面化と主体化のレトリックが、より洗練された姿で登場している。その「精神」という「活力」への関心は、同校の第二の特徴である「自然に親しむ教育」が「剛健不撓の意志の教育」として性格づけられていることからも知られるだろう。

「かたち」から「精神」へという論法の洗練した語り口は、同じく大正自由教育の代表的実践と評価される長野師範附属小学校の「研究学級の経過」（一九二五年）にも認められる。この報告は「教育は行きづまっている」と書き起こし、教科目、教授時間、教材、教科書など、内容と形式が国家に規定された学校の「行きづまり」を指摘した後で、次のように記していた。

児童の教育は、児童にたちかえり児童によって児童のうちに建設されなくてはならない。そとからではない、うちからである、児童のうちから構成されるべきものである。と言って、国家の要求を無視するのでもない。かえって、国家が要求する国民にまでいたろうとするには、どのみちを如何にすすむべきか、歩をあらたにして出なおして見たいとねがうのである。国家の所期に十分にそいたい、目的によりよく達成したい、そうするにはどうしたらいいか、そこを考えて見たいとねがうのである。児童をはなれた立場からとったみちは、すでに、行きづまった。それを打開すべきみちを児童のうちにもとめようと考えたのである。

この研究学級においても「個性」の「尊重」と「発揚」は、教育の中心的課題の一つであった。その「個性化」を内側から推進する「児童中心主義」という「国民教育」の新しい論理が表明されていたのである。

4 「個性教育論」と「日本文化論」――「個性化」言説の差異化

「個性化」言説が幻想へと転倒する基盤には、日清戦争と日露戦争と第一次世界大戦を通して高揚し続けた「日本人論」「日本文化論」があった。国民主義の思想運動である。『日本人』（一八八八年創刊）の主筆であり『日本風景論』（一八九四年）を著した志賀重昂は、「国粋（nationality）保存」と「日本人の審美心」を主張し、井上哲次郎と高山樗牛は大日本協会を設立して雑誌『日本主義』を発刊している（一八九七年）。一九〇〇年代に入ると、芳賀矢一（国文学）の『国民性十論』（一九〇七年）、野田義夫（教育学）

の『日本国民性の研究』（一九一四年）、社会進化論者である遠藤隆吉（社会学）による日本民族の「優秀」と「卓越」の主張（一九一四年）など、数え切れない論文と本が刊行されている（南一九九四）。

第一次世界大戦後の内外の状況は、「日本主義」が膨張する舞台となった。二国以上の国際会議としては最初のパリ講和会議において、日本は、一躍「五大国」の一つとして檜舞台に登場し、「一等国日本」という流行語が国内に氾濫した。しかし、「国際連盟」を発足させる「パリ講和条約」を、西園寺公望、牧野伸顕らは「白人の世界支配の道具」と独善的に解釈し、議題とは無関係の「人種差別徹廃条項」を頑固に主張し続けて、その徹回と引き替えに山東半島の権益の獲得を達成している。この独善的な「国際主義」は、「一等国」意識という独善的な「日本主義」と表裏の関係をなしていた。

「日本人論」と「日本文化論」は、この内外の状況の中で安定した解釈を成立させている。「大和魂」「忠君愛国の精神」「優美の美感」「同化思想」「個性の欠如」「創造力の欠如」「島国根性」という、およそ今日まで繰り返しステレオタイプで語られてきた「日本人論」と「日本文化論」の大半が、この時期に成立している。

その安定した解釈の要点を示すものとして国定教科書『尋常小学国語読本（巻一二）』（一九二三年）第二七課「我が国民性の長所短所」という文章は興味深い。この一文は、「世界無比の国体」を持ち「今や世界五大国の一」になったのは「我々国民にそれだけすぐれた素質があったからである」と述べることから出発して、日本人の特徴を、島国という地形が育んだ「挙国一致国難に当る気風」と「自然美を愛好するやさしい性情」という「長所」を持つが、他方、「狭い島国」に育ったため「引っ込み思案」で「真の社交を解せず」「性質が小さく狭く出来たきらいがある」と特徴づけている。それに続けて「他国の文明を消化して之を巧みに自国の文明とすることは、実に我が国民性の一大長所である」と述べて、そこに「模倣」に終始して「創造力」と「独創力」を欠くという「短所」もあると言い、さらには、「廉恥を貴び潔白を重んずる美徳」の裏側に「物にあき易くあきらめ易い性情がひそんで」いるとも述べている。「個性化」幻想が膨張し拡大するのは、この「国際主義」と「日本文化論」が高揚した状況においてである。

一九二〇年、『教育論叢』編集部は「現代第一流の名士」に執筆を依頼し、『個性教育論』を出版している。第一次世界大戦後の「国際主義」と「国家」と「個人」への関心が、同書の刊行の趣旨であるという。執筆者は、大瀬甚太郎、稲垣末松、小林澄兄、谷本富、小西重直、阿部重孝、高畠素之、紀平正美、城戸幡太郎、速水滉、楢崎浅太郎、久保良英、田中寛一、山内茂雄、永井潜、富士川游、三田定則、高崎博、篠原助市の一九名である。教育学、社会学、哲学、心理学、生物学、医学、精神科学の諸分野から執筆者が集められ、多角的総合的な「個性教育論」が展開されている。

同書で論じられた「個性教育論」を教育学者と教育心理学者に限って区分すると、明治期のヘルバルト主義教育学を基盤とする「学校教育学《シュール・ペタゴギーク》」（稲垣　一九七二）の延長線上で「個性教育」を論じている大瀬甚太郎と稲垣末松と谷本富、アメリカの心理学と教育学を摂取し実証科学の立場から「個性教育」を論じている心理学者、楢崎浅太郎、久保良英、田中寛一と教育学者、阿部重孝、そして、ドイツ精神科学を摂取して「個性教育論」を論じている教育学者、小林澄兄、小西重直、城戸幡太郎、篠原助市の三つのグループに区分される。以下、それぞれの主張を紹介し検討しよう。

まず「学校教育学《シュール・ペダゴギーク》」の系譜にある大瀬甚太郎と稲垣末松において「個性」とは「自然性」の差異であり「心身上の特質」であって「修養の結果たる人格及び品性とは異なる」ものとされた（大瀬）。この「個性」概念は、開発主義（一八八〇年代）とヘルバルト主義（一八九〇年代）において浸透した生理的・身体的・心理的差異としての「個性」の概念と一致している。その「個性教育論」の特徴は、「総合」という全体性の強調にあり、「助長」と「救療」によって「与えられたるものの可能的最大の発展を期する最大の善である」（稲垣）という、素朴な自然主義言説へと集束している点にあった。

他方、同じ「学校教育学《シュール・ペダゴギーク》」を基盤としながらも、谷本富の場合は、その自然主義を徹底した「個人主義」へと結合した「個性教育論」へと発展させている点が注目される。谷本は、一九〇〇年代にヘルバルト主義の熱烈な宣伝者から脱して、ヴィルマンの社会的教育学《ゾチアル・ペダゴギーグ》の立場から国民教育を論じていた。『個性教育論』において谷本は、「真の個性教育とならば個性を以ってあくまでも独自唯一のものと看なし、個人を自主自由の人格者と看なさなければならないはずで、何等外の外律的規範はあるまじきはずと考えられる」と述べ、「個人主義が危険がられるようでは、到底真の個性教育が出来ようとは思いも寄らぬ事である」と断じている。谷本において「個性教育」とは「学習の自由」を意味し、「自ら学びて自ら創造する」という「創造教育」に他ならなかった。

実証的教育心理学者のグループにおける「個性」概念は、大瀬や稲垣らと同様、生理的、身体的、心理的差異を表現する自然主義的な概念であった。大瀬や稲垣らとの違いは、その自然的差異である「個性」

を教育の「効率性」と「能率性」として主題化した点にある。知能検査や性格検査を基礎として学級の編成や課程や指導法の改善をはかることが、これらの教育心理学者たちの「個性教育」の課題であった（楢崎、久保、田中）。教育学者である阿部は、「個人的差異」を生得的なものと教育によるものに注意深く分けていたが、その「個人的差異」に対応した課程の分化、進級制度、特殊学級など、制度の差異化を主張している点では、前記の教育心理学者の意見と共通していた。このグループの「個性化」言説は、「効率主義」（efficiency）を中心原理とする実証的な科学主義を基盤としていたのである。

それに対して、小林、小西、篠原らドイツ精神科学を基礎とする人々において、中心的主題は「個性」ではなく「個性化」という働きそのものであった。

小林は、「個性」を「生物学的、生理的、心的性質の相違」という「個人差」と見るのは「余りに不十分である」という。「個性」は「本源的性質」とされ「人格」が「理想的性質」とされて、この「個性」（手段）から「人格」（目的）へと導く教育が「個性教育」であると主張される。こうして「教育上個性の中に高き普遍的価値の生活を構成するということは統整的個性伸展に欠くべからざる基本である」（小西）と述べられ、「個性尊重」と「普遍尊重」とは一体化されている。

この立場をより洗練させて提示したのは、新カント主義のナトルプを基礎として『批判的教育学の問題』（一九一九年）を著し、「講壇教育学」の中心に躍り出ていた篠原助市であった。篠原は、当時、大正自由教育の理論的指導者でもあった。『個性教育論』に篠原は「個性と教育」と題する論文を寄せ、彼の「教育」の定義である「自然の理性化」という論理を駆使しながら、特異な「個性教育論」を提出している。その論理を辿ってみよう。

篠原は、まず「個性」を「統一性」と「特異性」と「不可分性」で性格づけ、「真の個性とは価値創造に於ける不可分唯一性である」と言う。そして、「個性」を「与えられたるものとして目的を見たる場合」の「自然的個性」と「見出さるべきものとして目的を見たる場合」の「普遍的個性」に二分し、「教育は自然的個性を普遍的個性に高める作用」すなわち「自然の理性化」であると結論づけている。

篠原は、ここで心理学の科学主義と自然主義を批判しているのだが、「自然的個性」から「普遍的個性」への移行（＝「自然の理性化」）として定義される彼の「個性教育論」が、同時に、「個性」を否定し教育を純粋主義へと昇華させる理論であった点に留意しよう。篠原の「個性教育論」は、国民主義の内壁を突破して国体主義へと突入するデモーニッシュな論理を内包していたのである。「芸術のための芸術」（ヴァルター・ベンヤミン）と定義されるファシズムが、ここでは「純化作用」としての教育という教育至上主義において提出されている。次のように言う。

教育は個性の順応ではなくて個性への抵抗である。教育現象は摩擦現象である。摩擦によって之を純化する。故に個性（自然的）に支配せられぬ教育が最も正しい個性（普遍的）の教育法である。また教育は純化作用である。然るに純化の極致は神である。故に教育は神への道である（括弧内は篠原）。

ここに記された「神への道」は、二〇年後の「惟神《かむながら》の道」の教育の先取りであり、「摩擦」による「純化」とは、後のファシズム教育の「鍛錬」ではなかったか。それを象徴するかのように、篠原は、この論文を「『個性尊重』という語を教育学の語彙より抹殺したい」という謎めいた一句で終えている。「個性教育」から出発し「個性化」幻想を通して「個性の抹殺」へと至る論理の展開、二〇年後のファシズム教育は、この篠原の「個性教育」のレトリックを辿るかのように、この国の学校に出現し教育の崩壊を導いたのである。

一方、ドイツの文化心理学を基礎として個性と表現の心理学を研究していた城戸幡太郎は、『個性教育論』に「文化の人格的統一としての個性」と題する論文を寄せ、篠原とはまったく逆の方向で「教育」と「個性」の概念を提出していた。城戸において「教育」は「文化の個性化」であり、その「個性化」とは「文化」と「歴史」を「具体的経験に現実化」することを意味していた。

城戸における「個性」は、篠原と同様、個体的（パティキュラー）な分子《モナド》ではなく特異的（シンギュラー）な統一体であった。「個性（Individualität）とは単なる個物（Einzelheit）ではない。個物は無価値的単一体であるが、個性は価値的統一体である」という。すなわち、城戸は「個性化＝差異化」を「個体化（individuation）」の系においてではなく「特異化（singularization）」の系において認識していた。その限りで、城戸は篠原らと共通していたと言ってよい。

しかし、城戸の「個性」概念は、篠原のように普遍化された「理念」においてではなく、「経験」という具体的な「現実性」として規定されている。城戸は、「教育」を「文化の人格的個性化」と定義し、「個性の発展」を「人間的自然としての個性」の発達と「歴史的文化としての個性」の発達の二つで確認したうえで、「個性とは理性の実践的使用によって妥当ならしめられた文化の現実性」であると定義していた。篠原の「自然の理性化」とは逆のベクトルで「個性化」が定義されたのである。城戸において「教育の理想は個性としての自然を自由に発達せしむること」であり、「教育の目的」は「文化の革命」でなければならなかった。

「文化の個性化」という城戸の「教育」概念は、近代日本の教育言説において突出した位置を築いている。「文化の個性化」という概念を通して初めて、日本の教育は「人づくり」と「国づくり」の呪縛から脱却して、「文化」の「技術」と「制度」を対象化する教育実践を成立させえたからである。それだけではない。城戸の「文化の個性化」は、「国民国家」という擬似的共同体と「国体」という虚構的共同体の内側に位置しながら、教育という実践を通して「文化の革命」を遂行するものとなる。生活と生産を基盤とした文化の「協同体」を構築する教育実践の構想である。実際、一九三〇年代に入ると城戸は、生活綴方教師たちと連携した「科学主義」と「生活主義」を原理とする教育科学運動を組織し、無産者託児所の保育者たちと連携した保育運動を展開して、「生活技術」と「生活力の涵養」を標榜する教育改革運動を推進している（佐藤 一九八四）。

5　「個性教育論」の四類型――「個性化＝差異化」言説の分析

『個性教育論』の中で輻輳していた数々の「個性化」言説は、次の図に示す四つの類型に分類すること

〈「個性化」言説の類型〉

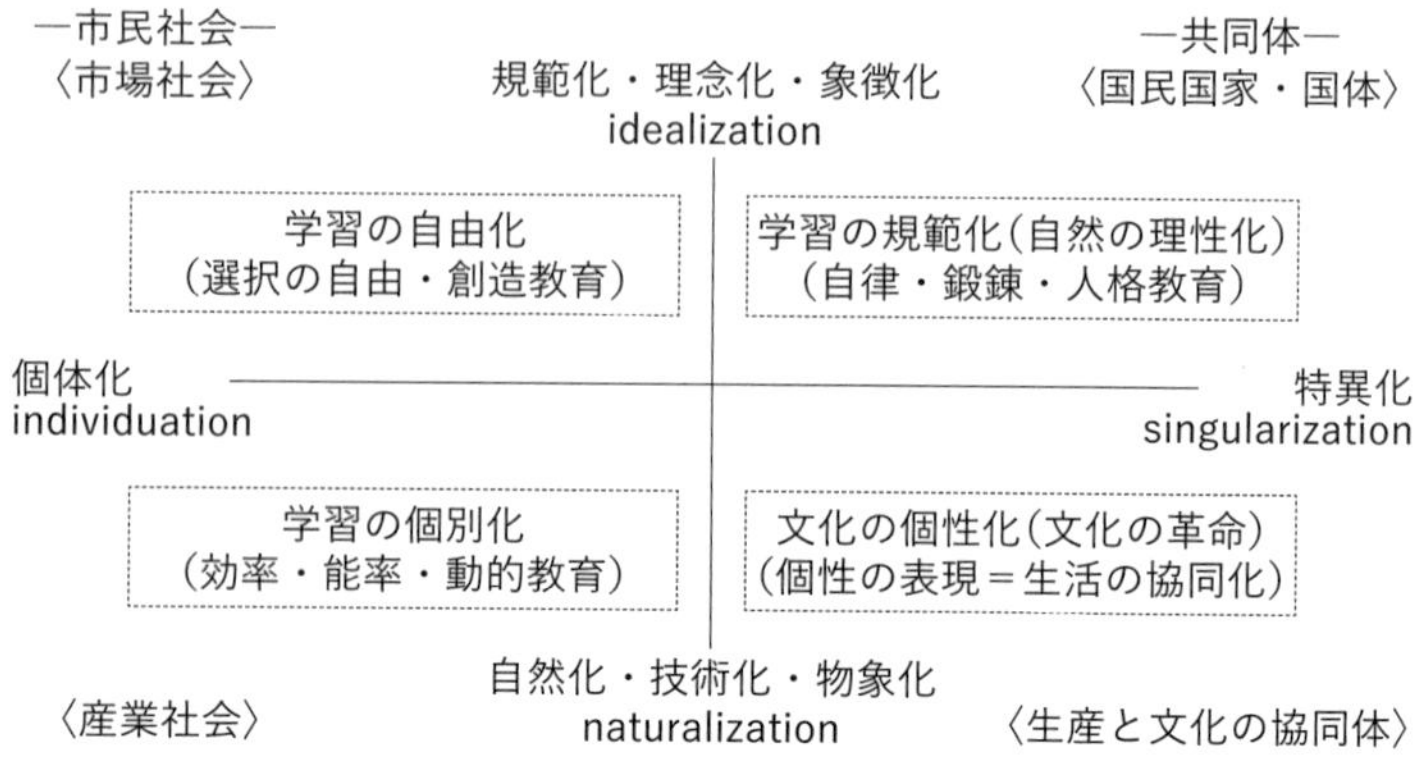

ができるだろう。この図は、縦軸に「規範化・理念化・象徴化（idealization）」対「自然化・技術化・物象化（naturalization）」、横軸に「個体化（individuation）」対「特異化（singularization）」を設定し、「個性化」言説の類型を四つの領域に区分して提示している。なお、この図において「個体化」の方向を示す左辺には「市民社会」（市場社会と産業社会）が対応し、「特異化」の方向を示す右辺には「共同体」（国民国家という擬似的共同体と生産と文化の協同体）が対応している。

「個性化」言説の第一の類型である「学習の自由化」論は、谷本富の個人主義と自由主義の「個性教育論」において表現されていた。この類型では、学習者の「選択の自由」が主張され、「個性教育」は「創造性の教育」とほぼ同義であった。市民社会・市場社会を基盤とする個人主義の「個性化」論と言ってよい。

第二の類型は、「教育の効率化」を追求する「個性化」言説であり、楢崎浅太郎、久保良英、田中寛一らの教育心理学者、および、教育学者の阿部重孝の個性教育論がこの類型に対応している。この「個性化」は、学習形態や題材の個別化として展開され、その目的は教育と学習の生産性を高める「効率化」と「能率化」にあった。市民社会・産業社会を基盤とする個人主義、効率主義の「個性化」論として特徴づけることができるだろう。この効率主義の「個性教育」は、第三の「自然の理性化」の系譜と並んで、大正自由教育に広く普及している。

第三の類型である「学習の規範化（自然の理性化）」を追求する「個性化」言説は、大正自由教育の中心を占有した教育イデオロギーであった。「自律学習」「自由教育」「生活教育」「体験教育」と銘打たれた教育の多くが、「生活」「活動」「体験」それ自体を目的概念に設定した規範的学習を主張しており、篠原と共通する論理を内包していた。

篠原の論理の直接的な影響は、千葉県の白揚会の教師たちの言説に認められる（中内 一九七九）。白揚会の指導者であった手塚岸衛は、『自由教育真義』（一九二二）において篠原の「自然の理性化」を敷衍した後で、次のように記している。

> 自由教育はこれが当然の帰結として、教育即生活となり、個性純化となり心力陶冶となり創造主義となり人格教育となり、はては社会我実現となりて、社会と個人との連続発展を意味し、人文国家主義に則り、日本文化国民の教育を唱道し、更に教育上画一的平等の弊を打破し差別的平等観に立脚し、教権中心の教師本意を排し、自由学習の児童本位を高唱し、併せて現代に開けたる興味と信仰との教養を力説せんとす。

この一節を見ても、その「個性化」言説が、あらゆる差異を無化した何でもありへの欲望（これこそ天皇制イデオロギー）にいかにかられて記されているかが知られるだろう。事実、手塚は、前記の一節に続いて「自由とは元来服従の謂なり」と述べて「受動的発動」（篠原）の論理を敷衍し、「当為の法則に従って自らを律する」のが「自由教育の真義」であると主張している。同様の論理は、「渾然一体」の「自律学習」を主張した奈良女子師範附属小学校の木下竹次の「合科学習論」など、大正自由教育の指導的実践者たちの主張にほぼ共通していた。その自由教育において「個性化」とは、篠原が端的に表現していたように、自然という差異の「抹殺」であり文化規範への「理想化」に他ならなかった。一連の「個性化」幻想の展開である。

この第三の類型と第四の類型との間に、「個性化」言説をユートピア化したいくつかの実験学校の存在を見ることができる。『婦人之友』（一九〇八年創刊）の読者を基盤に「小さな社会」として「家庭」として学校を再構成し「新しき社会の建設」を展望した自由学園（一九二一年）、「人類相愛、相互依存の社会」の建設を掲げた「教育の世紀社」（一九二三年設立）同人の設立した池袋児童の村小学校（一九二四年創設）、その実験に共鳴し「天恵的な共存序列」としての「個性」を追求した芦屋児童の村小学校（一九二五年）などの「個性化」教育の展開である。

これらの実験学校は、「新しき社会」「新しき村」というユートピアの建設を追求していた点で「国民教育」の空間の枠外に脱出する可能性を秘めていたと言えよう。しかし、教育改造運動を最も急進的に展開したとされる「教育の世紀社」を見ると、事態はもっと複雑である。登校の自由、授業時間の自由、カリキュラムの自由、教師の選択の自由を追求し、国民教育の権力的装置である学校の解体を徹底した児童の村小学校に象徴されるアナーキズムのユートピアは、もう一方で、国家社会主義（＝ファシズム）を推進し虚構的な共同体へと連続的に膨張する過程を示している。この倒錯的な「個性化」幻想は、そもそも、小さな一実験学校の設立を「全人類の福祉」とか「人類の解放」として誇大妄想的に語る語り口に準備されていたと言ってもよいだろう。

その軌跡は、日本初の教員組合「啓明会」（一九一九年）を組織して、子どもの生存権と学習権を主張し、「万人労働の教育」という脱学校論まで提起した下中弥三郎（平凡社社長）、あるいは「新教育」と「日本精神」との「緊密な一致」を主張した野口援太郎などに見ることができよう。特に下中は、一九四〇年前後には、国家社会主義運動の指導者として活躍し、大政翼賛会中央協力会議第六委員会（教育文化関係）委員長、日本精神文化研究所顧問、大日本出版報国団顧問などを歴任し、大政翼賛運動の中心的指導者の一人として活躍している。

第四の類型である「文化の個性化」という「個性化」言説は、一九三〇年代に入ると、「城戸先生の主張を教育理念の根底に構えなければならない」（村山俊太郎）と言う生活綴方教師たちの中で評価され、その実践の様式を獲得している。城戸の組織した教育科学研究会（一九三七年結成）と生活綴方教師との連携は、「文化の個性化」というレトリックを通して見ると必然的である。

実際、生活綴方教師たちは、「個性尊重」という抽象的な教育言説の幻想を排して、固有の名前を冠した子どもが具体的でリアルな生活を綴るという「特異性（シンギュラリティ）」へと踏み込んだところに、彼等の教育実践の出発点を求めていた。そのリアリティにおいて、「国民教育」を相対化する教育の空間を構築したのである。彼らの教育実践の特徴は、「個性化＝差異化」を「特異化（シンギュライゼーション）」として発展させ、その「特異性」を通して「虚偽意識（イデオロギー）」と「虚構意識（共同体幻想）」を克服しながら、生活と生産と文化の協同体を構築する点にあったと言ってよい。

その典型は、秋田県の小学校教師、佐々木昂に見ることができるだろう。佐々木は、「個性という意味を誤解されては困るが個性的な深さを保つことは個人主義とは凡そ正反対である」という「個性」の概念を、すでにプロレタリア文学運動の経験から獲得していた。「文学に於ては個性的なものこそ普遍的なものである」と彼が言うとき、その「個性」は「特異性（シンギュラリティ）」の意味において明確化されていると言えよう。

この「特異性＝個性」の析出における「個」と共同体との関係は、どう構成されたのだろうか。そこに、佐々木昂ら北方の生活綴方教師の「綴る」実践と「リアリズム」の追求の意味があった。彼等は「北方台」という言葉で自らの生産と生活と文化の共同体を明示的に構成し、その「北方台」における「個のリアリテ」の追求において「個性化＝特異化＝共同体の析出」という教育実践の様式を現実化したのである。佐々木が、「関渉の関係が個のリアリテである」と述べ、「教育のリアリズムは個のリアリテを出発点としあくまで個のリアリテに即し常に個のリアリテに帰する」と主張して、「『私たち』の思想にまで『私』の生長があるかどうか、もう一度内省してみよう」と呼びかけたのも、この意味において理解することができる。この「生活台」を基盤とする「個性化＝特異化＝協同化」の教育は、すでに国民教育の虚構性を脱構築していると言えよう。生活綴方教師たちは、国家の教育政策に対して批判も抵抗もしなかったが、この「特異性」の追求において、国家権力による理不尽とも思われる弾圧は必然化されていたのである。

6 「個性化」幻想の爆発と崩壊

国民学校の発足（一九四一年）は、「皇国民の錬成」の理念で小学校を再編する改革であった。一九〇〇年の第三次「小学校令」によって国民教育の均質空間へと構築された日本の学校は、「国民学校令」によって、再び、「国体の本義」を教育する均質空間へと再構築された。すべての同一性を解体し差異化し続ける「近代化」が倒錯的に行き着いた先は、すべての差異の無化を本質とする「国体＝天皇制」を核とする「国民学校」への転生であった。この「国民学校」の均質空間は「かたち（身体）」で構成する均質空間ではなく、「精神（気）」で構成する均質な祝祭空間であっただけに、そして、世界へと膨張する虚構的な共同体（大東亜共栄圏）の一部として構成された空間であっただけに、狂信的で悲劇的な展開を遂げたと言えよう。国民教育を内面化した「個性化」幻想は、こうして、この国民学校という装置の中で爆発し崩壊したのである。

「文化の個性化＝特異化」を掲げて現実に対峙した城戸においても、国民学校体制の出現は無縁ではなかった。城戸は、一九三〇年代の半ばには「皇国民の錬成」に対抗して「生活力の涵養」を主張し、「生活主義」と「科学主義」の改革運動を求め続けていた。近衛文麿内閣の組織した昭和研究会（一九三六年結成）の国策研究には阿部重孝らと共に参加。「国権」に対する「教権」の自律を提唱し「教育の科学的企画」の構想を放棄してはいない。しかし、この「新体制」を求める運動は、第二次近衛内閣において大政翼賛運動へと転換し、その道を断たれている。一九四四年、城戸は治安維持法違反容疑で逮捕され投獄されて、「文化の個性化」の教育学は、国民学校制度と大政翼賛運動に阻まれて民族共同体の崩壊と破綻の運命をひきうけている（佐藤 一九八四）。佐々木昂においても事態は同様だった。佐々木は、一九四〇年、貧困にあえぐ子どもの職業指導と生活指導に腐心し教職から転じて職業紹介所に勤務するが、同年、治安維持法違反で検挙され、一九四四年に、獄中で病気のために死去している。

　他方、「自然の理性化」を論じた篠原助市は、一九三〇年代には、東京文理大学教授、文部省教育調査部長、内閣調査官として、国民学校への移行を学問的にも政策的にも準備する役割を果たしている。彼を始めとする教育学者の戦争責任の検討は重要である。しかし、その作業に着手するならば、とんでもない空白と倒錯がそこに残存していることに愕然としないではいられないだろう。

　たとえば、戦前、治安維持法で検挙され投獄された城戸は、戦後、第一次アメリカ教育使節団の来日に際して組織された日本側教育家委員会の一員として教育制度の民主的改革に貢献するが、一九四七年、新体制運動への関与の責任を追及されて中央教育研修所長（国立教育研究所長）を辞任している。しかし、篠原をはじめ、ファシズム教育を理論的に準備した教育学の戦争責任は、決して問われることはなかった。象徴的な事例を示しておこう。

　篠原は、国民学校の発足を「国民教育の画期的な躍進」と激賞して『教授原論——特に国民学校の授業』(一九四二)を刊行したが、一九五三年に、この『教授原論』をその副題と差し障りのあるわずかの記述を変更しただけで再刊しているのである。「改訂版」の「序」において篠原は、「旧版」は「民主主義の線」から「逸脱」していなかったと断言し、「国家至上主義乃至は軍国主義から民主主義へと大転回しても「内容」を変える必要はないし、その連続する「歴史的地盤」から離れると「最早日本人と称し得られないだろう」と結んでいる。ここには、教育学の戦争責任の本質的な問題が暗示されている。と同時に、近代日本の教育学がそのアカデミズムの「頂点」で提出した「教育」という概念が、いかに虚ろなラベルでしかなかったかを示していると言えよう。本章の冒頭で指摘したように、わが国において「教育」とは「人づくり」と「国づくり」なのであり、究極的には「教化」を含意する概念なのである。人々の心をとらまえた「個性化」という幻想も、この「教化」というイデオロギーのヴァリエーションではなかったか。

翻って戦後五〇年を経た今日、特に一九八五年の臨時教育審議会の答申以降、教育の「個性化」幻想は、官民一体で画一的に再生産されている。アジアへの経済進出の欲望を膨張させた「国際化」と日米貿易摩擦における日本異質論を通して過剰に語られる「日本文化論」の高揚は、再び「個性化」幻想が膨張する基盤を拡張し続けている。しかも、現在の「個性化」幻想は、「企業国家」へと変貌した国民国家の自由市場というデモニッシュな均質空間とマスメディアという呪術的な均質空間を基盤として、戦前とは比較にならない規模で人々の間に膨張し続けている。かつて「国体」が生成していた呪術力を、今や「市場」が担っていると言っても過言ではない。この市場とメディアと教育の関係で進行する「個性化」幻想の膨張と教育の「私事化」に対して、教育学はどう立ち向かえばいいのだろうか。この問題に関しては、これからの研究で挑戦することとしよう。

〈参考文献〉


阿部重孝「個人的差異と教育制度」「教育論叢」編集部編『個性教育論』文教書院、一九二〇年。

ベネディクト・アンダーソン『想像の共同体――ナショナリズムの起源と流行』(原著一九八三年)白石隆・白石さや訳、リブロポート、一九九一年。

稲垣忠彦「教育学説の系譜」稲垣忠彦編『教育学説の系譜』国土社、一九七二年。

及川平治『分団式動的教育法』弘学館、一九一二年。

大瀬甚太郎「個性に関する教育思潮」「教育論叢」編集部編『個性教育論』文教書院、一九二〇年。

小熊伸一「雑誌『教育学術界』解説」寺﨑昌男監修『教育学術界解説』大空社、一九九一年。

海後宗臣「近代教育学説の発展」『教育』第四巻第一号、岩波書店、一九三六年。

城戸幡太郎「文化の人格的統一としての個性」「教育論叢」編集部編『個性教育論』文教書院、一九二〇年。

城戸幡太郎『文化と個性と教育』文教書院、一九二五年。

城戸幡太郎『生活技術と教育文化』賢文館、一九三九年。

城戸幡太郎『教育科学七十年』北大図書刊行会、一九七八年。

木下竹次『学習原論』目黒書店、一九二三年。

小西重直「全体的個性と教育」前掲『個性教育論』一九二〇年。

小林澄兄「個性教育論」前掲『個性教育論』一九二〇年。

桜井祐男「『芦屋児童の村小学校』教育の実際」一九二六年、梅根悟・海老原治善・中野光編『資料日本教育実践史（一）』三省堂、一九七九年、所収。

佐々木昂「文学に於ける個性的なるもの」『秋田文芸』一九三三年八月、佐藤広和・伊藤隆司編『佐々木昂著作集』無明舎出版、一九八二年、所収。

佐々木昂「リアリズム綴方教育論（一）（二）（三）」『北方教育』一九三四年一月、八月、一九三五年五月、前掲『佐々木昂著作集』所収。

佐藤秀夫『学校ことはじめ事典』小学館、一九八七年。

佐藤学「城戸幡太郎の教育科学論1　発達の技術としての教育」城戸幡太郎先生卒寿記念出版刊行委員会編『城戸幡太郎と現代の保育研究』ささら書房、一九八四年。

澤柳政太郎「仮名遣い問題の来歴を説明す」『新公論』第二三巻第一〇号、一九〇八年一〇月、『澤柳政太郎著作集』第三巻、国土社、一九七八年。

志垣寛編『私立池袋児童の村小学校要覧』一九二四年。

篠原助市「個性と教育」「教育論叢」編集部編『個性教育論』文教書院、一九二〇年。

篠原助市『理論的教育学』教育研究会、一九二九年。

篠原助市『教授原論――特に国民学校の授業』岩波書店、一九四二年、『教授原論（改訂版）1　学習輔導の原理と方法』玉川大学出版部、一九五三年。

下中弥三郎『万人労働の教育――下中弥三郎教育論集』平凡社、一九七四年。

「私立成城小学校創設趣意書」一九一七年。

谷本富「個性教育の基礎一班」前掲『個性教育論』一九二〇年。

手塚岸衛『自由教育真義』東京宝文館、一九二二年。

中内敏夫「白揚会『畠警』をめぐる論争」『近代教育思想史』国土社、一九七三年。

中野光『大正デモクラシーと教育――一九二〇年代の教育（増補版）』新評論、一九九〇年。

長野県師範附属小学校『研究学級の経過』一九二五年、前掲『資料日本教育実践史（一）』所収。

中村春二「成蹊実務学校設立趣旨書」一九一二年『中村春二選集』一九二六年。

西山哲治『児童中心主義攻究的新教授法』宝文館、一九一一年。

西山哲治「帝国小学校設立趣旨」一九一一年『私立帝国小学校経営二五年史』一九三七年。

野口援太郎「日本精神と新教育」『新教育研究』第四巻第四号、一九三四年。

ヴァルター・ベンヤミン『複製技術時代の芸術』（原著一九五五年）「ヴァルター・ベンヤミン著作集二」佐々木基一訳、晶文社、一九七〇年。

南博『日本人論（明治から今日まで）』岩波書店、一九九四年。

森有礼「学政要領（成案）」一八八四～五年『森有礼全集』第一巻、宣文堂書店、一九七二年。

森有礼『文部大臣森子爵之教育意見』東京金港堂、一八八八年。

文部省『学制百年史』『学制百年史（資料編）』文部省、一九八二年。

06

学校という装置

「学級王国」の成立と崩壊

世代の苦悶を子等とともに悩み、教室を社会に通わせる。（村山俊太郎）

1　装置としての学校

学校は一つの装置（disposition）であり、モノと人と知の配置（disposition）によって特有のシステムと権力空間を構成している。

学校という装置の近代的な性格は、学校制度が発足した一八七二年の「学制」において提示された。まずこの装置は教育する主体と教育される客体とを配置する。「学事奨励に関する被仰出書」（太政官布告）

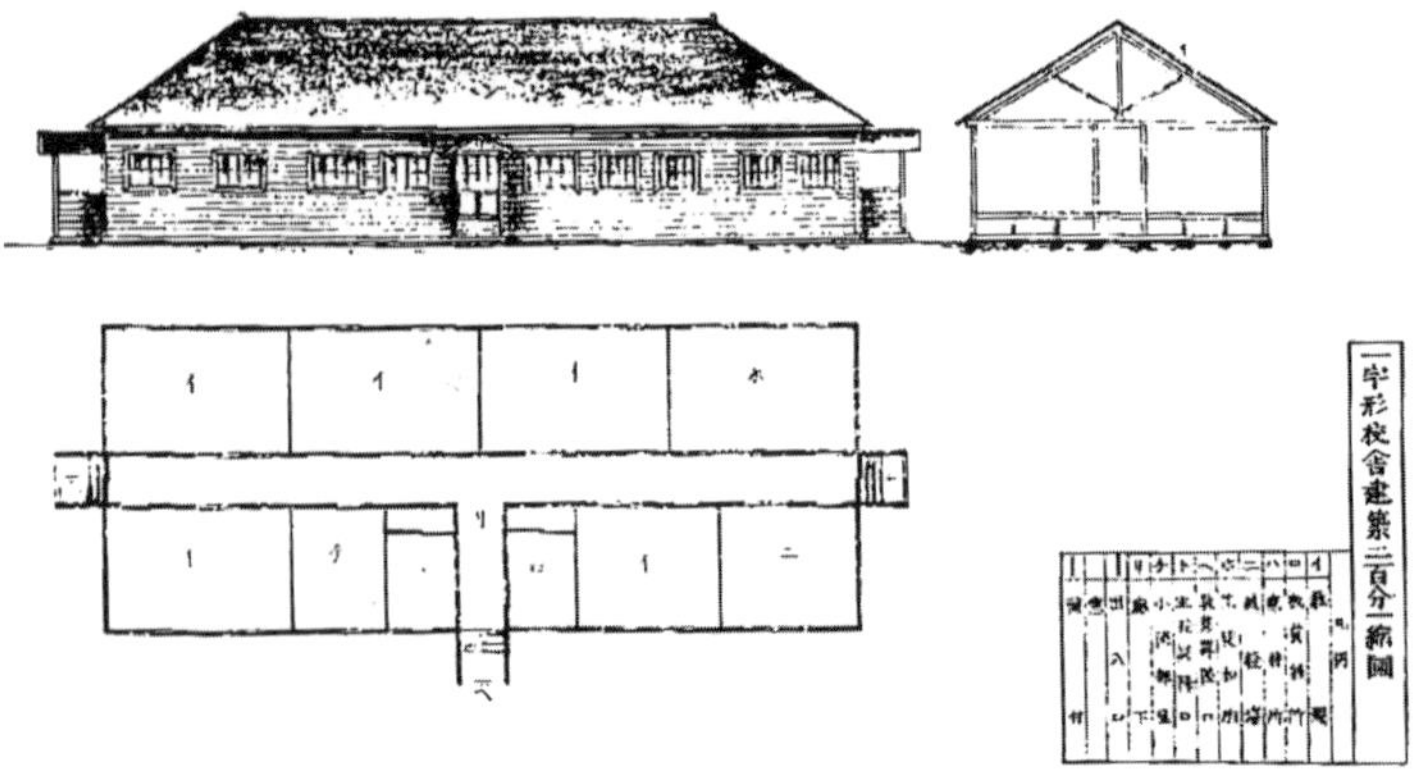

図1　「小学校建設図」（文部省、明治6年）の一つ（東書文庫所蔵）

と「学制」（文部省）は「一般の人民必ず邑に不学の戸なく家に不学の人なからしめん事を期す」と宣言し、「人たるものは必ず学ばずはあるべからざるもの」と述べて、皆学の機関としての「小学校」の創設を謳っている。その対象は「一般の人民」であって「国民」ではなかった。「学事奨励に関する被仰出書」は「其身を修め智を開き才芸を長ずる」教育の必要を提起し、「国家の為」と論ずる「空理虚談」の学を排除する方針を示していた。日本の近代学校は「国民教育（national education）」としてではなく「一般の人民」の教育すなわち「普通教育（general education）」の装置として出発したのである。「一般の人民」とは「華士族農工商及婦女子」と規定され、階級と階層と性と世代の差異をこえた共生のユートピアが構想されていた。事実、「学制」発足時の小学校は六歳から四〇歳以上までの人々が、あらゆる差異を超えて共に学ぶ施設であった。欧米の近代学校を凌駕し近代をも超越しかねない共生のユートピアが、「太政官布告」という前近代の装置によって宣言された点に、その後の日本の学校の皮肉な運命が象徴されている。

学校という装置はモノの配置において空間と境界線を構成する。「学制」が発布された翌年（一八七三年）、文部省は早くも今日の学校の原型となる校舎の模範図を準備している（図1）。その特徴は、藩校や寺子屋が保持していた棲い憩う居住空間の多義性を排除し、教育機能に一元化して構成した無機性にある。内部空間と外部空間の連続性も遮断された。しかも日本の学校建築では、欧米の学校と比べて、内外空間を隔てる境界線はいっそう無機的に作用した。彩りを欠いた学校と教室の無機的なレイアウトは病院と刑務所と似ているし、日本の学校に特徴的な塀は地域と学校の非連続性の象徴である。実際、日本のどの学校にもある校門の鉄のゲートは、欧米では決して見ることができないモノである。欧米において、鉄製のゲートは刑務所の象徴以外の何ものでもないからである。

黒板と教卓と教壇と一方向に並べられた机と椅子によって構成された教室は、その配置それ自体が示すように、もともとキリスト教の教会の内部を原型としており、神のもとでの平等と神への帰依を体験する空間であった。もちろん「学制」以前の日本には存在しなかった空間である。しかし、文部省が例示した校舎の模範図（一八七三年）が、学校建築の規範として一般に普及するのは数十年後のことである。第三次小学校令（一九〇〇年）において制度化される「国民教育」の均質な権力空間が、学校建築の無機的な空間構成とその均質化を促進している。それと軌を一にして、地域の人々が新聞を購読し選挙演説などの政論を交流する公的空間であった学校は、教育機能に純化されて地域との壁を厚くしている。

学校の「空間」を稼動させた近代の「時間」が、この装置の機能を決定的なものとした。一方向的に均質な速度で流れる時間によって、学校という装置は人々の身体を組織する。日々の授業から年間計画にいたるまで、学校という装置は、ことごとく時間によって組織されている。明治期の学校職員の最大の仕事の一つは、この装置に参入する身体を所定の時間によって管理し統制することにあっただろう。おそらくは日露戦争後に一般の学校にも普及した時計によって、教師と子どもの身体はまるごと近代の時間に組み込まれている。学校という装置は、今でも均質で一方向的な時間によって構成された組織である。校長が一週間不在だったとしても、学校は機能し続けるが、時計とカレンダーを失った学校は一日も機能することはできない。「今、何時?」「何時間目?」「今日は何曜日?」「宿題の提出は何日まで?」学校では、驚くほど頻繁に時間に関する問いが発せられるが、その裏側で場所や空間に対する問いは抑制され隠されている。「ここはどこ?」「私は今どこにいるの?」という問いを学校で発したら狂気と見なされるだろう。場所と空間に対する問いが時間への問いの裏側で抑圧されている点において、学校という装置は病院や監獄に似ている。トータル・インスティテューションなのである。

装置としての学校は、文化の配置と階層化によって知と権力を構成した。「学制」は全国を八大学区に分け、一大学区を三二の中学区、一中学区を二一〇の小学区に分割し、それぞれの学区に「大学」「中学校」「小学校」を配置する構想を提示していた。全国に五三、七六〇の小学校（現在の校数の約二・五倍）を創設する壮大な計画である。ここで重要なことは「小学校」「中学校」「大学」の区別が就学の年齢による配置ではなく、地政学的な配置によって構成されたことである。帝国大学（東京帝国大学）を中心として頂点とする知の配置であり、出身学校による知の階層化（学歴社会）の構成である。この知の編制において「中学校」は「大学」に従属し、「地域」は「地方」へと変貌している。

「学制」による文化の再配置は科目と等級制の導入によって遂行された。藩校と寺子屋のカリキュラムと「学制」の学校カリキュラムの著しい差異は、科目と等級制および等級制による試験を導入した点にある。藩校と寺子屋のカリキュラムは漢籍や往来物の書名で示され、自学自習によって展開される学習の階梯もテキストの書名で表現されていた。ピアノ教室の「ツェルニーの三〇番」というようにである。

「学制」は例示として二七に及ぶ科目を掲げているが、そのすべてがアメリカの教科の翻訳名であった。たとえば、後に「作文」を意味するようになる「綴方」は日本の字体には不要な spelling の翻訳名であった。ここで重要なことは、「学制」で掲げられた二七の科目が、当のアメリカの小学校においてほとんど教えられていなかったことである。アメリカでは公立学校の制度化が一部の州に普及した段階であり、通常の小学校は文字通り「読み書き算」の3R's中心の用具教科が組織されていた。地理、歴史、科学などの内容教科が一般の小学校に普及するのは一八九〇年代、音楽や美術などの表現教科が普及するのは一九〇〇年代に入ってからである（Cubberley, 1919）。そもそも識字率や大衆教育の水準において日本の藩校や寺子屋はアメリカの水準をこえていた点も重要だろう。「学制」の科目は、日本国内の文化的植民地化の政策によって提示されていたのである。

等級制とそれに伴う試験は知の階層化の権力として作動した。四年制を上下四級計八段階に区分した「等級」は grade の翻訳語として登場するが、本来「学年制」を意味する grade が、「学制」においては個人の進度の階層化へと置き換えられている。明治初期の学校を特徴づける飛び級は、この等級制によって実現していた。等級制による子どもの配置は、月単位、学期単位、学年単位で頻繁に行われる試験によって遂行された。実際、「学制」は一四もの条文によって細かく「試験」を規定しており、「学制」の学校が「一般の人民」の共生のユートピアを掲げながら、もう一方で、厳しい競争と差別の装置として成立したことを示している。

装置としての学校は、教育言説によって特有の言語ゲームを構成している。「学制」発布の年に文部省は、アメリカ人教師スコットを招聘して東京に師範学校を設立し、一斉授業の様式を導入している。スコットが師範学校で学生に実演した一斉授業を紹介した諸葛信澄の『小学教師必携』(一八七三)は、次のような授業の様式を伝えている。

読物

一、五十音を教うるには、教師、先ず其教うべき、文字を指し示し、音声を明かにして誦読し、第一席の生徒より、順次に誦読せしめ、然る後、調子を整え、各の生徒をして、一列同音に、数回復さしむべし、但し同音に、誦読せしむるとき、沈黙して、誦読せざるの生徒あるが故に、能く、各の生徒へ、注意すること緊要なり、稍々熟読する後は、草体五十音、及び濁音をも、兼ね教うべし

スコットが伝えた授業の様式は「単語図」「連語図」などを活用した一斉授業の様式であり、教師が発問し生徒が答える「問答法」であった。

単語図を用い、図中の画を指し示し、其物品の性質、或は用い方、或は食し方等を問答すべし、左に一二の例を掲ぐ、

柿という物は、如何なる物なりや、〇柿の木に熟する実なり、
何の用たる物なりや、〇果物の一種にして、食物となるものなり、
如何にして食するや、〇多く生にて食し、稀には、乾して食するもあり、
其味は如何なるや、〇甚だ甘し、
初より然るや、〇否、青きときは渋し、（以下、略）

こうして、教壇に立つ教師が、「掛図（単語図）」（後に黒板）を中心に「問い」を発し生徒が「答え」で応答するコミュニケーションの様式が成立する。この「開発主義（ペスタロッチ主義）の教授法」と呼ばれる様式は、一八八三年に出版された『改正教授術』（若林虎三郎・白井毅著）によって全国の学校に普及した。『改正教授術』には、「方法書」（指導案）の必要性とその書き方、「挙手」の姿勢や「書板（板書）」の仕方、「着座の体勢」から「立読」の仕方など、さらには授業を反省する「批評の諸点」までが事細かく規定されており、今日まで続く授業の原型がすでに形成されている。

この伝統的な授業の原型は「国民教育」が制度化した一九〇〇年前後には、ヘルバルト主義の教授理論によって定型化され（稲垣 一九六六）、教師の発問と指示によって子どもたちを一斉に集団的に統制する教室のコードが授業の手続きを示した教授理論によって構造化されている。

教育の言説は、教室の言語ゲームの構造を構成しただけでなく、教師と子どもの身体を内側から主体化する機能を果たした。戦前を通して繰り返し語られたペスタロッチの「教育愛」の言説はその最たるものであろう。教師と子どもの家父長制的な関係を国民教育に統合するうえで、貧民教育に貢献し家父長制の愛を基盤として国民教育を構想したペスタロッチの「教育愛」ほど有効な言説はなかった。愛の言説は主体を構成する権力である。事実、日本ほどペスタロッチの「教育愛」が過剰に語られた国を他に見ることはできない。しかも、ペスタロッチの「教育愛」の過剰な語りは、本土よりも植民地の教育において、そして中央よりも地方の教育において顕著であった。

近代日本において学校という装置は、その内部に矛盾をはらんだ装置であった。最大の矛盾は「人民の教育（普通教育）」と「国民の教育（国民教育）」と「臣民の教育（皇民の教育）」の三つの異なる教育を一つの制度の中に並存させた点にある。「学制」が準備した教育は、すでに見たように「一般の人民」の教育であった。しかし、「学制」における「人民」という表記はその後の公文書では消滅し、「教育令」（一八七九年）では「人民」に替わって「児童」が登場し、「教育勅語」（一八九〇年）においては「臣民」が登場する。他方、「国民教育（national education）」の概念は、田中不二磨と共に「教育令」を起草したデイヴィッド・マレーによって日本に持ち込まれ、森有礼の「学政要領」（一八八四年）において「国設経済（ナショナルエコノミー）」と並ぶ「国設教育（ナショナルエジュケーション）」として登場するが、この概念が明文化されるのは教育勅語と同年に制定された第二次小学校令の第一条においてであり、その国民教育が実質的に制度化されるのは第三次の小学校令（一九〇〇年）においてであった（佐藤 一九九五）。第二次と第三次の小学校令の第一条は次のように言う。

「小学校は児童身体の発達に留意して道徳教育及国民教育の基礎並其生活に必須なる普通の知識技能を授くるを以て本旨とす。」この小学校令第一条の目的規定の中に「臣民教育」（「道徳教育」）と「国民教育」（「国民教育の基礎」）と「普通教育（人民の教育）」（「普通の知識技能」の教育）の三層構造が端的に表現されている。この矛盾を含んだ第二次と第三次の小学校令の第一条における目的規定は、この三層構造を「皇国民の錬成」で一元的に統合した国民学校令（一九四一年）まで変更されることはなかった。

欧米における公教育が「人民の教育（普通教育）」と「国民教育」との接面において制度化されたのに対して、日本の公教育は「臣民教育」と「国民教育」と「普通教育」の三層構造を内側に抱え込んで制度化された点で特徴的である。そのため、近代日本の教育は「普通教育」について繰り返し議論しながらも、いっこうにその内実を明瞭にしえないという歴史的な問題を抱え込んで展開した。教育の目的が「皇国民の錬成」から「人格の完成」（教育基本法第一条）へと置き換えられた戦後においても「人民の教育（普通教育）」と「国民教育」の差異は消去されたままであり、「普通教育」は「義務教育（強制教育）」以上の意味を獲得せず、したがって「教育の公共性」は今なお抽象化された概念にとどまっている。

2　学級という装置——成立と再編

学校という装置は、今、歴史的な転換点に立っている。その端的な表現が教室の変貌であろう。明治前期に欧米から移植された一斉授業の様式は、世界の学校において消滅しつつある。黒板と教壇と教卓を中心に一方向に並べられた多数の机と椅子という馴染みの深い教室の風景は、世界の多くの国々では博物館に入ろうとしている。その伝統的な風景にかわって、教室はいくつかのテーブルで構成され、二〇名前後の子どもたちがいくつかのグループで協同的に学び合う風景へと変化している。教室空間の中心軸は黒板と教卓ではなく、それぞれのテーブルで展開される協同の学びにあり、一斉授業を構成していた特有の言語ゲームは自然なコミュニケーションへと変化している。教科書はもはや脇役であり、豊富に準備された学習資料の一部となり、脳のシナプスの結合に収斂されていた学びは、モノやことや人に媒介された活動的で協同的で反省的な活動へと拡張されている。

この教室の変化から著しい遅れを示しているのが、日本を含む東アジアの国々の教室である。実際、一つの教室に四〇名もしくはそれ以上の子どもが密集しているのは東アジアの国々に限定されているし、教科書と黒板を中心とする授業が支配的なのも東アジアの国々に限定されていると言っても過言ではない。もちろん、日本にも変化がないわけではない。すでに小学校の教壇は大半の教室において消滅しているし、教師の活動を中心とする一斉授業の様式は子どもの学びを中心とする様式へと緩やかに変化している。この変化は、今後、加速度的に進行するだろう。伝統的な教室の風景は、国民国家の統合と産業主義社会の効率性という二つの基本原理を基礎として成立していた。グローバリゼーションとポスト産業主義社会への移行によって、その二つの社会基盤そのものが大きく転換している。変化は必至である。

この教室の転換点において特徴的な現象が「学級崩壊」である。「学級崩壊」と呼ばれる現象において、学校という装置の何かどのように解体し崩壊しているのだろうか。日本の学校という装置における「学級」の成立とその崩壊の歴史的な構造を省察することによって、転換期における学校という装置の危機と可能性について考察することにしよう。

学級の成立

学級の成立の歴史は、国内外で繰り返し語られてきた日本の学校の「集団主義的文化」が、決して自明のものではないことを示している。それどころか、「集団主義」という日本の学校文化のステレオタイプは、個人主義の病理に苦しむ欧米の教育者のオリエンタリズムによる表象であり、全体主義の教育に苦悶する日本の教育者の自虐的な表象から生まれたのではないだろうか。むしろ、日本の学校文化の最も深い基底をなしているのは、「自学自習」に象徴される個人主義の文化であることを、学級の成立と解体の歴史は示している。

一六世紀のヨーロッパの大学において成立した「学級」という概念が日本において最初に登場するのは、一八八六年の「小学校の学科及其程度」においてである。この省令は尋常小学校の学級定員を八〇人以下、高等小学校の学級定員を六〇人以下に定めており、「学級」は一つのクラスの許容人数を示す単位を意味していた。「学級」の概念が法的に確定するのは「学級編制等に関する規則」(一八九一年)であり、「学級」は「一人の本科正教員の一教室に於て同時に教授すべき一団の児童を指したるもの」と定義されている。なお、この省令において尋常小学校の学級定員は七〇人未満、高等小学校の学級定員は六〇人未満へと改正されたが、この基準は、国民学校令（一九四一年）までの五〇年間にわたって改善されることはなかった（志村 一九九四）。

「学級」という概念は英語のclassの翻訳語であった。しかし、その成立当初から日本の「学級」は特有の意味を帯びている。英語のclassは、その一六世紀における成立が「カリキュラム」の概念の成立とほぼ同時であったことが示すように、授業を受ける集団の単位を意味していた。内容の単位と人の単位を結びつける概念だったのである。class という「分類」と「階級」を意味する言葉が付されたのは、その組織がカリキュラムの段階と対応していたからである。英語の class が今日でも「授業」を意味する言葉として使われるのは、その名残と言ってよいだろう。

しかし、日本における「学級」には授業の単位という意味もカリキュラムの段階という意味もない。「一人の本科正教員の一教室に於て同時に教授すべき一団の児童」という定義には欧米の概念の片鱗を認めることができるが、「学級」はむしろ「一教室」の「一団の児童」という意味において定着している。

このように「学制」直後には「学級」という概念は存在しなかったし、「教室（classroom）」という言葉も存在せず、教室は「教場」という言葉で表現されていた。「学級（class）」および「教室（classroom）」という言葉が存在しなかったのは、もともと日本の教育には、class を構成する学びの集団が存在しなかったからである。藩校においても寺子屋においても、子どもの学びは「自学自習」によって営まれていた。たとえ「教場」を空間的に共有しようとも、一人ひとりの子どもは異なるテキストを単独で学んでいたのであって、同じ内容を集団的に学ぶ文化は存在していなかった。個人主義を徹底した学びの文化だったのである。

「学制」によって導入されたのは「等級（grade）」であった。このgradeも「等級」への翻訳において意味を変容している。アメリカの学校においてgradeは、同年齢で組織された「学年」を意味しており、学年制を構成する集団を意味していたが、その意味における「学年（grade）」が日本の学校において成立するのは、国民教育を制度化した一九〇〇年の第三次小学校令においてであった。国民教育の樹立という教育経験と権力空間の均質化の要請が、年齢によって平準化された「学年」という集団を成立させたのである。

「等級」と翻訳されたgradeは「学年」とは異なり、個人主義的な概念であった。個々人の学びの進度が「等級」として表現されたのである。藩校や寺子屋においてテキストの種類で表示されていた個人の進度が、近代の学校では上下四級計八段階の「等級」によって一元的に序列化されて表現されることとなった。先に示した諸葛信澄の『小学教師必携』（諸葛 一八七三）は、「等級」の序列化を次のように提案している。

一、生徒をして、乙の級より甲の級に進ましむるときは、先ず、卒業したる諸科を試験し、充分其試験に、及第する者に非ざれば、登級せしむべからず、其落第する者に於ては、尚其級に止めて、諸科を習熟せしむるべし。

一、毎月生徒の学術を試験し、其優劣に従い、一室中の席順を定むべし、然るときは、生徒各学術の進歩を楽み、席順を争い、競いて諸科を勉励するものなり。

この記述にも見られるように、「等級」は「試験」によって飛び級と落第を査定される個人の進度の指標であり、学校内の個々人の序列化の指標であり、個人間の競争の指標であった。一つの教室の中で「席順」において「等級」が表現された点も重要である。『小学教師必携』における教室は、先のスコットの一斉授業の紹介の部分とは矛盾しているのだが、自学自習を行う生徒たちの集合体としてイメージされていた。その教室のイメージは、「学制」発足直後の学校の実態と符合していた。

「学級編制等に関する規則」（一八九一年）で確定された「学級」の概念は「等級」に置き換わるものとして提示されている（宮坂 一九六四）。この「規則」における「一人の本科正教員の一教室に於て同時に教授すべき一団の児童」という定義は、スコットが模範を示した一斉授業が「学級」（同一の内容を同時に学ぶ集団）の成立において現実化したことを意味している。近代学校のシステムは「学級」の成立によって現実的な基盤を獲得したのである。

しかし、学校の実態の変化は緩やかであった。四年制八等級の学級編制を文部省は推進したにもかかわらず、一八九〇年代をとおして単級学校の数は学校全体の半数以上を占めていた。一八九五年に実施された文部省の調査によれば、四年制の小学校の八〇％が三学級以下の学校であり、三六％が単学級の学校であった。三年制の六等級の学校のうち九五％が一学級か二学級の学校であり、そのうち七八％が単級学校であった。

一九〇〇年の第三次小学校令によって「学級」は大きく変貌する。変化は二つの次元で起こった。一つは「等級制」を廃止し「試験」による進級と落第をなくしたことである。もう一つは、その結果「学級」は個人の進歩を意味する階梯ではなくなり、同一年齢の学習集団を意味するものへと変化したことである。この変化は国民国家の基礎となる国民教育の要請によって生じている。実際、第三次小学校令は、第二次小学校令第一条の目的規定を踏襲していたが、国語を成立させ、教育の内容と制度を詳細に規定して均質化していた。教室は国民国家の雛型となった。小学校は、全国のすべての子どもたちが同一の年齢の同一の時間に同一の内容を同一の教室で同一の活動をとおして学ぶ場所となった。国民国家が権力の均質な空間で特徴づけられるように、教育の均質空間が国民教育の機能を達成させる。学校の登校日数、一時間の授業時間、各教科の配当時数などが詳細な規定によって画一化され、一八九一年に定められた祝祭日の学校行事は一九〇〇年の法令によって強制化された。学校の建築空間もこの時期に省令によって画一化され、一九〇三年には国定教科書制度が発足する。学校は国民として共通する文化を学び、国民として共通する体験を共有し、その学びと体験をとおして国民として成長する場所となった。一九〇〇年以前の学校は西洋近代を体験する場所であったが、一九〇〇年以後の学校は大日本帝国という国民国家を体験する場所となったのである。

小学校への就学率が九〇%をこえたのは、ちょうどこの時期であった。日清戦争と日露戦争の間に小学校の就学率は三五%も増加し、一八九五年の六一%(男子七七%、女子四四%)から一九〇五年には九六%(男子九八%、女子九三%)にまで達している。国民皆学の就学率の達成にともなって、教育改革のレトリックは「かたち（制度）」から「精神（文化）」へと移行する。一八九〇年代に創始された運動会は一九〇〇年代に各地の学校に普及し、国民教育の祝祭空間を演出する（吉見他 一九九九）。各学校が校章や校旗を定め、学校の教育目標を定め始めたのもこの時期であり、一部の学校では校歌も作られる。教室は、授業と学びの機能的な組織の基礎単位にとどまらず、文化的な行事と儀式の基礎単位であり、共通の文化を経験することによって主体的な国民へと成長する集団の基礎単位としての性格を帯びてくる。

学級経営の成立

「学級経営」という概念が登場するのは、この文脈においてである。この概念もアメリカの教育学の文献からの翻訳語として導入された。学級経営を主題とするアメリカの最初の文献とされるバグリイの『教室経営（*Classroom Management*）』は、「経済的効率性」の原理を教室に導入した最初の兆候を示す著作であり、「社会的効率性（social efficiency）」を追求し「疑問を持たない服従性」を「効率的サーヴィスの第一原則」に掲げて、軍隊組織、政治組織、企業組織とのアナロジーで学校教育の合理化を論じていた（Bagley, 1907）。

「日本における学級経営の歴史」において宮坂哲文が指摘したように（宮坂 一九六四）、学級経営を主題的に論じた最初の出版物は、茨城師範附属小学校の訓導、澤正の『学級経営』（澤 一九一二）であった。バグリイの「教室経営」が「効率性」を原理として根拠づけられていたのに対して、澤の「学級経営」は「自律性」を原理として提起されていた。澤の「学級経営」は、「学級経営」を「学校経営」の「基礎経営」に位置づけながらも、その自律性を主張した点が特徴的である。澤は、「教権」（教師の人格と権能）を中心に学級は組織されるべきだと論じ、その「教権」は校長の「管権」からの自律性を担保されるべきであると主張した。校長が学校全体の「教権」の主体であるのと同様、教師は学級の「教権」の主体であるべきであると言うのである。教師の「人格的影響」と「教権」を中心に提起された澤の学級経営は、家父長制家族を規範として学級という有機体を組織し経営するレトリックで構成されていた。次のように言う。

教師は恰も家長の如く、幾十の児童はその愛児として、互に親しみ睦み、規律あり摂生あり、真面目に勤勉に、協同和合の実を挙げ得たならば、恐く学級経営大半の目的を達し得たものといえようと思う。

この家父長制家族を規範とする「学級経営」のイメージは、その後も繰り返し語られ、日本の学級経営に通底するものとなる。前世紀の末に小学校教師の大半が女性となり教育がフェミナイズされたアメリカとは対照的に、今世紀前半の日本の教師の多くは男性であり、学級は「家長」と「愛児」とが擬似的家族を演出する集団として機能したのである。

澤の学級経営は、教室内の「和協」を重視しながらも、子どもの「自習」と教師の「個人的指導」を教育関係の基本としていた点で、「学制」以来の個人主義の伝統を踏襲していた。新たに加わったのが、子どもの資質として「従順」と並んで求められた「自治」の要請であった。澤は「指導には忠実に従うと同時に一方面に於ては、十分自治の精神を以て級風の維持改善を図るの覚悟がなくてはならぬ」と言う。この「自治」の要請も、その後今日まで続く学級経営論の中心主題となり、日本の学級経営のもう一つの特徴を構成することになる。

日本の学級経営における「自治」の性格については、宮坂哲文の『課外教育史』（宮坂 一九五三）の「小学校における児童自治の成立と展開」が重要な指摘を行っている。宮坂は、小学校における「自治」の概念は、日露戦争後に社会教育で展開した「自治民育」の運動を基盤として成立したと述べ、まず教師の管理統制の助手役をつとめる級長の普及として現れ、やがて「学級自治会」や「生徒心得」として普及した経緯を分析している。宮坂の卓見した指摘は、明治の末から大正期に学校に普及した「自治」の概念が「自分のことは自分でする」という「個人的な意味」で語られ、「『共同のことは共同で』という意味はいささかも含まれていなかった」ことを開示した点にある。事実、小学校における「自治」の成立は、「登校時刻の確定、携帯品の整理、服装の整容、用具の調整修補、机内の整頓、教室内の清掃、運動用具の始末、学校園の手入」などの「生徒心得」として具体化されていた。主体における管理の内面化である。宮坂が「官治的な地方自治」の普及を「児童自治」の背景として説明し明言したように、学級に普及した「個人主義」による「自治」は、官僚主義的な管理と統制（「官治」）を主体の内側から支える補完物に他ならなかった。

3 「学級王国」の成立と普及

「学級経営」と題する本が爆発的に普及するのが、大正末期から昭和初期である。大正自由教育の公立学校への普及である。大正自由教育の運動をとおして、学級経営は「学級王国」と呼ばれる「日本型システム」を形成することになる。

大正自由教育については、これまで国家主義の教育に対する個人主義の教育の抵抗として理解されてきたが、むしろ一九〇〇年の第三次教育令によって制度化された国民教育の主体化、すなわち国民国家の内面化として定位し直す必要がある（佐藤 一九九五）。実際、大正自由教育は、第一次大戦前後の国民国家の膨張し濃縮する活力を自らの生命力としており、その指導者の多くは「帝国臣民」としての主体の形成を運動の中心目的として掲げていた。たとえば、西山哲治が創設した帝国小学校の「設立趣旨」（西山 一九一二）は、「帝国文運の進歩」の時代において「徳性の涵養」「独立自治の念」「堅忍不抜の意気」「身体の鍛錬」が欠如している状況を指摘し「学校教育が果して健全なる小国民を国家に提供し得べきかは遂に一大疑問」と述べたうえで、「将来の我帝国民として恥ずるなき小国民の養成」を掲げている。同様の性格は、「国家の中堅となり国力の充実を謀るべき覚悟と実力とを有する人物の養成」を掲げた中村春二の成蹊実務学校の「設立趣意書」（一九一二）など、新教育を主導した一連の新学校の宣言に見ることができる。大正自由教育の指導者たちは、国家への忠誠をとおして国民国家の膨張する活力を新教育の実践に内面化したのである。

大正自由教育において学級は改革の中心舞台であった。新たな展開は、それまで個人の集合と認識されてきた学級を集団として「団体」あるいは「社会（共同体）」として再定位することによって推進された。学級を集団として最初に定義したのは、文部省の普通学務局長として国民教育を制度化し、後に大正自由教育の中心的な実験学校である成城小学校を設立した澤柳政太郎であった。澤柳は『実際的教育学』（澤柳一九〇九）の「学級論」において、次のように言う。

従来の教育学に於て論ずる教育は、恰も個人を単位として論ずるが如く見える嫌がある。而して教育の実際を見れば、決して個人を単位とするにあらずして、学級を以て単位として居るのである。

澤柳は続けて「従前の教育は我が国でも西洋でも個人本位であった」が「今日の教育は団体単位である」と述べている。さらに「学級」を「教授の単位」としてだけではなく「訓育の単位」としても位置づける必要を強調し、そのために「一学級は二十五人乃至三十五人を以て組織する」ことを提唱している。澤柳の「団体本位」の教育学は、八年後に創設された成城小学校においては「個性尊重の教育」へと中軸を移動させている。この「団体」から「個性」への移行は、教育の「形式の殻」の打破と「能率の高い教育」による効率性の追求によって遂行されている（「私立成城小学校創設趣意書」一九一七）。

学級を「団体」として認識し、その「団体」を基盤として「個性」につなぐ筋道は、教室内に「分団」

（班）を導入した明石師範附属小学校の及川平治においても共通していた。及川は「能力不同」である教室内の子どもを「急進、普通、遅進」の「分団」に分けて教育する『分団式動的教育法』（一九一二年）を提唱した。及川は学級における指導を「全般的教育」（全体の指導）と「分団的教育」（班の指導）と「個別的教育」（個人の指導）の三つの形態を組み合わせて展開する方法を提示している。及川の創始した「分団」は、日本の教室を特徴づけている「班」の起源と言ってよいだろう。

及川の「分団式動的教育法」の目的が「善き日本人」としての「有能者」の養成にあった点に留意しておきたい。及川は「善き日本人とは、個人として家族として社会の一員として、又国民として有能なる者をいう」と述べている。「エフイセンシー」とルビが打たれた「有能者の教育」は、その後及川がアメリカに留学して日本に紹介することになるボビットに代表される「社会的効率主義（social efficiency）」の教育運動の中心概念であった。ボビットは、カリキュラムと教育経営に近代的労務管理の科学的方法であるテーラー・システムを導入した最初の教育学者であった。ボビットは学校教育の「生産性」と「効率性」を高めるために大工場のアセンブリ・ライン（流れ作業）の様式をカリキュラムの経営に導入することを提唱し、「生産目標」を翻案した「教育目標」で授業の過程を統制し、「品質検査」を翻案した学力検査（試験）によって教育結果を評価する方式を開発している。ボビットは、学校を「工場」、子どもを「原料」、教育目的となる大人を「完成した製品」、教師を「作業員」、視学官を「職制」、校長を「工場長」、教育長を「経営者」と表現している（佐藤 一九九〇）。

国民国家の自律的主体の形成を目的とする学級経営論は、大正自由教育においてもう一つの潮流を生み出している。「学級王国」としての学級経営論である。「学級王国」という言葉は、「自律自治」を掲げて「自由教育」を推進した千葉師範附属小学校の学校要覧（一九二〇年）において登場し、その指導者であった手塚岸衛の『自由教育真義』（手塚 一九二二）においてその様式が提示された。同校の学校要覧は「経営は学級本位にしてこれが責任は担任教師に在ると同時に、濫りに他の干渉を許さず。吾等に『学級王国』の標語あり」と宣言している。「学級王国」という言葉は、二つの内容を意味していた。一つは「濫りに他の干渉を許さず」と謳われた教師の自律性である。学校の下部組織として配置された学級は、それ自体として自律した自治空間として再定義され、校長や同僚からの干渉を排した担任教師の自律性が主張された。「学級王国」のもう一つの意味は、学級が子どもたちの「王国」となる「自律自治」による学級経営の様式である。

「学級王国」として編制された学級は、日本帝国のミニチュアであった。選挙によって選出される会長と役員によって運営される「自治会」は帝国議会に相当し、「写生遠足会」「自治集会」「学芸発表会」「展覧会」「理科祭」などの事業を「自治的修養」として企画し実施した。いわば国体のミニチュアが「学級王国」として構成されたのである。手塚による「自由教育」は、子どもの「自由」から出発し「自治」によって「国家」へと連結する「自律修養」を基本原理としていた。

大正自由教育の東のメッカである千葉師範附属小学校において提唱された「学級王国」は、数年後には、西のメッカ奈良女子高等師範附属小学校においても唱和され、より積極的に推進されることになる。同校の代表的な実践者の一人であった清水甚吾は『学習法実施と各学年の学級経営』において、学級経営の目的を「学級王国の建設にある」と述べ、より徹底した「連帯責任」と「協同自治」による学級経営の方式を提案している（清水 一九二五）。

清水の教室で学級はまず「分団」（班）に組織され、その「分団」が毎日交代で「学級当番」となって運営された。「学級当番」は「学級の学習の用意」「学級の清潔整頓」「掃除当番の検閲」「日誌」「自治会の主催」などの役割を担っている。さらに、学級「自治会」の「部署」として「整理部」「学芸部」「図書部」「実験実測部」「学習新聞部」「装飾部」「学習園部」「運動部」「出席調査部」「学級会計部」「保護者後援会委員」「幹事」が定められ、自主的・自治的運営にあたっている。教科の学習にも「協同自治」の方式が適用された。学級の子ども全員が希望によって「修身部」「読方部」「算術部」「地理部」「図画部」「体操部」「唱歌部」に分かれて、担当した教科の授業の経営をサポートする役割をつとめている。

手塚の「学級王国」と比べ、清水の「学級王国」は、いっそう細かく構造化された役割組織で構成されている。今日の教室まで続く班、日直、係、学級自治会などによる協同自治の複合的な教室組織は、「学級王国」において成立したのである。この協同自治を追求する複合的な組織形態は、諸外国の教室には見られない日本特有の様式であり、「学級王国」は教室の「日本型システム」と名づけてよいだろう。「学級王国」は、先に示したように「国体」のミニチュアであった。「学級自治会」は議会であり、「部（係）」は省庁であり、「班」は町や村の自治会に対応していた。この「学級＝国体」において教師は「天皇」であったと言えよう。子どもたちが「連帯責任」の「集団自治」で学級を経営し、教師が「天皇」のようにリモート・コントロールで統制する教室経営の方式が、「学級王国」の成立によって実現したのである。

この「学級王国」の様式は、昭和期に入ると公立学校に急速に普及した。清水の『学習法実施と各学年の学級経営』はわずか三年で四六版も出版されたと言う。一九二〇年代の「学級王国」の成立は、一九〇〇年に制度化された「学級」という同年齢集団を「社会（共同体）」へと再構成して成立している。一九〇〇年まで日本の学校を支配していた個人主義の文化は、「学級王国」によって集団主義の文化へと転換したのである。

東京女子高等師範附属小学校で作業主義教育を推進した北澤種一の『学級経営原論』（北澤 一九二七）は、この転換の原理を提示している。北澤は、「学級教授」は学級を「全体」として扱ったとしても「全体としての社会生活」を実現する余地がないと述べ、学級経営を「個人」中心ではなく「団体」中心へと転換するためには、「生活団体」として学級を位置づけなければならないと主張している。北澤によれば、学級は「教授」の組織である以上に「生活団体」であり、生活を基盤とする「学習」は「作業」へと移行すべきなのである。さらに北澤は、学級を「真の生活共存体」、子どもを「共同作業者」と表現したが、その「共存体」は「生活団体」の共同体であり、授業において構成される学びの共同体ではなかった。この性格は、日本の教室の共同性の今日まで続く特徴であり、同様のレトリックは、この時期に出版された多くの学級経営論に共通している。北澤の『学級経営原論』も広く普及しており、五年間で二六版を重ねている。

二つの学級モデルとその結末

一九〇〇年の第三次小学校令による国民教育の確立によって制度化した「学級」は、その後、二つのモデルに支えられて展開してきた。一つは「学級王国」に象徴される「国体」モデルであり、もう一つは家父長制を基盤とする「家庭」モデルであった。学級経営の様式は、一九三〇年代の大政翼賛運動を基盤として公立学校に広く普及するが、その普及の過程で二つのモデルは分岐している。

「家庭」モデルの学級経営の系譜は複雑な展開をとげている。この系譜に内在する可能性を示しているのは、児童の村小学校の野村芳兵衛の学級経営と奈良女高師附属小学校の池田小菊の学級経営であろう。野村は『新教育における学級経営』（野村　一九二六）において、学級の性格を「生活の場所」と「文化伝達の場所」の二つに分け、「生活の場所」としての学級を次のように性格づけている。

　若し学校を生活の場所と見るならば、それは自然に社会現象としての人間の共同生活を目標にすればいい。そして最も自然に生れた人間の群居は家庭である。学級の群居も大体に於て教師を中心にした家庭であっていいと思う。つまり、個性的にも、年齢的にも性的にもいろいろな子供が集っているがいい。それらの子供が、一つの愛を中心にした一団が学級であってほしい。

野村において学級は「学習の場所」であると同時に「生活の場所」であり、「生活の場所」としての学級は多様な能力と個性が集い合う「共同生活」の場所であり、「教師を中心にした家庭」であった。そこ

- （イ）体験
  - 直　接
    - 生活―学校生活の全体
    - 実験―教育のために試みられる生活…理科、地理、体操等
  - 間　接
    - 読書―知る　耳から
    - 鑑賞―味う　耳から
    - 　→ 読方、地理、歴史、唱歌、図画、手工、綴方、書方、修身等
- （ロ）思索
  - 問題の概念的解決
  - 算術、修身、読方、地理、歴史、理科等
- （ハ）創造
  - 科　学　的…………綴方、話方等
  - 道　徳　的…………修身等
  - 宗　教　的…………修身等
  - 芸　術　的…………図画、唱歌、手工、書方、綴方等

図2　「学習の種々相」（野村芳兵衛）

から人為的な「画策」を排除した次のような「学級経営」が成立している。

> 学級経営は、教師の画策ではない。勿論子供の画策でもない。子供も教師も共に生命に導かれて、自然に純に必然的に辿り行く生活そのものの中に生れる事実である。生れた学級経営が充実するのは、当然である。人間はやらずに居れないことをやるより外に本当な道はない。

一方、「学習の場所」としての学級は、学習者の個性と環境、および時間の多層性に即して再構成されている。「学習の種々相と時間割の考察」（野村　一九二四）において、野村は、規則や会議で定められた時間と、人が共同体的な仕事をする時間と、個人が自分の仕事を遂行する時間の三つの時間を区別している。〈制度の時間〉と〈共同体の時間〉と〈個人の時間〉の三つの層の区別である。この三つの時間を教室において柔軟化し、子どもが学習において経験する「生命の時間」において再構成する方途が探られたのである。

野村は「学習の種々相」を「体験」「思索」「創造」の三つの「心的作用」に分割し、それぞれに学習内容を配置して図2のような構造で提示した。

さらに野村は、「共同生活」の立場から「学習の相」を「(イ)独自学習……単独行動」「(ロ)相互学習……共同行動」「(ハ)講座……相互学習の特例」に分けて、この三つの形態の組み合わせで、教室の学びに個性と共同性、能動性と受動性、求心性と遠心性を取り戻そうとしたのである。近代学校を支配してきた均質で単層的な時間(経験)を透徹した視点で洞察し批判してその克服が主題化されている点は、驚嘆に値する。

他方、奈良女高師附属小学校の池田小菊は、一九二九年に執筆された『父母としての教室生活』において「教室」を「親子の関係における団体の生活場所」と再定義し、教室内の関係と空間の組み替えを提唱している。次のように言う。

　教育のためとか子供のためとかそう言う窮屈な考えで仕事をしたくない。と言って、甘酸っぱい感傷的な愛に引っ張られて、安価な涙でその場の気休めをするような仕事もしたくない。育てる者と育てられる者の間に通う感情は、少なくとも底の方から相通ずるところの力、つまり親子の感情に近いものでありたい。

池田の主張は、家父長制の家族をモデルとするものではない。親と子の自然のケアの関係を教室の教師と子どもの教育関係の基礎にする主張である。そして、この主張には、彼女の勤務する奈良女高師附属小学校の木下竹次の提唱する「学習法」や「合科学習」が、教師自身の個性的な関心や子どもの事実から出発するのではなく、「原理」や「形式」という「窮屈な考え」によって普及し実践されていることに対する痛烈な批判が込められていた。「教師自身、何の興味も感じていない話を、やたら粉飾して、子供を誘惑しているような話の中では、教育は常に枯死している」と言う。「教室という場所」を自然な関わり（親子のケアのような関わり）の場所へと改造し、そこから学びを立ち上げること、池田は、その一歩を次のように提起する。

私は今の教室から、あのむさくるしい感じのする黒板を全部取り下させたいと思います。そうしてこれに変えるに、額縁の幾つかが用意されたいと思います。教室に何時も、美しい花の活けられているのもいいことです。そう言うことは、教員の個性によって、理科的趣味に富んでいる人、絵画的趣味を持っている人、文学的趣味に富んでいる人と、色々ありますから、細かくは申しませんが、とにかくにも教室の設備は、大体落ちついたゆったりとした感じのする、明るさを持ったものでありたいと思います。本当に身の入った仕事は、そういう所でなければ出来ないのが当り前です。

教室という場所を「生活の共同体」という視点から問い直す試みは、生活者としての子どもの個のリアリティに即して学びを創造した生活綴方の教師たちにも共通していた。文学的リアリズムを方法論として教室実践を創造した秋田の佐々木昂や山形の村山俊太郎らは、教室を地域の「生活台」の上に転位する挑戦を展開していた。本論の冒頭に掲げた村山俊太郎の「世代の苦悶を子等とともに悩み、教室を社会に通わせる」という一節は、その挑戦を端的に表現している。しかし、この挑戦は昭和初期の共産主義運動に対する弾圧と検挙によって道を閉ざされている。

「家庭」を原型とし教室を「共同体」として再構成する挑戦は、一九三〇年代に入ると、初期の個性の多様性を尊重する立場を喪失し、次第に集団主義の傾向を強めている。大政翼賛運動を基盤とする農村自治運動を始めとする集団主義と全体主義の潮流、および、転向したマルクス主義の合流点となった生産力理論における集産主義（collectivism）の潮流が、教室経営における集団主義の基盤となった。

この転換は、子ども一人ひとりの固有名を尊重し個性と共同性の相補的関係を明晰に洞察していた野村芳兵衛においても例外ではなかった。野村の『生活訓練と道徳教育』（野村 一九三二）は、彼の転回を示していて興味深い。同書において野村は「科学的生活訓練」の必要性を強調している。「生活訓練」とは、子どもたちが「協働自治」の主体となる「訓練」である。その「協働自治」を実現するために、子ども一人ひとりが学校で直面する問題は、すべて「学級の問題として、学級全員が協議し、協力的に解決して行かなくてはならない」とされる。ここには、以前の野村に見られた個々の子どもの経験の個性と多様性を尊重する視点や、教室の時間（経験）の多層性や教室の経験の多元性は認められない。そもそも「生活訓練」という実践自体、一九二〇年代の野村は批判の対象としていた領域であった。学級経営の基軸は、固有名の「個人」から「協働自治」の「集団」へとシフトし、「学級」のモデルは「家庭」から「協働自治」

（町や村）の「共同体」へと移行している。集団主義への帰結は明瞭である。

他方、「国体」モデルの「学級王国」の様式は、大政翼賛運動を基盤として露骨に全体主義の傾向を強めている。成蹊学園の野瀬寛顕の『小学教育論――新日本教育の建設』（野瀬 一九三八）に収められた「今後の学校経営」と、千葉県山武郡東金国民学校の鈴木源輔の『戦時国民教育の実践』（鈴木 一九四二）に収められた「決戦体制下の学級経営」は、「国体」モデルの「学級王国」の帰結点を示していて興味深い。「学級王国」を提唱した清水甚吾が一九三〇年代には学級経営の目的を「国体観念の養成」に求めたことが示すように、「学級王国」はファシズム教育へと転化する歴史をたどっている。

野瀬は「学級の目的は国家の人的資源を養成することにある」と述べ、「今後の学級経営」は「全体主義の学級経営」へと転換しなければならないと説いている。「全体主義の学級経営」は「帝国臣民を養成する道場としての学級経営」と表現され、「一切の学級の活動が日本的な活動」に再編されるべきだとされる。野瀬の言う「日本的な活動」とは、国家や学校や学級という全体への「奉仕的な活動」を意味していた。

鈴木源輔の「戦時下の学級経営」はより徹底している。鈴木は学級を「学級小隊」と呼んで軍隊組織をモデルとする再定義を行っている。「わが校に於ては校長は学校教育師団長で、教頭は参謀長、初等科高等科は各々初等科旅団、高等科旅団、低中高学年は連隊、近接学年は大隊、同学年は中隊、学級は小隊である」と言う。「皇道の道の顕現」として各学級に神棚を祭り、その神棚に仕えることで「自由主義、個人主義を滅却した大和の精神」を高揚させることが謳われている。鈴木は、かつて千葉師範附属小学校において手塚岸衛のもとで「学級王国」の実践を推進した経験を有していた。しかし、戦時下のファシズム教育のもとで、そのすべてが否定されている。従来の学級経営の「友愛性」「協同社会性」「家庭性」「自治性」は「あまりに優柔的な考え方」として否定され、「皇国発展のための必至必勝の団結」が学級経営の中軸にならねばならないと主張されている。この「団結」は「西洋的な意味の社会協同の意味ではない」とされ「日本的なる協同であって忠誠への協同」であった。「学級王国」についても「一つの学級個人主義の弊を醸成し、学級としてはまとまるが、学校全体の活動を阻止することになる」と否定されている。

4　日本型システムの再生産とその崩壊

日本型システムの再生産

「学級王国」に象徴される学級経営の「日本型システム」は、戦後においてもそのまま継承された。選挙によって学級委員を選出し、学級会とその構成単位である班と係の小集団と日直で「協働自治」を追求する「学級王国」は、むしろ戦後の民主主義教育の中で、いっそう強化されたと言ってよいだろう。「日本型システム」の教育版である「学級王国」は、経済と社会制度の「日本型システム」と同様、一九三〇年代の大政翼賛運動において普及し、戦後の学校という装置の基本構造を形成している。

学校の教師組織も「学級王国」の組織と同様、「協働自治」を特徴とする「日本型システム」を構成していた。日本の学校を特徴づけている教師の集団的自治の様式は、職員会議における協同の討議による意思決定と、一校当たり三〇以上に分業化された校務分掌と学年会あるいは教科会の小集団の自治単位によって運営されており、諸外国には見られない「日本型システム」を形成している。校務分掌の組織や学年会や教科会自体はすでに明治時代に登場しているが、それらを意思決定の基礎単位として「協働自治」を追求する学校運営の様式は、「学級王国」と同様、一九三〇年代に普及し、戦後の民主主義教育に連続的に継承されたと言ってよい。

さらに言えば、学校経営の「日本型システム」は、「学級王国」と同様、その集団主義の裏側に日本の学校の伝統的文化である個人主義を並存させていた。集団主義的自治を運営の基本としながらお互いの仕事には口出ししないという不文律が暗黙に支配する学校の構造は、集団主義と個人主義の並存を象徴している。集団主義と個人主義が並存する独特な学校文化の構造は、教室の運営では、授業以外の生活場面の活動や行事においては学級会や班や係による集団主義的自治を徹底させながら、授業における学びにおいては協同が実現せず個人主義の自学主義と競争が支配するという特徴を形成してきたし、学校経営においては、管理と統制においては集団主義による自治が貫徹しながらも、教師の専門領域である授業やカリキュラムの創造においては個人主義が支配し、創造的な協同が実現しにくいという問題を抱え込んできた。

学校経営と学級経営の「日本型システム」は、戦後民主主義教育が退潮して官僚主義的な統制が強まった一九六〇年代以降において、さらに強化された点が重要である。児童・生徒数の急増を背景とする木造校舎からコンクリート校舎への移行は、アセンブリー・ライン（大工場の流れ作業）をモデルとする学校教育の拡張を象徴していた。官僚主義的な統制による「生産性」と「効率性」の追求が、学校と教室の「日本型システム」の浸透を強めている。高度成長期における生産力ナショナリズム（佐藤・栗原 一九九六）の復活は、学校と教室における全体主義の復活を促進し、企業と工場を隠喩とする学校経営と授業実践の科学的研究の爆発的な普及が、科学的合理主義による官僚主義と集団主義の浸透を促進している（佐藤 一九九二）。

一九六〇年代以降に民間教育運動として普及した「集団主義教育」は、高度成長期の学級経営の「日本型システム」を特徴づける現象として興味深い。一九六〇年前後に香川県の教師、大西忠治がソビエトのマカレンコと中国の「集団主義教育」をモデルとして開発した「班・核・討議づくり」の様式は、一九六〇年代と一九七〇年代に全国生活指導研究会の運動によって全国を席巻し、「集団主義」に基づく「学級づくり」の方式として普及した。この運動が「ソビエト教育学＝集団主義教育」と拡大解釈する教育学の言説によって拍車をかけられて浸透した点も重要である。

「班・核・討議づくり」による生活指導を推進した運動の当事者は誰も明言していないが、「班」と呼ばれる小集団の自治を基礎単位として班競争を組織し、「ボロ班」にならないよう協力を自発的に組織する「班・核・討議づくり」の方式は、工場生産における「日本型システム」として知られる生産性向上運動の「QCサークル」の方式と酷似している。ソビエト教育学を言説の基礎として推進された「集団主義教育」の様式は、当事者の意識を超えて、生産性と効率性を追求する企業経営と工場経営の「日本型システム」の様式と対応する展開を遂げたのである。

ところで、学校と教室は二つの組織原理を支配的な基礎としていた。一つは国民統合の原理であり、もう一つは効率性の原理である。国民国家の統合と産業主義社会の促進という近代学校の発展を推進した二つの要請がこの二つの組織原理を基礎づけていた。「日本型システム」の特徴は、この組織原理を「集団自治」を基礎単位とする構成員の主体性によって追求している点にある。「集団自治」による自律性と主体性を組織する「日本型システム」の学校と学級においては、個々人の関係しか示さないはずの「集団」が実体として意識され、その「集団」に人格的意志が付与されている。教室に実在するのは一人ひとりの個人とその関係でしかないのに、まるで「みんな」と呼ばれる集団が意志をもって存在しているかのように意識されるのである。したがって、「日本型システム」の学校と教室には最初から他者は存在しない。この前提によって組織の構成要素を「個人」から「集団」に置き換えることが可能になっているのである(Sato, 1998)。そこでは固有名と顔と声は消されている。

教師集団によるいじめや学級集団によるいじめが陰湿化するのは、学校や学級が集団単位に組織され、個人が個人として存在する居場所がないからである。しかも、その集団は他者性を排除して成立している。さらに厄介なことに、日本の学校文化の基層は、本章の前半で示したように個人主義の文化であり、いくら授業の過程に積極的に参入したからと言って集団への帰属が保障されるわけではないし、逆に、授業の過程への参入を拒否しようとも集団から排除されるわけではない。学習生活(個人)と学級生活(集団)は二重の独自のシステムを形成している。この構造が事態をいっそう複雑にしている。「日本型システム」の学校と学級という装置を生きる教師と子どもは、強迫的に集団への参入を自主的主体的に追求しながら、絶えず協同の中の孤立を体験しなければならない。こうして、「日本型システム」の学校と教室では、沈黙は恐怖となり、喧騒と饒舌が支配するのである。

未来への展望

「学級王国」に象徴される「日本型システム」の学校経営と教室経営は、学校や学級を構成するすべてのメンバーが自主性を発揮して合意と同一性を求め、集団的自治の主体となることを前提としていた。そして、その構成員の自主性と主体性を前提とする集団主義的な自治は、「国体」の縮図としての「学級王国」において教師が「天皇」として君臨し、子どもの自主性と主体性を「集団自治」によってリモート・コントロールすることによって成立していた。すなわち、学校における校長と教室における教師が「天皇」のような存在になることを構成員から期待され、要請されていなければならなかった。これらの前提と条件を考慮すれば、今日の「学級王国」の崩壊、すなわち「日本型システム」の学校経営と学級経営の行き詰まりは必然的である。

「学級崩壊」が「学級王国」の崩壊であるとするならば、その現象は必然的であり、むしろ好ましい現象である。問題は崩壊が新しい学校と教室の装置の新生を準備していない点にある。より本質的な問題は、世界各国の学校空間と教室空間がその風景を大きく変化させている中にあって、日本の学校と教室の空間と関係は、今なお、微々たる変化しか生じていない点にあり、教師も子どももさまざまな困難とディレンマに直面している点にある。問うべき問題は複雑で難解である。個人主義にも還元されず、集団主義にも還元されない学校と教室の組織は可能だろうか？　家父長制や国家の全体主義に回収されない教室の共同性は何によって可能になるのだろうか？　「自主性」や「主体性」による子どもの「集団自治」が管理と統制の内面化でしかないとすれば、教室への子どもの参加はどのようにして可能なのだろうか？

人称関係を剥奪された「集団」から固有名と顔をそなえた「個人」に立ち戻ること、そして個性と共同性を相互媒介的に追求すること、交わり響き合う学びの身体の流れを活性化して空間と関係のすべてを編み直すことが、この窒息し閉塞した状況を組み替える出発点となるだろう。危機を告発する硬直した言葉の向こう側で、すでに挑戦は柔らかな言葉と身体の静かなうねりを生み出している。学校と学級の硬直性と閉鎖性を内破する言葉と身体は、しなやかでたおやかな言葉と身体である。その伝統の再生と新生が、今、求められている。

〈参考文献〉

Bagley, W. C., *Classroom Management*, Mac Millan, 1907.
Cubberley, E. P., *Public Education in the United States : A Study and Interpretation of American Educational History*, Houghton Mifflin, 1919.
太政官布告第二四号「学事奨励に関する被仰出書」一八七二年。
池田小菊『父母としての教室生活』厚生閣、一九二九年。
稲垣忠彦『明治教授理論史研究——公教育教授定型の形成』評論社、一九六六年。
北澤種一『学級経営原論』武東洋図書、一九二七年。

宮坂哲文『課外教育史』『日本教育文化史体系』一巻、金子書房、一九五三年。

宮坂哲文「日本における学級経営の歴史」『学級経営入門』明治図書、一九六四年。

諸葛信澄『小学教師必携』烟雨楼、一八七三年。

中村春二「成蹊実務学校設立趣意書」一九一二年『中村春二選集』一九二六年、所収。

西山哲治「帝国小学校設立趣旨」一九一一年『私立帝国小学校経営二五年史』一九三七年、所収。

野瀬寛顕『小学教育論――新日本教育の建設』同文社、一九三八年。

野村芳兵衛「学習の種々相と時間割の考察」『教育の世紀』二巻、一二号、教育の世紀社、一九二四年。

野村芳兵衛『新教育における学級経営』聚芳閣、一九二六年。

野村芳兵衛『生活訓練と道徳教育』厚生閣書店、一九三二年。

及川平治『分団式動的教育法』弘学館、一九一二年。

佐藤学『米国カリキュラム改造史研究――単元学習の創造』東京大学出版会、一九九〇年。

佐藤学「パンドラの箱を開く――授業研究批判」森田尚人・藤田英典・黒崎勲・片桐芳雄・佐藤学編『教育学年報1　教育研究の現在』世織書房、一九九二年。

佐藤学「「個性化」幻想の成立――国民国家の教育言説」森田尚人・藤田英典・黒崎勲・片桐芳雄・佐藤学編『教育学年報4　個性という幻想』世織書房、一九九五年。

Sato, Manabu, “Classroom Management in Japan : A Social History of Teaching and Learning”, in Shimahara, N. (ed), *Political Life in Classroom : Classroom Management in International Perspective*, New York : Garland Press, 1998.

佐藤学・栗原彬「教育の脱構築――国民国家と教育」『現代思想』六月号、青土社、一九九六年。

澤正『学級経営』弘道館、一九一二年。

澤柳政太郎『実際的教育学』同文館、一九〇九年。
清水甚吾『学習法実施と各学年の学級経営』東洋図書、一九二五年。
志村廣明『学級経営の歴史』三省堂、一九九四年。
「私立成城小学校創設趣意書」一九一七年。
鈴木源輔『戦時国民教育の実践』帝教書房、一九四二年。
手塚岸衛『自由教育真義』東京宝文館、一九二二年。
吉見俊哉他『運動会と日本近代』青弓社、一九九九年。
若林虎三郎・白井毅『改正教授術』普及舎、一八八三年。

07 演劇教育のトラウマ

坪内逍遥『児童劇』の挫折

1　表現する身体の排除

近代日本の学校教育の著しい特徴の一つは、学びを座学に閉じ込め、表現する身体を教育空間から排除した点にある。演劇の忌避がその証左となろう。学制の発足にあたって明治政府は欧米の学校を調査しているが、学制の基礎資料とした内田正雄訳『和蘭学制』を見ても、河津祐之閲・佐沢太郎訳『仏国学制』を見ても、「唱歌」は必修教科に位置づけているが、演劇にはまったく関心がはらわれていない。一八七二年の学制はアメリカの学校制度を参照して二九もの教科目を列挙しているが、そこにも「唱歌（当分之を欠く）」は含まれているが、演劇に相応する科目は記されていない。以後今日まで、演劇は、小学校から大学にいたるカリキュラムで正統な位置を獲得したことはなく、かろうじて「学校劇（あるいは児童劇）」として学校の片隅で棲息してきた。しかも、その「学校劇」も「教育的」という枠に閉じ込められ、いくつものトラウマを抱え込んできたように思われる。

なぜ演劇の身体が排除され音楽の身体が擁護されたのだろうか。ここに近代日本の学校が寄せた表現する身体へのまなざしが端的に表現されている。洋楽を摂取する最初の目的は「軍楽隊」の組織にあり、「唱歌」成立の目的は「国楽」の建設にあった。一八六九年に島津藩軍楽隊に招聘されたイギリスの赤隊軍楽隊長フェントンを中心に、一八七一年に海軍軍楽隊、翌年には陸軍軍楽隊が組織されている。絶対主義的な国家は、可視的な権力として軍隊の音楽と舞踊を必要とする。「軍楽隊」はその象徴であった。それに対して近代の国民国家は、見えない権力によって自律的に訓練された「国民」という主体と徴兵制による軍隊制度を要求する。この自らの身体を「規律・訓練」した主体の形成と「国民文化」の創出において、「国語」「体操」と並んで「唱歌」が重んじられたのは容易に推察できるだろう。

「唱歌」成立の経緯が、何よりも表現する身体へのまなざしの所在を示している。一八七八年に伊沢修二と目賀田種太郎が連名で「公学の一課」として「唱歌」の成立を文部大輔田中不二麿に上申したとき、その添え書きで目賀田は「我国楽（national music）を興す」ことを教育目的として掲げている。翌年、伊沢修二が文部卿寺島宗則に上申した「音楽取調ニ付見込書」には「我国固有ノ音楽」を「国楽」として形成する目的が明言されている。その「国楽」の創出にあたって、伊沢と目賀田は、わが国の音楽文化の伝統を「雅楽」に限定し、「俗楽」は「卑くして其害却って多し」と学課から排除する方針も打ち出している。

しかも、「国楽」創出の使命を負った音楽でさえ、教育の周辺に位置づけられている。一八八七年に設立された東京音楽学校は大学より一ランク下の専門学校であり、一八九三年から六年間は財政難のため東京師範学校の附属学校に位置づけられている。芸術は、国民文化の建設という目的に従属して「教育的」に性格づけられたのである。

表現する身体の教育からの排除は、演劇に対してはいっそう徹底していた。そもそも演劇を教育の内容とする意見は皆無であった。明治維新によって雅楽は新政府の保護を獲得しているが、幕藩体制の庇護を受けていた能楽は存亡の危機に直面し、京阪地方を中心に発展してきた文楽は一地方の演芸へと転落している。歌舞伎は民衆の娯楽として存続していたが、「河原こじき」の異名をかせられた歌舞伎が、学校教育と接点を見出すことは困難だった。演劇は卑俗なものとされ、学制が発布された一八七二年、新政府は劇場の経営者を呼び、「外国人」も見る可能性があるから「淫奔の媒となり親子相対して見るに忍びざる事を禁じ」る達示を出している。一八八二年には東京府下劇場取締規則が公布され、劇場人口の増加には絶えず監視の目が注がれていた。男女が混合で舞台に登場することが認可されたのは、教育勅語が制定された一八九〇年である。

しかし、演劇と国家の関係を統制と抑圧において認識するとすれば、半面しかとらえたことにならないだろう。演劇も教育と同様、ナショナリズムに親和的であり、両者は密やかな絆を結んで国民国家の建設に積極的に関与してきたからである。「国民演劇」の創出と国立劇場の設置を目的として伊藤博文の娘婿、末松謙澄を中心に組織された「演劇改良会」（一八九五年結成）は、演劇が国家建設に貢献した典型であり、「演劇改良会」の唯一の成果が天皇による市川団十郎の観劇（「天覧観劇」一八九七年）に終わったことも象徴的である。

新派も、日清、日露の二つの戦争によるナショナリズムの高揚のもとで発展した。「自由童子」の異名の壮士劇で登場した川上音二郎も、日清戦争に乗じて創作し浅草座で演じた『壮絶快絶日清戦争』（一八九三年）において演劇人として飛躍し、その成功に意を強くした川上は、同年、朝鮮半島の戦況を自ら視察して『川上音二郎戦地見聞日記』を上演している。翌年、川上は、檜舞台である歌舞伎座で演じる機会も獲得し、戦争劇という主題においては歌舞伎よりも新派のほうが優位に立つことを明示したのである。

日露戦争は新旧両派の演劇の飛躍の土台となった。すべての劇場が戦争劇を出し物として提供して大衆の喝采を浴びている。佐藤歳三「日露大戦争」（市村座）、中野信近「満州の吹雪」（国華座）、伊井蓉峰「征露の皇軍」（真砂座）、江見水蔭「潜航艇」（歌舞伎座）、川上音二郎「戦況報告演劇」（本郷座）、「戦地見聞録」（大阪朝日座）、「旅順港陥落」（浪速座）などである。これら戦争劇の高揚を背景として「不如帰」や「金色夜叉」の悲劇ものも大当たりを獲得したのである。

子どもを対象とする演劇が「お伽芝居」として誕生し普及したのも日露戦争前後であった。一九〇三年、『少年世界』（博文館）の編集者、巌谷小波が旅先のドイツで子どもを対象とする演劇の存在を知り、同誌増刊号で「お伽芝居」という名称で紹介している。その小波が「お伽会」という口演童話の運動を推進していた久留島武彦を介して川上音二郎と出会い、川上一座が小波の『世界お伽話』の中の二編を本郷座で演じたのが児童演劇の出発点と言われている。一九〇六年に川上一座はお伽芝居を旗揚げ、久留島も博文館の愛読者大会を組織する「お伽倶楽部」を結成して川上一座の「お伽芝居」の上演を側面から援助している。この「お伽芝居」の普及を経て、一九一〇年頃には子どもが舞台で演じる「学校劇」も試みられるようになるのである。

演劇がナショナリズム高揚の手段となり、「お伽芝居」が「よい子」を育てる有効な方法と見なされたにもかかわらず、「お伽芝居」は商業演劇の枠を出なかったし、「学校劇」も一部にしか普及していない。「お伽芝居」も「学校劇」も、「教育的」な価値や手段として見ると、「修身」や「国語」や「体操」のほうがより直接的であったからだろう。何も「演劇」を位置づけなくとも、学校生活そのものが十分に非日常的であり、学校空間という「劇場」の中で、子どもたちは「国民」の創出を中心主題とする「演劇的」振舞いを強要されていた。この統制する装置と子どもの身体との狭間に、表現者としての子どもが登場する可能性があるのだが、学校生活の全域を通して子どもの身体は、「体操」や「行事」に典型的に見られるような「軍隊の身体」に吸収されていた。

2 「教育的」演劇という桎梏

学校という場所に表現者の身体を出現させたのは、大正自由教育運動であった。大正自由教育に関して、これまでの教育史研究は「国家」中心の教育に対し「児童中心主義」によって「個性化」を推進した運動として評価してきた。しかし、むしろ「国民国家」の内面化による主体的な国民を創出するエネルギーこそが大正自由教育の中心的な推進力であった。明治国家が構成した学校教育という「かたち」に内発的な「精神」を注ぎ込むことが、大正自由教育の中心主題であり、表現する身体もその文脈の中で登場している。第一次大戦の終結後の講和会議において一躍「五大国」の一つに躍り出た状況で鼓舞されたナショナリズムが、子どもという表現主体の登場を促進したのである。

一九一八年以降、「学校劇」は大正自由教育を推進した私立学校を中心にブームを起こし、「学芸会」という様式も成立している。「学校劇」の創造と普及のセンターとなった成城小学校が、海軍の子弟が多数通う私立学校として出発したことも偶然ではない。世界の檜舞台に躍り出た新しい帝国は、新しい主体と精神の創出を要請し、表現する身体を教育において主題化させたのである。

大正自由教育の「児童中心主義」において登場した子どもは「童心主義」として特徴づけられる子どもであった。「純粋無垢」で「天真爛漫な子ども」という、もともとは巌谷小波が雑誌『少年世界』において「苦悩する青年」との対比で提出した子ども像が、「小国民」のイメージとして普及し定着している。この「純粋無垢」で「天真爛漫」な子ども像は、「天皇の赤子」という観念に連続する日本のナショナリズムが生み出した特有の子ども像である。猥雑さや悪意や邪気や破壊の衝動を秘めた子どもの身体は、大正自由教育においても学校空間から周到に排除されている。

3 「児童劇」の挑戦

坪内逍遥が「児童劇」というジャンルを設けて演劇教育に傾倒したのは、この大正自由教育の高揚期においてであった。文芸協会（一九〇六年〜一九一七年）が島村抱月と松井須磨子の恋愛事件によって頓挫し、その「自分の旅の追分」で生涯の代表作となる「役《えん》の行者」（一九一七年）を執筆した後であり、鎌倉悲劇「名残の星月夜」の歌舞伎座上演（一九二〇年）も失敗して演劇における筆を断つ決意をした直後のことである。すでに逍遥は還暦を迎えていたが、「ページェント（野外劇）」の運動と「児童劇」の発展に傾倒して演劇改良の基盤づくりを企てている。「ページェント」と「児童劇」への傾倒が「教育」において推進された点が重要だろう。大正自由教育の教師たちが「教化」から離脱する目的で演劇に接近したのに対して、逍遥は「教化－啓蒙」に演劇を再創造する希望を託して教育に接近したのである。逍遥と教育との関わりは深い。逍遥は一八九六年から数年間、早稲田中学の教頭として倫理教育を実践しており、明治末期から大正初期にかけて教科書の作成にも情熱を傾け、『国語読本』（尋常小学校用、一九〇〇年）『読本唱歌』（一九〇一年）「中学修身訓」（一九〇六年）『改訂・中学新読本』（一九〇八年）の編集・執筆を行っていた。

そもそも逍遥において、彼が命名した「小説」のジャンルにおける戯作の伝統の改良や、生涯の事業となった演劇のジャンルでの史劇の改良における「改良」とは、「教育」を意味していたと言ってよいだろう。小説から演劇に推移したのも「改良・教育」という観念に導かれた結果ではなかったか。人間が織りなす人生の様々な真実を表現し人々の精神を啓蒙する「教育的」行為として、演劇は、身体を媒体とする点で文字を媒体とする小説よりも直接的で効果的な方法であった。

一九二二年、逍遥は有楽座で自ら指導・監督を引き受けて「児童劇」の第一回発表会を開催する。その脚本は、イソップ童話やお伽話や神話を素材とする彼の創作「田舎の鼠と都会の鼠」「蝿と蜘蛛」「わるい友達」「メレー婆さんと其飼犬ポチ」「神楽師の息子銀吉」「すくなびこな」「おろち退治」であった。以後、逍遥は一九二四年の大隈会館庭園における「獅子と藪蚊と蜘蛛」の上演まで「児童劇」の普及につとめ、脚本約四〇編を執筆し一二回にわたる公演を展開している。

逍遥の「児童劇」の理論は、一九二二年に早稲田大学出版部の一局等女学講義部の依頼で行われた三日間の講演記録『児童教育と演劇』(一九二四年出版)において体系的に叙述されている。同書において逍遥は、「現世紀の三特徴」として「新芸術の勃興と其の普及」「女性の自覚と其の向上」「児童の尊重と其の新教育」を掲げ、この「芸術本位」「婦人本位」「児童本位」という三つの時代的特徴のもとで「児童劇」が展開される必然性を論じている。「児童劇」こそ、「家庭の芸術化」と「学校の芸術化」の有効な方法であり、なかでも「婦人達が本来の人間を造就するために、芸術を第一の要具とも手段ともして、家庭の教育に従事せられることが最も緊要」だとされる。逍遥は、この結論を、一方では『児童の世紀』の著者として知られるスウェーデンのフェミニスト、エレン・ケイの主張を基盤とし、もう一方では、アメリカにおいて発展していた演劇表現の教育運動に求めていた。しかし、「芸術」「婦人」「児童」の合流点に「児童劇」を設定し、「家庭児童劇」を提唱する論理は、逍遥のオリジナルな着想である。

逍遥が「児童劇の本領は高い意味の教育的でなければならない」と述べて「教育主義」の立場を鮮明にするとき、「娯楽」を目的とする演劇、および「芸術」を目的とする演劇は「児童劇」から排除されていた。逍遥は、子どもを対象とする従来の演劇を「営利的」な演劇と「芸術本位」の演劇に分け、そのいずれもが彼の主張する「児童劇」とは「其の目的をも扱い方をも方法をも異にしたもの」であると言う。「営利的」な演劇は大げさな演出や華美な衣装になったり子どもに媚びたりして害が多い。他方、「芸術本位」の演劇では、文学者や芸術家が自分の満足のために子どもを利用することになりがちである。いずれも大人が子どもを手段として利用する演劇であって、「児童劇」は「子供自らの為に子供自らをして演ぜしめる」ものであるべきだと言うのである。

逍遥の「児童劇」運動は、大正自由教育における演劇教育の普及において強力な推進力となった。たとえば、澤柳政太郎が一九一七年に創設した成城小学校では、逍遥の提唱する「児童本位」の「学校劇」が小原國芳から斎田喬へと引き継がれて発展し、演劇教育の創作と普及のセンターとなった。逍遥の主張によれば、一二、三歳の思春期・青年期までは「遊戯」を中心とする「家庭児童劇」を基本とすべきで、「学校劇」は中学校段階以降で行われるべきとされていたから、成城小学校に代表される「学校劇」と逍遥の「児童劇」との直接的なつながりは希薄である。逍遥の提唱した「児童劇」は、彼自身が期待した「家庭児童劇」としてではなく、「学校劇」として普及したのである。

逍遥の「児童劇」の挑戦は、しかし、わずか四年で幕を閉じている。逍遥が「児童劇」から退却した一九二四年、岡田文相は学校劇を「禁止」する訓令を出している。訓令の要旨は、子どもに「劇的本能」があり家庭娯楽の中で自然に出てくるのはよいが、「学校において脂粉を施し仮装を為して劇的動作を演ぜしめ、公衆の観覧に供するが如きは、質実剛健の民風を作興する途にあらざる」という点にあった。訓令は「当局者の深く思を致さんことを望む」という婉曲な表現を用い、官立学校の校長宛に次官通牒を出すという措置であったが、事実上、幼稚園、小学校を含む学校劇全般の「禁止」を意味するものとして受けとめられた。「学校劇」普及のセンターとなっていた成城小学校では、創設者の澤柳政太郎が文部省普通学務局長の経歴をもち、岡田文相の友人であった事情から「学校劇」の存続を可能にしているが、一般の学校の演劇教育は大きな痛手を受けることになる。

岡田文相の学校劇の禁止令は、演劇が虚栄心をつのり、華美な服飾や表現で人々のよこしまな欲望を挑発するというイメージを反復することによって、表現する身体を「質実剛健の民風」を喚起する身体へと枠づける意図をもっていた。演劇表現が学校空間において規範化されてきた身体の枠を逸脱する危険に対する統制である。

権力による統制の効果は、禁止による中止という直接的な結果において現れただけでなく、むしろそれ以上に存続のための努力の内部において間接的な効果を刻印してゆく。岡田文相の訓令への対応を迫られた成城小学校の澤柳政太郎は、「学校劇はあくまでも教育的である事が肝要」と力説し、「模範的の学校劇」の創造へと尽力するよう教師たちをたしなめている。教師たちも従来の粉飾や衣装を見直し、「発表中心主義」から「過程中心主義」へと方針を転換して、学校劇をいっそう「教育的」にする実践へと傾倒してゆくのである。

学校劇の禁止という措置が、学校と教室の経営が「集団的自治」を基本とする「日本型システム」への移行の途上で起こった点も重要である。わが国の学校・教室は、班や係りなどの小グループで複雑に組織された「集団的自治」を特徴としているが、この「日本型システム」は、「新教育」を標榜した師範附属学校や私立学校で開発され、一九三〇年代の総動員運動によって全国の公立学校へと普及する。その出発点は一九二〇年代初頭に「自由教育」を掲げた千葉師範附属小学校において「学級王国」として準備されるが、その「学級王国」という言葉は「国体」のミニチュアを意味していた。教師と子どもが「自主的」「主体的」に「集団的自治」を遂行する学校と教室の成立である。「学校劇」のブームは、この「自主的・主体的」な「集団的自治」を基本とする学校空間の「日本型システム」の成立と並行して登場し、「純粋無垢」で「天真爛漫」な子どもの表象を再生産するよう「教育的」に統制されたのである。

4　挫折とトラウマ

一九二四年、逍遥の「児童劇」運動は頓挫した。逍遥は、以後、シェークスピアの完訳という偉業に生涯を捧げることとなる。演劇の価値を人生の真実を探索する普遍的な人道主義に求め、しかも「演劇改良」の中心課題を脚本の創作に設定した逍遥にとって、シェークスピアの完訳は最後の大事業であった。

ひるがえって、逍遥の「児童劇」運動はなぜ頓挫したのだろうか。そして、逍遥の頓挫の意味は何なのだろうか。

岡田文相の学校演劇禁止の訓令が、学校劇の内容ではなく、演劇という手段そのものでもなく、表現する身体に対する統制であったことを想起しよう。訓令は「脂粉」と「仮装」に対して激しい拒絶を表明している。この訓令は「官立学校」を対象として発せられたため、「脂粉」と「仮装」は「質実剛健の民風」を汚すものと見なされたわけだが、小学校段階に置き換えると、「脂粉」や「仮装」は「純粋無垢」で「天真爛漫」な子どもという表象を汚すものとして指弾されることになる。事実、成城小学校における「学校劇」の存続は、「脂粉」や「仮装」を抑制し「純粋無垢」で「天真爛漫」な子どもの表象を擁護する「教育的」な対策において可能になったのである。

逍遥の「演劇改良」とその一翼である「児童劇」運動が、道徳主義的な「改良」ではなかったことは明白である。逍遥は、「演劇改良会」の発足時も自然主義を掲げて演劇の狼雑さを容認し、「美術と道学を混同して単に見掛けばかり麗しうして全然甘味の無きものにされては、我々美術狂は哭きたくなる」と、道学者の発想による「改良」を厳しく戒めていた。しかし、もう一方で、逍遥の「演劇改良」における「改良」は、人道主義的な普遍的倫理の啓蒙という「教育的」な意義を中核とする概念であった。そうであればこそ、「家庭児童劇」を「児童教育」の理想とする、およそ現実性の薄い教育論と演劇教育運動に、逍遥は「演劇改良」の中心軸を設定したのである。学校劇は思春期・青年期以降にすべきという逍遥の『児童教育と演劇』における意見は、「脂粉」と「仮装」が子どもの虚栄心や邪気をあおり、純粋無垢で天真爛漫という表象を傷つけることへの危惧によって主張されている。表現する子どもの身体に対するまなざしにおいて、岡田文相の訓令と成城小学校における対応と逍遥の「家庭児童劇」の主張との間に大きな隔たりがあるとは思われない。コスモポリタンな人道主義とその人道主義を軸とする演劇の「教育主義」が、演劇を表現する子どものリアルな身体へのまなざしを遮っていたと言えよう。

逍遥の「児童劇」の頓挫のもう一つの要因として、「脚本」が絶えず優位におかれ実践に先行していた点を指摘することができる。かつて「演劇改良会」の末松が帝国劇場の建設という「場所」を「改良」の中心課題にし、低俗さの除去を演劇「改良」の主眼としたのに対して、逍遥は演劇の「改良」の中心課題は「脚本」の創作にあると考えていた点を想起しよう。「国劇」の創造こそが、逍遥の「演劇改良」の主眼であり、しかも、その「国劇」の創出は、歌舞伎を中核とする史劇の伝統に拠りながら、シェークスピアに象徴されるヨーロッパ中心の普遍主義を標榜するという論理を骨格にしていた。逍遥の史劇への執着は、彼の健康な保守主義の所産である。逍遥にとって、伝統の「改良」こそが「改良」の「神髄」であった。しかし、その逍遥において脚本の優位は絶対的である。演劇の創造は脚本の創造であり、表現する身体の行為は脚本に従属する位置しか与えられていなかった。

逍遥の挫折は、「教育的」に構成され演じられる学校劇に今日も持続するトラウマとは言えないだろうか。「脚本」(テキストとテーマ)の支配と「教育」への回収のもとで、表現する子どもの身体へのまなざしは遮られ、子どもの声と言葉と身体は「脂粉」と「仮装」の自由を奪われて、「教育的」な物語の反復へと回収されている。その反復の鎖を断つとすれば、「教育的」という名のもとで「学校劇」が無意識のうちに抱え込んでいるトラウマを初発の痛みにおいて想起しながら、今ここに立っている表現者としての子どもの声と身体との出会いを、学校と教室という場所において準備するほかはないだろう。

共生へのユートピアとその挫折

下中弥三郎の「近代」と「反近代」

08

1　共生と差別の装置

学校は、二つの対立するイメージが交錯し合う場所である。一方で、学校は、階級、階層、民族、性などの差異を払拭して人々が同一の文化を共有し一堂に会する空間であり、共生のユートピアとして組織された場所である。しかし、もう一方で学校は、個々人の競争と選別を組織し、階級、階層、民族、性などの差異を再生産する序列化と排除と差別の装置でもある。

この二つの矛盾する性格は、「学事奨励に関する被仰出書」（一八七二年）に始まる近代学校の骨格を構成していた。「学事奨励に関する被仰出書」（太政官布告）は、一方で身分、階級、階層、民族、性、年齢の差異を超越した「人民一班（華士族農工商婦女子）」の教育の実現を掲げていたが、もう一方で「身を立つるの財本《もとで》」と教育を個人の投資として規定し、立身出世の競争と差別の装置としての学校の設立を言明していた。事実、同年に公布された「学制」（文部省）は、二九もの科目と試験によって落第と進級を振り分ける方式で生徒を組織している。この落第と進級による学級の編成が学年制に再編されたのは、国民教育が制度的に整備された一九〇〇年の第三次小学校令においてであった。しかも、その小学校令は、授業料の国庫負担によって義務教育を財政的に基礎づける一方で、貧困な児童と障害を抱えた児童には「就学猶予」と「就学免除」という転倒した措置を講じて差別と排除を公定したのである。「太政官」という前近代の装置によって宣言された共生のユートピアと、「文部省」という官僚組織によって公定された排除と差別の機能、この二つが相克する近代の学校は、以後、いくつもの幻想と神話とルサンチマンが交錯する舞台となっている。

この共生のユートピアの幻想と差別と排除のルサンチマンの両者を一身に背負い、壮大な教育改革を構想し実践した人物がいる。平凡社の創始者、下中弥三郎（一八七八〜一九六一年）である。実際、彼の活躍はすさまじい。最初の教員労働組合である「啓明会」を組織し（一九一九年）第一回メーデーに参加したほか、「生存権」に基づく「学習権」を宣言して、小学校から大学までの完全無償の公費教育（教育機会の均等）と入学試験の全廃を提案し、文部省の官僚的統制の廃止と教育委員会制度の樹立を主張して（一九二〇年）、「無産者」の解放を実現する『万人労働の教育』（一九二三年）という脱学校のユートピアを提唱している。

この下中の功績に関しては、教員労働組合の組織や学習権や教育委員会制度や完全無償の公費教育や入試制度の全廃や脱学校論の主張のいずれもが日本で最初の提案であることから、その画期的な構想力と情熱的な活動に高い評価が与えられてきた。しかし、下中は、もう一方で、「大亜細亜主義」と「すめらみこと信仰」を唱導して「国家社会主義（ファシズム）」を推進した中心人物であった。彼は、大政翼賛会の第四委員会（文化・出版関係）と第六委員会（教育・思想関係）の委員長、日本精神文化研究所の顧問、出版報国団の顧問などを歴任し、戦前と戦中と戦後を通して、軍部や右翼に関係する多数の組織の要職を担った人物でもある。このように左右の政治活動と文化活動を多面体のように遂行した下中は、「昭和の怪人」（大宅壮一）と呼ばれている。しかし、次の三つの点では一貫していたことに留意したい。その第一は、差別と排除の装置としての学校の破砕と共生の教育の構築を生涯追求し続けた点である。第二は、「人類愛」「無産者の解放」「世界一教」などで表現される「大亜細亜主義」を貫いた点である。そして第三は、教育・文化・政治において活躍した下中が、徹頭徹尾、出版メディアの人間であった点である。この三つの点に注目して、下中の共生のユートピアとその教育改革の足跡を検討することとしよう。

2　脱学校論の基盤＝共生のメディア幻想

下中の共生のユートピアは、学校から排除された生い立ちの体験を基礎としていた。下中は、丹波の今田村で寺子屋と立杭焼と農業で生計を立てる農家に生まれている。二歳で父が死去、八歳で祖父も死亡し家も田畑も失った下中は、小学校を三年で修了すると、登り窯の共同使用権を頼りに陶工の仕事に従事している。一九歳で高等工業学校窯業科への進学を決意して神戸へと出るが、学歴が不十分で進学の希望を断たれ、まず教員検定試験を受験し小学教師を四年間勤めた後に上京。『児童新聞』『婦女新聞』の編集、日本女子美術学校の経営、埼玉師範学校教諭を経て、三六歳で平凡社を創設している。一〇歳で学校を修了して以降、下中の社会への参入はすべて、検定試験と出版と人脈という学校外の評価システムを通してであった。

学校を放逐された少年期の体験は、下中の生涯の行動を決定したと言ってよい。今田村は明治維新の二年後に大規模な一揆が発生した寒村であった。その風土と伝統が維新の精神を刻印し、反権力と反近代の情念を培ったのだろう。青年期の彼は、六種の漢籍に没頭し、西郷隆盛の維新の精神と塙保己一の言行録に傾倒している。

文部省の統計によれば、下中が小学校を去った一八八八年の就学率は四七％（男子六三％、女子三〇％）、上京し出版メディアに就職した一九〇二年の就学率は九二％（男子九六％、女子八七％）である。学校教育は日清戦争と日露戦争の間に急速に普及し、一九〇〇年頃には国民教育の体制を完備している。その後、国民教育を主体化する国民運動が展開されるが、その一つが一九〇〇年代から一挙に拡大した教育ジャーナリズムであり、もう一つが大正自由教育の運動であった。下中が論壇に躍り出たのは、この二つの国民運動においてである。

教育ジャーナリズムに関して言えば、『教育実験界』（一八九八年）、『日本之小学教師』（一九〇二年）、

『児童研究』（一八九八年）、『教育学術界』（一八九九年）、『教育界』（一九〇一年）、『実験教授指針』（一九〇二年）、『教育研究』（一九〇四年）、『小学校』（一九〇六年）、『内外教育評論』（一九〇七年）など、一九〇〇年を前後して主要な教育雑誌が続々と創刊されている。しかし、下中が関与した教育ジャーナリズムは、それら学術的色彩を売り物とした教育雑誌とは異質のものであった。彼が編集した『児童新聞』（一九〇二年）は、他に『少年園』しかなかった児童向けの新聞であったし、『婦女新聞』は数少ない女性向けの新聞であった。一九〇九年から一九一一年までに下中は六冊の漢籍を和訳し出版しているが、それらは通俗道徳を解説した人生訓であった。下中の本や新聞は、学校の対抗文化であり代替物であったのである。

下中の教育運動もジャーナリズムによる特異な運動であった。彼が組織した教員労働組合・啓明会にしても、第三回大会の参加者総数が六名という弱小サークルにもかかわらず、機関誌の『啓明』（一九一九年創刊）と『文化運動』（一九二一年創刊）の誌上では、「啓明会の目的は、徹頭徹尾、教育の力によって人類社会を根本的に改造するにある」という大言壮語による誇大妄想の世界が語られている。

このメディア幻想は、野口援太郎（帝国教育会常任主事）と下中が企画し志垣寛（茗渓会『教育』元編集者）と為藤五郎（雑誌『太陽』編集者）を巻き込んで組織された新教育の実験団体「教育の世紀社」（一九二三年発足）にも共通している。同人四人のうち三人までがジャーナリストであっただけでなく、「教育の世紀社」の三つの目的は、「教育に関する図書の出版」「機関誌としての『教育の世紀』の発行」「実験学校『児童の村小学校』の創設」と規定されていた。教育改革それ自体が出版メディアの運動として構想されていたのである。このわずか四人の同人組織「教育の世紀社」も「池袋児童の村小学校」の小さな実験も、下中においては「人類の解放」と「世界の救済」を論ずる「革命」の舞台となったのだが、その破天荒な跳躍をメディア幻想が創出する共生のユートピアが支えていた。

下中の教育ジャーナリズム運動は、一九〇〇年前後に拡大した教育諸雑誌とは、その性格とイデオロギーにおいて異質である。一九〇〇年前後に拡張した教育諸雑誌が学界の論壇を利用し国民教育イデオロギーの内面化を教育界の内側から推進する運動であったのに対して、下中の主宰したジャーナリズムは、国民教育のイデオロギーを破砕し「無産者」と教師と子どもの声を表舞台に登場させている。このメディア革命とリテラシー革命を通して、「教育実践」という教師の意識と「実践記録」が「池袋児童の村小学校」で生まれ、『鑑賞文選』（一九二四年）という作文を掲載した児童雑誌が生まれて、生活綴方教育や今日まで続く学級文集が準備されたのである。

下中が、学校と学術に対抗する文化として出版メディアに傾倒した点は興味深い。その出発点となった『ポケット顧問――や、此は便利だ』（一九一四年）は、新用語の解説と文字便覧を一冊にまとめた実用書であり、その発想自体が独学を余儀なくされた彼の境遇を反映していた。「事典」の元祖である同書は、字義を記載した「辞典」とは異なり、新聞や雑誌メディアに登場する用語を解説した読み物であった。「サンジカリズム」「未来派」「キュービズム」「フェミニズム」など、同書が初めて紹介し普及した言葉も少なくない。「辞典」が学校教育を側面から支えるメディアであったのに対して、「事典」は、学校教育から排除された人々が最先端の文化を理解するメディアとして登場したのである。このポケット事典による「事典の平凡社」の創立は、教育のメディア革命とも呼ぶべき事件であった。

下中の出版界における功績は「事典文化《ことてん》」の創出のみではない。昭和初期の「円本ブーム」と言われた一冊一円の文学全集の流行も、下中による『現代大衆文学全集』（全六〇巻、一九二七年）の刊行に負っているし、「大衆文学」という言葉自体も下中の造語であり、この全集を通して一般に定着したと言われている。その翌年に刊行された『世界美術全集』（全三六巻）も類書の最初の試みであった。以後、平凡社は『社会思想全集』（一九二八年）、『新興文学全集』（同年）、『新傑作小説全集』（同年）、『書道全集』（一九二九年）、『世界家庭文学全集』（一九三〇年）、『高僧名著全集』（同年）など、大部の全集を続々刊行している。

平凡社が「事典」や「全集」を他社に先んじて刊行できた秘訣として、膨大な項目や図版を均質な平面に構成する印刷技術に関する下中の先駆的な洞察があったことを付記しておこう。『世界美術全集』（一九二八年）、『大百科事典』（一九三一年）、『大辞典』（一九三四年）などは、すべて活版印刷ではなく単式印刷という耳慣れない方式で印刷されている。単式印刷方式とは、邦文タイプライターで印字した原稿を各ページに割り付けカメラで縮写してオフセットで印刷する方式であり、活版組版工程と比べると簡単で迅速な利点をもつ方式である。下中は一九一九年に大連で東亜印刷株式会社を創設し印刷事業を興しているが、そこでの体験が単式印刷を導入する契機となった。戦後においても彼は、写真植字を逸早く採用して百科事典や全集の印刷を行っている。単式印刷から写真植字へと連なる写植製版の技術革新が、下中のメディア革命のテクノロジーを支えていた。

写植製版で大量に複製される文字空間は均質性という特徴をもつ点で、下中の知の性格を象徴しているように思われる。学校が国民教育という均質空間を構成していたとすれば、それへの対抗として生まれた下中の「事典文化」も、出版メディアによる複製文化というもう一つの均質空間を構成していた。その均質空間を「大亜細亜主義」というイデオロギーで膨張させたのが下中の教育改革であったと言ってもよい。こうして、「事典文化」の創出と教育雑誌による「無産者」学習運動の組織というメディア革命は、「特権階級本位の教育から民衆本位の教育へ」を掲げて〈共生のユートピア〉を探索する下中の基本戦略となっている。

3　学習権の思想＝ルサンチマンの民主主義

これまで下中の功績を高く評価する人々は、「学習権」を基礎とする「教育の機会均等」の徹底と大学を含む完全無償教育の構想、「万人労働の教育」における脱学校論の提唱、「教育労働者」としての教師の規定と「教員組合・啓明会」の組織、国家統制の排除と「教育自治」を求める教育委員会制度の構想などに、彼のラディカルな「革新性」を読み込んできた。これらはすべて一九二〇年前後に啓明会を基盤として提起されているが、その思想の評価に関しては「東洋的アナキズム」と表現されたり「社会主義思想」と評価されたりして多種多様である。

下中の「革新性」は、しかし、天皇制イデオロギーによる共生のユートピアの所産ではなかったか。「革新性」を高く評価される啓明会の「教育改造の四綱領」（一九二〇年）にしても、「教育理想の民衆化」

「教育の機会均等」「教育自治の実現」「教育の動的組織」の四課題を掲げて「学習権」や「教育委員会の設置」や「教員組合の組織」や「教育の自由」を提唱した箇所の冒頭で、「明治天皇の御聖旨」（五箇条の御誓文）を基礎とすると明言されている。「人民一斑」の教育という超近代のユートピアが「太政官布告」という天皇制の装置において提唱された学校の出発点のパラドクスは、下中において再生産されたと言えよう、「教育を受くる権利〈学習権〉は人間権利の一部なり」と述べた下中のユートピアも、五箇条の御誓文を前提として提唱されたのである。

この特徴は、下中の反近代・反資本主義の思想とも対応している。下中において反近代は反西洋を意味していた。彼は「近代文明に毒せられた人々」は労働を蔑視し倫理を見失っていると主張し、「文明開化は俺達には他国人だ」「俺達には、あの魔術のような素晴らしい近代産業の大組織は全く無用なのだ」と言う。「百般の労働の中、最も純真な生産労働である農業そのもの」と表現されたように、「無産者」とは資産のない農民を意味し、生産労働は農業労働を中心に考えられていた。この反近代、反資本主義の教育を下中は「万人労働の教育」という脱学校論において表現したのである。

「万人労働の教育」は「万人労働の哲学」を基礎としていた。『万人労働の哲学――生存権の根本的理論的研究』（一九二五年）において下中は、遺産相続に疑義を表明し、「世のいかなる財貨も天然の所産であり歴史的所産であり社会的所産である」と言う。すべての人が人生の出発点で平等であることの主張であり、「万人のための万人労働」の主張であった。その中で彼は、「この世に生を享けた人間は誰でも、この世の中の文化饗宴の宴席の一つに連なる当然の権利がある」と述べている。この「文化饗宴の宴席の一つに連なる当然の権利」こそ、「学習権」にほかならなかった。文化は、歴史的・社会的遺産であり、何人たりとも私的に所有したり独占してはならない、というのが、下中の学習権の主張であり、教育の機会均等の根拠であった。

そこから下中は、「働きながら教え、教えながら働く、学びながら働き、働きながら学ぶ」工場や農場を付属施設として備えた労働学校の設立を「私の教育ユートピア」として提唱している。この労働学校は社会主義の学校を想起させるが、その印象とは逆に、ソビエトの労働学校への対抗として構想された点が重要である。その対立点を下中は、「労働権」に対する「生存権」、「工場労働」に対する「農業労働」、教育目的における「倫理人としての生産者」の主張として強調している。

下中の「万人労働の教育」という「教育ユートピア」は、経済的な富や文化財の所有における絶対的平等等を求める思潮を基調としていた。そのユートピアの原型を下中は、農民であり立杭焼きの陶工であり寺子屋の師匠でもあった亡父の生活に見出している。寺子屋の教師であった下中の父は、通常「屋外で陶器に釉薬を施したり、畑のものを見回ったり、水田の水を見に行ったり」して、「滅多に子供達の傍らに居なかった」と言う。兄弟子が年少の子を教えていたのであり、教師は生産に従事していたのである。近代の学校が分割した労働と教育が渾然と一体化した前近代の学校が、彼の「教育ユートピア」の原型であった。この寺子屋風の小学校における「万人労働の教育」は「農村中学」と「農村自由大学」にも継続されるものとして構想されている。

絶対的平等を主張する下中の「生存権」と「学習権」の主張が近代の人権思想とは質的に異なる点にも

留意しておきたい。まず第一に、彼の「生存権」と「学習権」は人権の拡大を導くのではなく、むしろ人権の縮小、すなわち「無産者」による「無産者」以外の人々の権利の抑制と統制を正統化する論理へと帰結している。「他の人間が飢えているときに、他の人間が飢えないでいる権利はない」「貧乏をするなら誰もが貧乏をするべきだ」というのが、下中の「生存権の論理」であり「道理」であった。この「ルサンチマン民主主義」とも呼ぶべき絶対的平等の「論理」と「道理」によって、彼のアナキズムは農本主義へと連なり、国家社会主義（ファシズム）を導いたのである。

第二に、下中の反国家主義と反近代主義が「大亜細亜主義」（汎アジア主義）へと連続した点がある。下中にとって国家は「無産者」の生存権と学習権を剥奪し、文化と富をめぐる競争から「無産者」を排除し差別して、自由を抑圧し統制する権力装置に他ならなかった。この国家主義批判において、下中は、啓明会や農民自治会の運動に共感し参加した教師たちや農民たちと認識を共有していたが、教師たちや農民たちが階級闘争による社会主義革命へと向かったのに対して、下中は「万人労働の哲学」と「万人労働の教育」を基礎とする「大亜細亜主義」（汎アジア主義）を掲げ「大東亜共栄圏」の確立へと邁進してゆく。下中は「人民」という言葉で「国民」の枠を超えた「アジアの無産者（農民）」を意味したのに対して、啓明会や農民自治会に結集した人々は「人民」を「労働者階級」「労農階級」を意味する言葉として理解していた。さらに、下中の言う革命は倫理革命であり、国家主義の克服は「汎アジア主義」を樹立する運動、すなわち西洋資本主義がもたらした抑圧と排除と差別の体制を東洋の倫理を基礎として共生のユートピアへと変革する運動を意味していた。この倫理運動を下中は「教化運動」と名付けていたのだが、「無産者

＝人民」主体の「教化運動」こそ、彼が推進した教育運動であり出版活動であったのである。

第三に、「人類愛」という普遍主義がある。「人類愛」に基づく「人類の解放」の希求は、下中のすべての思想と行動を一貫していた。この普遍的ヒューマニズムは、人間を自然、歴史、社会を総合した「自然発生」の「生命」においてとらえる普遍的で生命主義的な人間観が基礎となっている。人間が個々に文化の個性を持ち能力に差異を持つのは社会と歴史の所産であるというのが、下中の主張である。この普遍的で自然主義的で生命主義的な人間観による教育思想は、絶対的平等を特徴とする「生存権」と「学習権」を導いただけでなく、個性を中心概念とする「教育」の定義をもたらしている。「教育の本質を思う」（一九二六年）における「個性と個性の相互接触によって互に個性の発達をはかる」という彼の教育の定義は、共生の教育を「至って簡単なこと」として明示する卓越した提起であった。

しかし、その普遍的人類愛に基づく共生のユートピアが、あらゆる差異を抹殺し消去する強烈な欲望に貫かれていたことを見過ごしてはならない。啓明会の機関誌『文化運動』に掲載された「人間の価値、民族の平等」（一九二三年）において、下中は次のように言う。少し長いが引用しておこう。

教育は人類愛の精神に出発すべきである。人類愛を離れて教育はない。

人類愛の精神とは何か。人間の尊厳への信奉である。民族の平等への讃仰である。人類愛の精神は、皮膚の色、眼の色、髪の色を超越する。人類愛の精神は、言語や風俗や習慣の相違を超越する。政治的に区画せられた地図の色分けを超越する。教育の程度あるいは有無を超越し、富の程度あるいは有無を超越する。既成宗教を超越し、固定道徳を超越し、現在政治形態を超越する。歴史を超越する。賢愚鋭鈍、能不能、ありとあらゆる「付加わり」の文化的現実的差別を超越する。ただ一つ「人間」か「人間」であることの一点において、万人が万人、互に愛し、互に親しみ、互に敬い。互に助け合うことへの憧憬であり、信仰である。真裸体になりきった人間相互の抱擁である。

下中の普遍的人間主義は、民族、国家、教養、財産、宗教、能力、文化のあらゆる差異を「超越」する運動へと展開することとなる。その「教化運動」によって彼は、啓明会、教育の世紀社、農民自治会、日本独学青年連盟、愛国勤労党、無産政党合同促進協議会、全日本教員労働組合準備会、国家社会主義運動懇談会、日本国民社会党準備会、大亜細亜協会、世界維新教育協会、興亜団体連合会、東亜建設国民連盟、日本出版文化協会、興亜同盟、日本少国民文化協会、大日本出版報国会、大日本翼賛壮年団、皇国同志会などを組織し、大政翼賛会の第四委員会（文化・出版）と第六委員会（教育・思想）の委員長。日本精神文化研究所の顧問として、学術、思想、文化、教育、出版におけるファシズム統制を中心的に指導した。彼の「人類愛」の普遍主義は、日本帝国主義の拡大とともに「大亜細亜主義（大東亜共栄圏）」へと膨張し、「すめらみこと信仰」を中核として世界の宗教を統合する「万教帰一」の運動へと展開したのである。

4　共生ユートピアの挫折＝脱構築への教訓

下中は、東京裁判で戦犯の審判を受け、一九四七年から一九五一年まで平凡社社長の職から追放されて出版と言論活動を禁止されている。しかし、多くの戦犯者と同様、下中も、この審判を「白人帝国主義」の「復讐」と受けとめて屈辱と憤懣の怒りを露にしていたと言われている。

追放の解除と同時に平凡社の社長の席にもどった下中は、東京裁判においてただ一人、A級戦犯二五名の無罪を主張したインドの代表判事パールを招聘し「日本無罪論普及会」を組織し、広島で「世界連邦アジア会議」を開催するなどの反撃を開始している。アジアの民族解放運動を促進し、戦前と同様、「汎アジア主義」を基礎とする共生のユートピアを追求し続けたのである。戦後の代表的功績として評価される「世界平和アピール七人委員会」の組織や「世界連邦」の運動も、関係者の意識はともあれ、下中の自意識においては戦前との連続性において構想されていた。天皇制が断罪されず存続したのと並行して、共生のユートピアを希求する帝国主義も一貫し持続したのである。

下中の共生のユートピアは、大いなる挫折の体験であった。共生のユートピアによる侵略と排除と差別の進行、この逆説とも言える挫折をどう受けとめればいいのだろうか。

そのためには、下中の共生のユートピアそれ自体の脱構築が必要だろう。彼の「生存権」と「学習権」の主張はあらゆる差異を無化する〈均質化〉の欲望を基盤とし、教育と文化の民主主義は、誰もが同じ教育と文化を享受することを意味していた。学校という競争のシステムから排除され差別された者のルサンチマンが、共生のユートピアを生み出していたのである。このユートピアを培養する舞台となった学校、出版界、国家機関は、いずれも、均質性を特徴とする文化と権力の媒体（メディア）であった。

下中の抱いた共生のユートピアには、学校という選別と序列化の装置から排除され差別された人々のメンタリティが凝縮されている。ルサンチマンの民主主義も、天皇制への憧憬も、西洋近代への生理的反発も、大東亜共栄圏の夢想も、抑圧された者の身体に刻み込まれた排除と差別の痛切な苦悩を考慮しなければ理解できないだろう。

その挫折を教訓とするためには、下中が憑かれた共生のユートピアとは逆に、共生の第一歩を「あらゆる差異よ、万歳！」の標語において推進する必要があるだろう。下中は「誰もにパンが行き亘るまで菓子を食べるな」は「正しい」が「最善」ではないと述べ、「誰もにパンが行き亘らぬあいだはパンを食べるな」を共生の第一歩として掲げていた。そのルサンチマンの民主主義が、共生の幻想と虚構を構成していたのである。

とすれば、共生の教育は、共生それ自体の脱構築から出発しなければならない。共生の教育が立ち向かうべき対象は、交換不能な一人ひとりの経験を均質化し排除し差別化する権力関係のすべてである。「普遍的人間」を掲げる人間主義も、一人ひとりの差異を抽象化し一元的に均質化することを通して、結果的に、階級、階層、民族、性の差異を序列化し差別化する機能をもつことに注意する必要がある。あらゆる差別の根幹には、多様な差異を備えた一人ひとりの「個人」を特定の「集団」のラベルで一括し置き換える思想がある。と同時に、あらゆる差別の根幹には、自分に連なる「他者」を、自分と同一の「身内」に置き換えて支配したり、自分とは無関係な「他人」へと置き換えて排除する思想がある。「共生」を求める実践は、抽象的な「集団」を具体的な「個人」へと変換し、自分と同一化している「身内」を自立した「他者」として尊重し、自分とは無関係な「他人」を親密な「他者」として組み替える実践と言ってもよいだろう。その出発点において、「あらゆる差異よ、万歳！」の標語が掲げられるべきだと思うのである。

わが国の教育がたどった共生のユートピアの挫折と侵犯の体験から学ぶことは、ますます重要になっている。ポスト冷戦構造のアジア諸国の変化を射程に入れた国民国家の再編成、マルチメディア・ネットワークという出版を凌駕する均質化されたメディア空間の膨張、そして、それらと連動して推進されている教育改革の進行は、誰もが共生を主張する翼賛的な運動の中で予断を許さない展開となっている。共生への道は、その最初の第一歩を慎重に見定めるべきなのである。

〈参考文献〉


下中弥三郎『教育再造』啓明会、一九二〇年。

下中弥三郎『万人労働の教育』内外出版、一九二三年。

下中弥三郎『万人労働の教育　下中弥三郎教育論集』平凡社、一九七四年。

下中弥三郎伝刊行会『下中弥三郎事典』平凡社、一九六五年。

民間教育史料研究会　中内敏夫・田嶋一・橋本紀子編著『教育の世紀社の総合的研究』一光社、一九八四年。

09

城戸幡太郎の教育科学論

発達の技術としての教育

城戸の発達観は、社会・歴史・文化の発展を人間の精神活動として対象化し、人間の個性的表現に集約して捉える点に特徴をもっている。この発達観の形成過程、および、この発達概念に基づく教育的価値論と技術論の展開を示すのが、本章の課題である。

城戸が、発達概念をうちたて、教育的価値の自律とその技術の科学化を追求した歩みは、一九四五年までにおいてみる限り、日本の教育の発達を解体し教育的価値を国家的価値に吸収する過程と拮抗し、その道程をきわだったものとしている。

1　発達研究の出発

城戸の発達研究は、出発点において、大正期の人格的教養主義の嫡子としての性格を示している。人間の内面の解放とその精神力を求め、政治的変革に対しては文化革命を、国家主義・革命主義に対しては個性の理想的創造と発達を対置する性格は、城戸の発達研究の基本的な特徴となっている。しかし、城戸のそれは、超歴史的・超政治的な教養主義・文化主義ではなく、社会・現実へのアクチュアルな関わりと主体的実践的態度において摂取され展開した。この主体的態度は、城戸の心理学研究の出発点を彩る一九一〇年代の文化・学問改造の息吹きを基盤として形成されたものであった。

城戸の社会・文化・学問に対する主体的な開眼は、一九一〇年巣園学舎に入学、遠藤隆吉の社会学思想の影響を受けたことに始まっている。遠藤隆吉は、社会学において、従来のスペンサーの社会有機体説（生物学的モデル）を批判、心理学的社会学への転換をはかった草分け的存在であった（『現今之社会学』一九〇一年）。遠藤は心理学を基礎に統一科学としての社会学構想を志向し、教育においても「自然性」に基づく「大自由主義」を提唱、「人間としての発達の理想を知って後に教育あり」（『教育及教育学の背景』一九二六年）と述べている。遠藤の人間の集合意識としての社会観と理想主義は、城戸のその後の研究の基底を形成している。

巣園学舎を卒業後、一九一一年、城戸は政治学を志し、早稲田大学政治学科予科に入学、浮田和民に象徴されるリベラリズムと在野精神の活気の中で、社会、社会主義への関心を強めた。大山郁夫は米独留学中であったが、城戸はここで、安部磯雄のマルクス主義の講義を受講した。その城戸が、心理学研究を選択したのは、スペンサーを読んで心理学を知り、社会の発展を人間の精神の発生と発達に集約して捉える発達研究の模索を課題として自覚したことによる。

人間の力、其は文化を創造してゆく歴史である。斯る歴史の発展に於てのみ人間の力は精神として活動することができると思った。之を知んとする憧れの心は遂に自分を心理学の研究に誘導した(1)。

一九一三年、東京帝国大学文学部心理学科選科入学。この年、心理学科では、逝去した元良勇次郎の後任として松本亦太郎が着任、芸術、文化、生理学等の幅広い関連領域にわたる実験的理論的研究が行われていた。城戸の卒業論文「書の心理学的研究」（一九一六年）は、この研究室の学風を背景とし、芸術的造詣の深かった松本と、松本と同じくヴント心理学を基礎としながらも、実験的生理学的方面からではなく民族心理学の方面の研究を進めていた桑田芳蔵の指導のもとで書かれている。心理学研究の出発であった。

城戸の教育への関心は、東京帝国大学選科学生時代、石川謙と共に国定教科書の分析を行ったことに始まるが、直接には副手として採用された一九一九年から翌年にかけて、東京市下谷区大正小学校に臨床実験に入った経験によっている。知覚の臨床実験としてのこの研究は、視覚心像、聴覚心像、数概念、物理的因果関係の推理力の形成についての精神技術学（psychotechnik）の応用研究であった。この経験によって、城戸は、教育学と心理学の区別を問題としている。城戸は、「心理学の研究する究極の目的は個性発展の条件を明らかにする」と述べ、「個性の因果的認識」の法則定立の学として心理学を規定した。他方、教育学は、価値の選択と価値実現の技術の定立を課題とした「個性の目的論的認識」であると言われている。

人格的個性こそ真に教育の対象となる人間である。斯る人間性の価値を認識するのが目的論的方法による個性の認識である(2)。

この心理学と教育学の区別には、当時急速に教育現場に普及しつつあった精神測定学（知能テスト）の教育的効用に対する批判が込められていた。城戸は、精神測定学の数量的な客観化による「優劣」の能力観に対して精神の個性的な構造の記述と理解による特質化の方法を対置している。知能の「優劣」の量的比較を発達の価値とするのに対して、知能の個性的構造の質的変化を発達の価値とする立場が示されている。この方法は、二三年、ライプチヒ留学中に起こった関東大震災による不幸が、大正小学校の特に学力遅滞児に集中した事件によって、彼の確信となっている。

大正小学校での臨床実験の成果として、もう一つ、教育学研究の方法の自覚をあげることができる。城戸は、この実験で、「教育学的実験は心理学実験室では研究でき兼ねる」と述べ、「教育者の実験室は学校の教室である」と言明している(3)。城戸によれば、すでに述べたように、教育は「個性的価値値」に関わり、この「個性的価値」の実現は、教師の理解と選択と判断の行為に他ならなかった。こうして、教育は「技術」の概念でとりだされている。

城戸の初期の理論的骨格を示す論文「文化の改造と心理学」（一九二〇年）は、教育を「技術」であると明示し、この「技術」に基礎を与える心理学研究を「経験の統一としての科学的認識」と表現している。この「技術」は、ミュンスターバーグの人間工学を敷衍して次のように性格づけられている。

教育家によって作り上げげられた人格は教育理想の表現としての人間である。其が人間である以上教授中に於ける人間の変化は人間本然の法則に従わねばならぬ。事物本然の法則に従って事物を改造するのが科学的改造である。若し人間の科学的改造が教育学なりとすれば、人間工学なる者は正に教育学本領を意味する者でなければならぬ（4）。

この引用にみるように、「教育技術」の概念は、工学技術とのアナロジーで規定されている。しかし、「教育技術」の対象である人間は、工学技術の対象と異なり、城戸の用語で言えば「人格的個性」であり、「価値意識」「目的性」「意志」をもった存在である。「文化の個性化」としての主体的能動的な「発達」概念とこの「発達」の技術としての教育、これが、城戸の教育科学論の根幹をなすシェーマである。

2　発達と教育——文化価値の実現とその技術

城戸の「発達」概念は「文化の個性化」と表現されている。ライプチヒ留学後、城戸はドイツのナトルプやオイケン、特にディルタイの精神科学に基づいて、この規定を行っている。しかし、城戸が「文化の個性化」と言う場合、そこには、ディルタイの精神科学の体験と表現と理解の論理に基礎をおきながらも、その過去傾斜の志向を未来志向の性格にくみかえる意図が込められていた。城戸は「人間の力によって文化を創造し歴史を発展せしむることができる」のであるから「人間の力は自我形成によって内面的精神を発展せしめねばならぬ」と述べ、この人間の「内面的精神の発展」を「文化の個性化」と規定している(5)。ここで「文化」や「理想」あるいは「価値」の概念は、ドイツの文化心理学・理想主義に共通しているが、城戸は、それらを、先験的概念から経験的な概念にくみかえる努力を重ねていた。ディルタイと同様、「生活」「表現」「目的性」「解釈」等の用語を用いる城戸の「目的論的心理学」、「表現の心理学」は、未来志向的な発達研究と、方法における経験科学的な方法へのくみかえによって、「文化の個性化」の概念とその経験科学を生み出すのである。

経験科学としての「精神科学」の成立過程は、一九二〇年代半ば、『生理学研究』『心理研究』『社会学雑誌』『哲学雑誌』等に発表された城戸の諸論文とそこで展開された諸論争に辿ることができる。この過程は、彼の発達研究の方法の確立過程でもあった。以下その概要を示す。

城戸は、まず、生物学的・生理学的発達観の批判を行っている。批判の対象となったのは、彼が「精神なき心理学」と呼んだ目的と手段を「生命」に完結させる発達観である。城戸は『心理学の問題』(一九二六年)において、カントの目的論(Teleologie)とドリーシュの新生気論(Neovitalismus)の批判検討に基づき、人間の精神活動を文化や歴史の発展の相で捉える方法について論じていた。この著書の「目的性」の概念が生物哲学研究者内山孝一や心理学研究者の留岡清男との論争をよぶこととなった。

「目的性」の概念は、心理学・生物学の難問であった。有機体を物理的機械的に自然の因果法則で処理しうるとするのが機械論(Mechanismus)であり、有機体は、それ自体の内部に目的と手段を器官として備えており、機械論では説明しえない「生命力」の「合目的性(zweckmäßigkeit)」をもっているとするのが生気論(Vitalismus)である。カントの目的論的判断力は、生命の合目的性については「構成原理」(悟性の経験《アポステリオリ》的な原理)では扱えず「統制原理」(先験的なイデーで認識を統制する原理)でのみ扱いうると論じたものであり(6)、ドリーシュの新生気論は、このカントの目的論を受けて、生物の合目的性は機械的因果法則を破壊しない限りで生気論的に扱えると論じていた。城戸は、『心理学の問題』において「精神なき心理学」の克服として「目的性」による「個性的表現」をうちだし、同時に、この「目的性」は人間の目的意識として心理学においては経験的な「構成原理」によって処理しうると論じていた。

この城戸の規定に対して生物学的目的論を擁護し批判を行ったのが内山孝一である。内山は『生理学研究』誌において「心理学が精神を研究する学であり、其の因果的説明によって認識し尽すことができるならば、心理学は機械的因果律をその構成原理とすべきで……目的論的説明は、自然科学としての心理学にとっては、所謂規整的原理に止まると考えられる」と述べて疑義を寄せた(7)。内山の論旨に従えば、心理学は文化内容や価値を排除した生理学による心理学(「精神なき心理学」)となり、他方、人間精神の独自性はアプリオリな認識原理に委ねられて経験科学の対象から排除されることとなる。城戸が克服の対象としたのはこの事態であった。

城戸は、内山への反論において、人間の生命とか生理とかは刺激・反応の機械的な因果関係で扱えばよいとし、「合目的性」はむしろ「精神の存在形態」において「目的意識」の概念でとりあつかうべきと論じ、生物学的目的論では不可知論的に扱われてきた「目的性」について経験的に認識する方法を心理学に求めている。それが彼の「目的論的心理学」であり、「表現の心理学」であった(8)。『哲学雑誌』において「目的性」における倫理学と心理学との関係を問う留岡清男の質問に対しても城戸は、「精神と人間と文化」のカテゴリーを用いて次のように答えている。「心理学の対象としての文化は、文化意識として理解される人間の生活形態」であるのに対して、「倫理学の対象としての文化は、文化価値として批判される人間の生活形態」であり、心理学は「文化意識の個性的表現として文化を創造した特殊な人間の精神活動」の理解にまで至って初めて心理学研究となりうると言う。これは、彼の発達研究の方法の定立でもあった。

たとい……人間の主観的精神から離れて芸術なり学問なりを客観的精神として理解し得るとしてもそれが単なる文化価値による批判ではなく、歴史的文化として理解されるためには文化意識の個性的表現として文化を創造した特殊な人間の精神活動に関係せしめねば完全に理解し得たとはいわれぬ(9)。

ほぼ同じ時期に書かれた「社会の意識性と意識の社会性」（一九二五年）において城戸は、「従来の心理学に於て認められた素質や個性の概念を分析して考えて見れば、此等は要するに生活関係によりて発達した個人の精神に外ならぬ」「即ち精神を発生関係から見れば個性或は素質とは要するに意識の社会性ということである」と論じ、「目的性」をもつ人間の精神活動の社会的被拘束性を示している(10)。こうして城戸の「個性の心理学」は、生活の表現構造の心理学として性格づけられるものとなった。

右の諸論争を通じて、城戸の「発達」概念が明確なものへと発展している。一九三一年の論文で彼は、人間は「歴史的社会的存在」であり、その「精神」も「社会科学」の対象となると規定したうえで、「発達」を「発生」から区別している。

> 発生とは、その変化が自然の場合を言うのであるが、それが一定の目的によって変化せられた場合には特にそれを発達というのである。従って発達には、目的を実現するための一定の方法が考えられねばならぬ。教育とはかかる方法であって、吾々は教育によって始めて特殊な生活体を発達せしむる可能性を認識することができる(11)。

この「発生」と「発達」の区別は、「発達」を目的的な価値の実現として「発生」と区別し、その「発達」の技術として「教育」を位置づけるものとなっている。翌三二年の論文では、「自然発達」と「目的発達」の概念によって、この区別は一層鮮明なものとなっている。

自然発達を遺伝的素質に基くものと環境の影響によるものとに区別して観察することは極めて困難である。目的発達はかかる自然発達を一定の目的によって変化さすことで、例えば、手指が事物を把握するようになるのは、手指動作の自然発達であるが、手指が筆をとって文字を書くようになるのは手指の目的発達である。

……目的発達は練習による精神活動の形成で、人間の精神は教育の方法によって理解されねばならぬ(12)。

ここで「自然発達」は、文化価値実現のための身体的機能・能力を形成することであるのに対して、「目的発達」はこの「自然発達」を基礎に文化価値を実現することである。そして、その方法・技術が「教育」とされている。発達を目的概念とするならば、教育は技術概念である。城戸は「教授法の問題」について次のように言う。

教授法の問題は、如何にすればこの人間を他の人間に変化さすことができるかの方法を考えるのみならず如何にすればかかる人間から新しき文化の個性を創造せしむることができるかを考えねばならぬ(13)。

右のように捉えられた「教授法」は、「構造変化の理法」を明らかにする心理学を基礎とするものであるが、それにとどまらず、この「理法」に基づいて人間から新たな文化の個性を創造する技術とされた。このように、歴史・文化を創造する人間の精神活動の個性的な表現の内に、未来の社会と文化を構想する城戸の教育心理学は、教育現象の心理学的分析と記述の学でも、一般心理学の応用科学でもなく、精神発達の技術としての教育科学の創造のコンテクストに位置づいている。城戸の教育心理学（発達研究）は、法則定立の学でも教育事象の記述の学でもなく、教育実践を創造する技術概念（教育科学）の創出の学であった。

3　教育の技術と科学

発達概念の明確化と併行して、一九二八年頃から城戸は、一層社会改造・文化改造の意識を強め、教育の「技術」と「科学」についての論及を諸学説の批判によって展開している。一九三〇年頃には輪郭を明らかにする城戸の教育科学論の形成過程には、以下論述するように、従来の教育学に対するおよそ三つの改造の課題の追求の系をみることができる。その第一は、ディルタイの規範的教育学に象徴される先験的思惟と観照的態度を克服することであり、実践的な経験科学としての教育科学を建設することである。第二は、クリークの教育科学、デュルケームの教育科学のように教授学を排除した没価値的な教育科学を批判し、価値の批判学であり、また価値実現の技術学としての教育科学を建設することである。そして第三は、教育科学の創造の主体を教師に求め、理論と実践の統一を「技術」を媒介として実現することである。この三つの課題は、城戸の教育科学論の特徴を示している。中心概念は「技術」であった。

城戸は、まず、ディルタイらの解釈学が、先験的思惟と現実解釈にとどまっている点を「力士の勇気ではなく行司の見識」であると批判、これら新カント派の「解釈」に対置して「思想の変革」が教育であると言う。「精神科学と教育弁証法」(一九二九年)において、日本の「自由教育」の「教育的価値」が人格等のアプリオリな価値に求められた点を批判、「真の教育的価値は……精神或は思想に働きかけて生産した結果」にあると述べている。文化革命・精神革命として捉えられた「教育」は、次のように言われている。

教育こそ蔽われたる目を解放し、思想に対する正しき判断をなすべき命令を行うものである。思想は教育によって恒に変革されねばならぬ。哲学は世界を様々に解釈はしたが、それを変革するには至らなかったかも知れない。しかし精神科学は人間を様々に解釈すると同様に、その教育的弁証法によって思想を恒に変革せしめているのである。教育とは思想の理解であると同時にまたその革命でもある(14)。

教育的価値に対する観照的態度を批判し、教育学の実践的性格とその科学を主張する城戸の主張は、ディルタイの規範的教育学の批判、特に、その目的論（Teleologie）の先験性の批判において鮮明である。ディルタイは、「代表的教育学の体系は、教育目的、教材の価値・教授方法を、あらゆる様々な民族や時代に対して普遍妥当的に決定しようとしている」と批判し、歴史的社会的特殊を超えた教育学はありえないと述べて、教育科学の存立を否定していた。しかし、ディルタイは他方では「教育法則の体系を可能にする精神生活の本性」を「精神的関連の合目的性（Nweckma ßigkeit im seelischen Zusammenhang）」に求める限りにおいて、普遍妥当性をもつものとしていた。教育事実は歴史的特殊であり、教育科学の成立は不可としながらも、発達の目的は、超歴史的超社会的な目的論（Teleologie）で求められるというのが、ディルタイの規範的教育学である(15)。

城戸は、「心理学が目的とする意識は或る人間の目的意識でありこれを認識し或は理解する方法は、ディルタイ学派の心理学者がいうような目的論に決してよるべきではない」(16)「目的と動機の関係は、人間の具体的生活を超越した価値判断によっては理解できない……生活態度の客観的条件として社会的意味を有する刺激の構造から考察されねばならない」(17)と述べて、目的論的解釈を退けている。城戸は、「生活の表現」がディルタイにおいては存在の先験的解釈の規範学として扱われたのに対して、生活主体の文化の創造と表現の過程として実践的な角度から取り扱うことを主張、「目的論的に人間を説明しようとする心理学者こそ却って人間を一定の目的によって勝手に活動させているラボット機械師である」(18)と批判した。存在と規範が分離したこの規範的教育学の批判を通じて、城戸は、「存在の中に規範を見出すこと。即ち現実の社会のうちに理念の社会を実現してゆくこと」(19)という立場を確立している。

ディルタイら規範的教育学の先験性を批判するとともに、城戸は、もう一方では、価値と科学を対立させ、技術を科学から排除するクリークの教育科学の批判を行っている。城戸は、教育を、価値、技術と切り離して、社会機構、生活共同体の科学としてしまう「教育科学」は、「文化政策でも教育技術でもなく「教育社会学と区別することが困難となる」と述べ、次のように言う。

教育科学の問題は、「何であるか」(das was ist)の問題から「如何にあるべきか」(das was sein soll)の問題へ高められねばならぬ。従来の教育科学の誤謬は、この問題を逆に扱った点にある。クリークによって問題にされなかった教育技術や教育価値の問題は、シュトルムの教育科学における立場と同様に、やはり教育科学の問題として扱われねばならぬ(20)。

城戸は、「価値」や「技術」を「科学」から排除したクリークやデュルケームの教育科学とは異質の教育科学の構想を示している。発達を文化の個性的表現に求め、その産出行為の技術を教育とする城戸にあっては、教育科学は教育実践を対象とする科学であり、その技術学でなければならなかったのである。右の過程において、「教育技術」の概念が鮮明なものとなった。彼の「教育技術」が発達の技術知としての「精神科学」である点に留意したい。

教育学にとっては凡ゆる学問は文化を具体化し個性化するための技術（Technik）としてのみ役立つのである。而して心理学の如き精神科学は、歴史的変革に際しては主として労働力に関する教育技術として役立たねばならぬのである[21]。（一九二八年）

教育家によって作りあげられた人間の変化は、人間本然の法則に従わねばならぬ。事物本然の法則に従って事物を処理せんとするのが科学的技術である。もし、人間の技術が教育学であるとすれば人間工学なるものは教育学を意味するものでなければならぬ[22]。（一九三一年）

人間学としての心理学は従来の文化科学や社会科学という名称に対して特に教育科学と呼んだ方が妥当である。……社会生活を変革せしむる源動力としての人間を科学的に認識し教育してゆくのが教育科学としての人間学の問題である[23]。（一九三一年）

城戸は、物の生産である工学とのアナロジーで教育を人間の精神の生産と捉え、その合法則性を「科学」で表現するとともに、その実践性を「技術」の概念で表現したのである。彼は、「科学」の技術的実践的な性格を「科学の問題は単なる解釈の問題ではない。科学は吾々に一定の目的によって事実を変化せしむることのできる方法を教えるものでなければならぬ」とも表現している。

ところで、この「教育技術」[24]の担い手は教師である。この「教育技術」の概念は従来の教育学では見られなかった新しい教師像を登場させている。城戸は、教師を「技術家」であるとし、「教育者は学者以上でなければならぬ」という。そして、その専門性を、「教育的価値」の選択と批判の見識、およびその実現の技量に求めている。

教育者にとっては学問は単なる理論ではなく応用である。如何に学問が実際に応用されるかは教育者の見識に俟たねばならぬ。教育者の見識によって学問の教育的価値が定められる。かかる教育的価値を定める教育者の見識即ち理想としての教育の心を問題とするのが教育者であり、教育的価値を決定する方法が教育学的批判である(25)。

右の文脈の中では技術としての教育学は、対象に対して知見や知識の利用と吟味を行う心のはたらきを示す「技術知」(テクネ)として捉えられている。価値批判の心術と言ってもよい。しかし、城戸は、他方では、この「技術」に、より実践的な働きかけの意味をも与えていた。当時広く普及していたメンタルテストによって「教育的価値批判」を行う風潮を批判した箇所で、やはり、教師を「専門技術家」と規定し、その技術の生産性を問うている。

教育の能率を挙げるためには会計整理ばかりやっていては駄目で、積極的に生産高を増加する優秀な専門技術家が必要である。教育学に於ける教授法の問題は茲にある。直接教授に干与する教師はかかる専門技術家でなければならぬ(26)。

以上のように、城戸において「技術」の概念は、対象に対する知識と実践的な判断と選択の思考方法を含む技術知（テクネ）の意味であるとともに、対象に対する生産的・実践的な働きかけを意味する概念でもあった。すなわち、理論（科学）と実践を結合し媒介する概念であった。城戸は、この概念によって、学問や理論に対して「実践的な根拠を与えるもの」であることを求め、純粋科学と応用科学との区別、科学と技術の区別を否定している。「学問と技術《テクニック》を区別し様とするのが間違い」であるとされ、「技術」は「知識の使用」とも言われている(27)。この城戸の「教育技術」の概念は、教育科学に実践性を与えただけではない。教育科学と教育実践を媒介し、さらには、教育科学の創造を教育実践の創造過程に内在的なものとして位置づけることともなった。「精神科学と教育弁証法」（一九二九年）において、城戸は、「学術」にわざわざ「テクニック」とルビをふって次のように述べている。

自分は弁証法を理論的弁証と実践的弁証とに分ち、理論が弁証運動として取扱われる限り、そは単なる理論ではなく、理論の実践としての教育であると考え、実践が弁証法的方法として行われる限り、そは単なる実践ではなく、実践の理論としての学術《テクニック》であると考える(28)。

城戸は、教育実践と教育学との媒介として技術概念を設定することにより、教育を「理論の実践」と規定するテクニックとともに、その教育実践に内在的なものとして「実践の理論としての学術《テクニック》」（教育科学）を位置づけている。ここに提示されている把握は、それまでの教育学のように教育実践を理論の適用の領域としてのみ位置づける把握ではない。教育学（科学）の創造を教育実践の場に求め、教育実践の創造過程に内在的なものと位置づける把握であり、教育学と実践との遊離を教師とともに克服する可能性を示すものであった。この点が、彼の教育科学の概念の特徴の一つであった。

一九三〇年頃には輪郭を鮮明なものとする城戸の教育科学の概念は、教育学・心理学の諸学説の識見を批判的に再吟味し、再構成する方法によって捻出されていた。事実、彼ほど、この概念の形成において、科学と価値、科学と技術、存在と規範、先験的思惟と経験的思惟などのアポリアを投与し批判的吟味を重ねた人物は稀有であろう。また、この概念の形成過程において顕著なのは、彼が「発達」の概念で示した教育的価値の自律の希求である。彼の難解な論述と諸学説の批判的な再構成の過程には、教育的価値を権力から自律させようとする彼の思考様式、エートスが貫かれている。「文化の個性化」としての「発達」と、その「技術」としての「教育」、城戸はこの「教育科学」の概念を掲げて、一九三〇年代にむかっている。

4　教育科学運動——現実へ

一九三〇年代以降、城戸は教育心理学研究を基盤として、教育現実に積極的に関与。教育諸問題の科学的解決の運動に参加している。一九三〇年に企画され、三一年から三三年にかけて刊行された岩波講座

『教育科学』の編集に阿部重孝らとともに参加。教育学を規範学・技術学の狭さから解放し、関連諸科学を総合した包括的な経験科学による教育問題の解決が求められた。

城戸の教育科学と阿部の「教育の科学的研究」とを比較すると、それぞれの立脚している学問的方法、学派の違いだけでなく、対象となっている「教育事実」の違いを認めることができる。阿部の「教育の科学的研究」は、アメリカのジャッドの教育科学運動をモデルとし、教育現実に生起する諸問題についての実証的統計的手法による研究を特色としていたが、そこで対象化された「教育事実」とは「制度化された教育」であった。それに対して城戸の教育科学は、同じく現実の教育諸問題の科学的解決を求め、経験科学としての教育学を標榜しながらも、対象化された「教育事実」は「教育実践」であり、この教育実践とそれを規定する制度の科学化が求められている。この違いは、阿部の「教育の科学的研究」が、行政による制度改革と政策論的な志向をもったのに対して、城戸の「教育科学」が教師を主体とする教育科学運動を媒介とした実践と理論の統一に教育問題の解決を展望する技術論的志向をもったという対比となって現れている。

しかし、このことは、城戸の教育科学が制度改革・政策論的志向をもたなかったということを意味してはいない。彼の現実への関与は二重の性格を示していた。彼の教育科学は、一方では昭和研究会（一九三六年結成）の国策研究における協力の性格をもち、他方では教育科学の国民的運動による抵抗の性格をもっていた。戦争国策の進展が既成の事実となり、社会主義運動が弾圧によって潰滅状況を迎えていた中で、観念のうえでなく現実の中で教育的価値の自律と何らかの戦争国策の構造改革を担うとすれば、もはや、協力と抵抗の二面性をもつ時局への対応以外の道はありえなかったろう。以下、この両側面での対応を示す。もちろん、彼の本領は後者にあった。

城戸と昭和研究会との結びつきは、阿部を仲立ちとして、この会の前身である後藤隆之助の国策研究機関に設けられた教育問題研究会に一九三三年一〇月より関係したことに始まっている。彼も、近衛文磨内閣のもとでの近代的合理的な教育政策の実施を期待。阿部らとともに教育の「機会均等」と「実際化」を求める教育改革案の作成にあたっている。改革案が阿部を中心にまとめられる（一九三六年一二月）と、研究会は実行促進団体としての教育改革同志会に発展。以後、城戸も近衛内閣（第一次一九三七年、第二次四〇年、第三次四一年）の合理主義的政策志向の中に教育改革の期待を寄せ、その範囲内で軍部の非合理的主義と精神主義を批判。政治・社会・文化の国民的な自己革新運動（新体制運動）を求めた(29)。ここに彼の文化革命が位置づいたのである。昭和研究会の綱領的文書であった「新体制の思想原理」（三木清執筆、一九三九年）の「協同主義」の原理、この会の文化・教育の国策研究のスローガンであった「科学の生活化と生活の科学化」等は、城戸の教育理論を支える原理となっている。また、この会を通じて、彼の教育技術の概念は一層物象化され、制度概念として発展している。「技術的協同体」とされる「制度」観と教具論に示される技術の制度的把握は、この側面に位置づいている。

城戸の教育科学運動は、教育実践の場における教育的価値の自律と技術的力量の形成を求める運動であった。彼は、一九三六年、『生活学校』誌を通じて教師との交流をはかったのを皮切りに、保育問題研究会の結成（一九三六年）、教育科学研究会の結成（一九三七年）と、教育現実および教師との積極的な関わりを強めてゆく。当時、「教育の行詰り」が叫ばれる状況にあって、彼の教育科学のリベラルな批判精神と柔軟な思考様式、解釈や批判にとどまらない制作学的立場の技術論的志向等が、状況打開を求める教師達に与えた影響は大きかった。

事実、現場教師の城戸への期待は大きかった。第二次『生活学校』（戸塚廉編集）誌に集まった教師達は、「いま日本で本当に教育学者と言えるのは城戸さんだけ」(30)といい、「識見高邁で経験も深く、而も教育に対して青年のような熱情をもった指導者」(31)として、城戸に編集顧問を依頼している。政治的変革・制度的変革の困難な状況を迎え「教師に許された技術と自由」を最後の「抵抗線」(32)とする彼等は、城戸の教育技術論に実践の指針を求めたのである。

城戸が『生活学校』誌に執筆した「学校教育の意義――機能主義の教育――」（一九三六年）は、当時の制度的束縛の中での教育実践の可能性を示した論文である。彼はこの論文で、国定教科書が実生活から遊離している点を批判、教師に「教授法書」や「教材解説」から抜け出ることを求めた。さらに、教師が教育学書に閉じこもる傾向を批判。実践に即して教師自らが建設する「臨場的教育学」を提唱している。「教師の教育学」とされるこの「臨場的教育学」は、三〇年頃に明示されていた彼の主張――教育科学の形成は、教師を主体とし、教育実践の場における教育技術（知）の形成に内在しているという論理――に基づく「新しい教育学」であり、「教材について子供の心を通じての実験的実証的研究」であると特徴づけられている。

城戸は、この論文で国定教科書の改造を主張したが、その改造の根底には教師の主体性と実践経験の積みあげが求められた。彼の教育改革論の基礎には一貫して改革を支える主体へのきびしい責任と実践が要求されている。この論文では、国定教科書のもとでも、内容の伝達だけにおわる「内容主義」の教育方法にかえて、それを教材とし子どもに批判的態度を育てる「機能主義」の教育方法がありうることを示す点に、力が注がれている。技術とは「それ以外の仕方においてあることのできるもの」（アリストテレス）であると言われるが、城戸の「機能主義の教育法」は、国定教科書制度下においても、なお、教育実践の自律と自由の可能性は求めうるという一つの道を示すものであった。たとえば、次のように言われている。

最初児童にとっては音声や文字は何の意味も持たない知覚内容に過ぎぬ。児童はそれらの内に内在しているかの如く考えられる意味を発見したり、解釈したりするのではない。彼等の生活要求に応じて意味を付与していくのである。……児童の心は決して最初から白紙《タブララサ》の如きものではなく、むしろ彼等に与えられる教材こそ児童にとっては白紙である。これに内容を与えることは児童と教師との共同作業によるものであり、この共同作業において真の教育機能が発揮されるのである(33)。

『生活学校』読者の教師達は、城戸のこの「機能主義の教育法」を「抵抗的教育学の方法論的支柱」と呼んで、受けとめている。

これら教育現実との交渉をへて、城戸の「文化の個性化」と表現されていた発達観は、「生活力の涵養と拡充」と呼ばれる発達観へと具体化されている。文化を生活力の文脈で再構成し、その個性化が求められたと言ってよい。「生活力の涵養と拡充」と名づけられる精神発達論、これが、城戸の教育科学運動において掲げた発達理論であり教育的価値論であった(34)。ここで「生活力」とは「社会的共同生活をなし得る能力」であるとされ、「生活場面の開拓《カルチュア》」の技術であるとされている。すなわち、精神発達は、文化能力一般の発達ではなく、「生活技術」としての文化能力が「生活力」として発達することであるとされる。『生活技術と教育文化』（一九三九年）では、この「生活技術」が次のように規定されている。

技術は人間が生活の資源を開発する方法として発達したもので、人間の知識は技術を通じて発展し、人類の文化は技術を通じて表現されるのである。知識が人間の知識である限り、知識には人間の生活要求が表現されているのであって、その要求がみたされるところに知識の技術的能力が認められるので、技術は問題解決の方法である(35)。

城戸の「文化の発達」から「生活技術の発達」への発達観の移行は、大正期以来の文化教養主義を「生活」をくぐらせて改造するという同時代の科学・文化の改造運動を背景として成立し、また学校教育の実生活からの遊離という問題状況の中で、学校文化とその表現技術を生活主体である子どもの主体的な力に集約して問う同時代の教師達の追求の過程とも符合していた。

「生活力の涵養」と「生活技術の発達」の追求は、教育科学研究会では、生活文化・生活科学を創造する教育内容研究と、ミニマムエッセンシャルズ（「国民教養最底基準」）確立の運動として具体化され、保育問題研究会では、保育内容を「生活化し技術化し社会化する」運動として具体化されている。城戸の「生活力の涵養」の運動は、それにとどまらず、教育的価値の個有の領域を示しながら、政治・経済・文化の国民的な自己革新運動をも標榜するものであった。この点で、それは、新体制運動と表裏の関係をもつ。しかし、この運動が、「生活力」の概念で対象化された教育文化の革新運動として、専門諸科学の研究者・教育学者・教師の共同研究を成立させ、それを基盤に、教育的価値の自律と科学化の運動を促進した意義は大きい。後に、この運動が大政翼賛運動に吸収されたとすれば、教育科学運動と保育問題研究会の運動は、教育的価値が国家・国策において占有される中にあって、教育の自律を守り、教育科学とそれに基づく改造を現場から形成するという城戸の教育科学の原則がどこまで可能であったかを問う運動でもあったといえよう。

5　教育の自律を求めて——教具論と保育問題研究会

城戸の進めた教育科学運動は、教育内容研究における社会生活との結合、ミニマムエッセンシャルズ確定の運動と、教育方法研究における教具論の提起とそれに基づく教育実践の自律と創造の運動である。特に、教具論への論及は、彼の教育の自律性（オートノミー）への希求に溢れている。

城戸の教具への直接的な関心は、一九三四年四月一五日に開始した社団法人日本放送協会全国向け学校放送に宮原誠一・波多野完治らとともに企画を練る仕事で参加したことに発している。彼等は、国家統制に対して相対的に自由なこの分野で、教育内容の再編成と児童文化の建設を追求していたのである。以後、城戸は、映画、ラジオなどの教具を国定教科書に対置して、教育改造を求めている。

彼は、「教育は教育の方法によって進歩する。そして教育の方法は教具の発達と、これに伴う学校建築の発達および学科過程の改正によって発達する」(36)と述べ、教育過程の規定要因を物的・制度的に対象化して当時の精神主義的な思潮に対抗した「教具史観」を提起した。国定教科書をも含めて教育の制度的規定を物化し相対化することによって、教育的価値の自律の装置を探ること、これが城戸の教具論の基本的性格であり、彼の教育技術論の快挙であった。国定教科書制度のもとで「教師は自ら教具の代用を務めている」とされ、映画ラジオなどの教具の導入の意義は「教授の機械化から脱して真に教育を人格化すること」(37)にあるとされている。

映画を単に教科書を理解せしむるための補助手段として使用するが如きは却って映画の教育的価値を低減せしむもので、むしろ教科書に対立する新しき教具としてその本質を発揮せしめ、従来の教育方法或は学科過程の編成に一大革命を要求すべきである(38)。(一九三六年)

教材は、教科書にあるのではなく、社会生活にある。これを児童の生活のために、適当に選択して与えるのが教師の任務であり、これらを適当な教具によって児童の生活力として調和的に発展せしむる方法が教育の技術であり、芸術である(39)。(一九二九年)

彼の教具論は、「教科書を一つの教具に過ぎず、学校形態も要するに教具の発展したるものに過ぎぬと考えるならば、学校教育は可なり自由になり活発になりはしないか」と表現されたように、国定教科書に固定された教師を自律させる論理に支えられていた。

しかし、日中戦争全面化（一九三七年）のもとで作成された教育審議会答申「国民学校・師範学校・幼稚園に関する件」（一九三八年）は、「皇国ノ道」の路線を確定、以後の時局の進展は、一九四一年の国民学校制度への移行において決定的となった。城戸は、この「皇国ノ道」に対しても「道である限り今までの道を唯一の道だと考えてはならない」(40)となおも技術の自由を求め、「皇国民の錬成」の統合理念に対しては「生活力の涵養」の統合理念を対置している。しかし、学校教育において、事態は絶望的であった。

保育問題研究会における城戸の活動は、教育科学研究会のそれと同様、保育問題の科学的研究とその解決力量を運動としてたかめ、合理的制度の実現と教育の自由を求める点に努力が注がれている。義務教育就学年限の早期化の制度改革、および幼児教育の内容と方法の研究に基づく学校教育・家庭教育の再構成の可能性の追求が特徴的である。城戸は、「就学前教育の重要性」について、教育の機会均等の拡大としての幼保の一元化と施設増設を提唱するとともに、「教育が法令化され教育者がそれに拘束されてしまっては教育は社会発展の推進力となることはできぬ」と述べて、硬化し自由を失った学校教育の改革を、相対的に自由な保育運動の発展に期待している(41)。

城戸の幼児教育論・保育研究は、社会・文化の自己革新運動（新体制運動）を基盤としていた。『幼児教育論』（一九三九年）の序において「本書で特に問題としたのは、この家庭や社会を子供の教育のために、いかに再構成すべきかということであった」と述べられている家庭と社会の再構成とは、この新体制の運動であった。しかし、そこで示された「社会中心主義」とは、新体制の社会を所与の前提とする教育の社会化原理の意味ではない。彼の発達概念は「適応＝社会化」原理に立脚して形成されたのではなく、「個性化」原理の徹底として形成された背景をもっていた。したがって、そこで示された「社会中心主義」とは、子どもの精神発達（個性化原理）実現のための社会的共同組織の創出を示す概念であったと解すべきであろう。トートロジーのようだが、その「社会」と発達の「価値」が「新体制」とその「理念」に求められたのである。しかし、それは単なるトートロジーではすまなかった。（同書は文部省推選図書であり同時に彼の治安維持法違反容義の有力な証拠物件でもあった。）就園率が僅か七％程度という当時にあって『幼児教育論』が月毎に版を重ねる程広く読まれたのは、同書が保育の実践的科学的研究の好著であっただけでなく、広く学校制度・社会・家庭教育全般を子どもの発達の価値を中核的な基軸として改造する新鮮さを含んでいたからであろう。それは、新体制運動を基盤としつつ、起爆剤ともなりうるものであったのである。

だが、この運動が新体制運動の具体である限り、大政翼賛運動に合流する脆弱性を含んでいたことは否めない。教育科学研究会にせよ、保育問題研究会にせよ、発足時には、すでに社会主義運動、教育労働運動は弾圧によって潰滅状況を迎えていた。戦争国策に対して何らかの構造改革を迫るとすれば、新体制運動を標榜する社会・文化・政治・経済の自己革新運動の一環に、教育科学運動を位置づける以外ありえなかったろう。「現実の社会のうちに理念の社会を実現すること」を求め「児童の精神のうちに次の時代、新しき文化を見ることのできないものは教育者たるの資格なきもの」(42)と言明した城戸において、この選択は、当然のものであった。問題は、その次にある。

城戸の新体制運動の選択は、決して無媒介的なものではありえなかった。そこには、教育的価値の批判的吟味による自律の希求が貫かれていたからである。一九三五年の論文で次のように言う。

教育学の方法は、教育理念の批判として教育的経験の可能を問題とすべきである。それには、教育的形象を勝手な理念の統制に任せて教育的仮象に堕せしめることなく人間存在の範疇により生活の技術として表現せしめねばならぬ(43)。

教育における理念的価値を狂信的な仮象に求めるのではなく、あくまでも生活主体である子どもの発達の事実の中に求めよ、というのが城戸の主張であった。このリアリティにこそ命運がかけられていたのである。

城戸は、時局に対して、没価値的・観照的な態度を拒否し、「主観の関与を如何に取扱うかに教育科学の問題がある」(44)とし、理念的価値の批判学と実践の手段体系の技術学としての教育科学を主張していた。それは、当時の教師達に受けつがれている。たとえば、村山俊太郎は、城戸の『生活技術と教育文化』(一九三九年)を受けて「教育という事業も、国民としての生活技術を授ける文化技術であり、この技術が国家的に組織されたものが教育文化であるという城戸先生の主張を、教育理念の根底に構えなければならない」と述べ、城戸の教育技術論を「教育の科学的計画的な実践手段への新体制を再組織する努力」として受けとめている。そして、この「教育実践の手段体系」の追求こそが、「あらゆる観念的なものから脱皮して生き生きとした具体的実践をもつ」ようになる「科学的な歩み」であると確信している(45)。この城戸において、理念・教育的価値は四〇年代に入ると「新体制」の理念・国策に吸収されてゆく。このことは、一九四〇年代日本の「教育的経験の可能性」がもはや「新体制」のもとに包摂されていたことを示している。第二次近衛内閣の成立（一九四〇年七月）に「思想における自由原理」と議会の革新、「政権」に対して自律的な「教権」の確立と「教育の科学的企画」を求めた城戸の構想(46)は、幻想と化していた。民生の慶福を求めたはずの新体制運動はこの内閣のもとで大政翼賛運動に転化し、昭和研究会は「赤」攻撃のもとで解散。城戸自身も、一九四四年六月、治安維持法違反容疑で検挙され投獄されている。国民学校制度と大政翼賛運動のもとで、城戸の希求してやまなかった教育的価値の自律は、その実体である「発達」の解体において崩壊し、彼の教育科学の構想は、その対象とされた「教育実践」の変質と破壊によって進展を阻まれた。城戸の歩みは、階級性を抜き去られた日本の民族共同体の「文化革命」の破綻と矛盾をひきうけたのである。

しかし、そうであればこそ、城戸の教育科学は、三〇年代以降の日本の教育現実に根ざし、歴史的吟味に値する主体的な「経験」をもちえた稀有の教育学となりえたといえよう。教育的価値の自律とその実現の技術を希求した城戸の経験は、日本の教育科学の創造の道程であり、貴重な体験でもある。

〈注〉

1 城戸幡太郎（以下、「城戸」と記す）『心理学の問題』岩波書店、一九二六年、序、一頁。
2 城戸「教育の対象としての女性」『心理研究』第二〇巻第一冊、一九二一年七月。
3 城戸「学力と体力との関係に関する研究の方法に就いて」『心理研究』第七五号、一九一八年三月。
4 城戸「文化の改造と心理学」『心理研究』第百号、一九二〇年四月。
5 城戸「オイケンの哲学と現代の心理学及教育学」『心理学研究』第一巻第五号、一九二六年。
6 Kant, I., *Kritik der Urteilskraft.*
7 内山孝一「『心理学の問題』に就いて——城戸幡太郎氏の教えを乞ふ」『生理学研究』第四巻第六号、一九二七年六月。
8 城戸「生命形態と意識形態——内山孝一氏の御批評に答ふ」『生理学研究』第四巻第九号、一九二七年九月。
9 城戸「精神と人間と文化——留岡君の批評に答ふ」『心理学研究』第二巻第一号、一九二七年二月。
10 城戸「社会の意識性と意識の社会性」『社会学雑誌』第二〇号、一九二五年二月。
11 城戸「人間学としての心理学の問題」『理想』特集号「人間学」一九三一年。
12 城戸『心理学概説』一九三二年。
13 城戸「人間と教育」前掲書、所収。
14 城戸「精神科学と教育弁証法」『教育論叢』第二巻第三号、一九二九年三月。
15 Dilthey, W., *Uder die Maglichkeit einer allgemeingültigen pedagogischen Wissenschaft,* 1888.
16 城戸「表現と技巧——正木君の批評に答ふ」『心理学研究』第六巻第四号、一九三一年四月。
17 城戸「目的と動機」前掲『心理学概説』一九三二年、所収。
18 前掲「表現と技巧——正木君の批評に答ふ」。

19 城戸「社会的教育学」岩波講座『教育科学』第二十冊、一九三三年、所収。
20 城戸「独逸における二、三の『教育科学論』について」岩波講座『教育科学』月報付録『教育』第一号、一九三一年一〇月。
21 城戸「精神科学と社会科学――特に心理学と経済学との関係について」『法政大学五十周年記念論文集』一九二八年九月。
22 城戸「環境に適応する労働の教育」『心理学概説』一九三一年、所収。
23 城戸『心理学概説』岩波書店、一九三一年。
24 城戸「形態心理学の誤謬」『哲学雑誌』五二三号、一九三〇年九月。
25 前掲『心理学概説』一九三一年、三七五頁。
26 同前、三七六頁。
27 城戸他「『児童学に就いて』の座談会」『教材と児童学研究』第二号、小山書店、一九三四年六月。
28 城戸「精神科学と教育弁証法」前出。
29 酒井三郎『昭和研究会』TBSブリタニカ、一九七九年、参照。
30 「松永健哉の言葉」菅忠道「〔記録〕教科研運動とその担い手――中央を主とする人物群像おぼえ書」『日本教育運動史』第三巻、三一書房、一九六〇年。
31 戸塚廉「編集組織変更の事情について」『生活学校』第二巻一〇月号、一九三六年。
32 松永健哉「新生活主義教育の提唱――学級単位の生活設計」『生活学校』第二巻六月号、一九三六年。
33 城戸「学校教育の意義――機能主義の教育」『生活学校』第二巻一〇月号、一九三六年。
34 城戸「児童学と精神発達理論」『教育』第五巻第八号、一九三七年八月。
35 城戸「技術としての教育」『生活技術と教育文化』賢文館、一九三九年。

36　城戸「教育と映画」『教育』第四巻第一一号、一九三六年一一月。
37　城戸「児童文化と放送教育」『教育』第四巻第一二号、一九三六年一二月。
38　城戸「教育と映画」前出。
39　城戸「通達主義の学校教育」『生活技術と教育文化』前出。
40　城戸「技術としての教育」前出。
41　城戸『幼児教育論』賢文館、一九三九年。
42　城戸「教育の科学的方法」『教育科学的論究』一九四九年、所収。
43　城戸「形象と技術――教育学の方法についての試論1」『教育』第三巻第六号、一九三五年六月。
44　城戸「教育の科学的方法」前出。
45　村山俊太郎「生活文化人の国語教育とその技術」『教育、国語』一九四〇年一月号。
46　城戸「新体制の思想原理」『教育』八巻一〇号、一九四〇年一〇月。

10 教育基本法成立の歴史的意味

戦後教育の象徴とその表象

1　はじめに

教育の歴史は再びリセットされようとしている。教育基本法の成立が軍国主義教育を「刷新」したとすれば、教育基本法改正は、民主主義教育に「終焉」をもたらそうとしている。教育基本法は戦後教育改革の象徴であった。大日本帝国憲法における教育思想の核心が教育勅語において表象されたとすれば、日本国憲法における教育思想の核心は教育基本法において表現されてきた。大日本帝国憲法発布（一八八九年）の翌年に教育勅語が渙発され、日本国憲法発布（一九四六年）の翌年に教育基本法が公布されたのは、決して歴史の偶然ではない。大日本帝国憲法が教育勅語を内在的に要請していたように、日本国憲法は内在的に教育基本法を要請していた。それぞれの法制的な内在的連関とその構造転換の歴史的意味が問われなければならない。

大日本帝国憲法がプロイセンの法学者の指導のもとで起草されながら、第一条が「万世一系ノ天皇」の主権を謳うというドイツ法学者には同意しがたい条文で規定されたように、日本国憲法は連合軍総司令部の指導のもとで起草され、第一章に「象徴天皇制」という特異な条文を盛り込んでいる。教育勅語が道徳規範によって教育全体を統制するシステムを形成したように、教育基本法も教育の理念や価値を規定する特異な法律によって「教育基本法制」と呼ばれる教育全体を統制する法規範と法システムを構成した。教育基本法の性格を歴史的に理解するためには、大日本帝国憲法と教育勅語の関係が日本国憲法と教育基本法の関係に変換した構造を認識する必要がある。

教育基本法と憲法との相即的関係は、教育基本法改正が憲法改正と密接不離の関係で議論されてきた歴史を回顧すれば明瞭である。教育基本法改正も、憲法調査会の設置（二〇〇〇年一月）に連動して組織された小渕首相の私的諮問機関・教育改革国民会議（二〇〇〇年一月）において提起され、憲法改正論議と併行した展開を遂げた（堀尾 二〇〇二）。その策動の中心には新保守主義を代表する中曽根元首相を中心とする一群のナショナリストたちがいる。彼らは、なぜ教育基本法の改正を必要としたのだろうか。

中曽根康弘・西部邁・松井孝典・松本健一『論争・教育とは何か』（文春新書、二〇〇〇年）は、教育基本法改正を推進するイデオロギーを示す文献の一つである。著者たちは、教育荒廃の原因を憲法と教育基本法による「洗脳」に求め、グローバリズムにおける「世界主義」と「個人主義」が国家を解体に導く危機感を露にして、教育基本法の骨格をなす「個人の尊厳」と「国際主義」を否定している。そして「『公徳』のない教育基本法より『教育勅語』が上である」(西部)とまで明言され、「能力の不平等」(西部)が強調され、「読み書き算盤としつけの徹底」(中曽根)が叫ばれ、「国語」と「歴史」の教育の重要性が謳われている。ここで着目したいのは、同書全体の基調をなす中曽根の次の発言である。

(敗戦直後の)アメリカの方針は、なにより戦前の価値をすべて否定し、日本を解体しようというものでした。……私は現行憲法も教育基本法も、その制定の根源を尋ねれば、それは旧日本解体の一つの政策の所産とみています。「平和」「民主主義」「国際協調」「人権尊重」という立派な徳目を身につけた人間を育てよと書かれているが、日本民族の歴史や伝統、文化、あるいは家庭には言及せず、国家、あるいは共同体に正面から向き合ってはいない。つまり、教育基本法は立派な徳目は書かれているけれども、それはブラジルでもアルゼンチンでも韓国でも適用される。ようするに「蒸留水みたいな人間をつくれ」ということであって、立派な魂や背骨を持った日本人を育てようということではないのです(中曽根・西部・松井・松本『論争・教育とは何か』一一~一二頁)。

「平和」や「民主主義」や「国際協調」や「人権尊重」を追求する人間が、なぜ「立派な魂や背骨を持った日本人」ではないのか。教育基本法は無国籍の「蒸留水」のようだと言うが、フランスの教育法はシャンパンの臭いがすると言うのか。そう問い質したくなるが、ここで問い直したいのは、この発言が歴史の改竄をいくつも含んでいることである。

まず、アメリカの占領政策は「戦前の価値をすべて否定」するものでもなければ「日本を解体しよう」というものでもなかった。むしろ逆である。マッカーサーによる占領政策は、ポツダム宣言の実施を使命としていたが、同時に裕仁の戦争責任の免責と天皇制の存続を基本戦略としていた（鈴木 一九八三）。裕仁に対する国内外の責任追及から裕仁を擁護し天皇制の存続に最も尽力したのはマッカーサーであった。占領期をとおして裕仁の退位の機会は何度もあったが、マッカーサーはその機会をことごとくつぶしている。この歴史の事実を中曽根発言は意図的に改竄している。教育基本法が公布された一九四七年に衆議院議員となり、サンフランシスコ講和条約が発効する直前の一九五二年一月の衆議院予算委員会で「敗戦」の道義的責任（侵略戦争の責任ではない）において裕仁の「退位」を単独で求めた中曽根が、占領政策における天皇制擁護の経緯を知らないわけがない。かつて、マッカーサーに庇護を求めた裕仁に対して、ナショナリストとして道徳的義憤を表明したのは、中曽根その人ではなかったか。前記の中曽根発言には、右翼ナショナリストの節操なき変節と歴史の意図的な改竄が臆面もなく語られている。

私は別の論文で、教育基本法が「アメリカ帝国主義と象徴天皇制との戦略結婚が産み落としたファントム」であると述べた（佐藤 二〇〇三）。そのトラウマは現在も続いている。したがって、この小論で探究するのは教育基本法成立の〈歴史的意義〉ではない。その〈歴史的意味〉である。教育基本法は憲法とどのような関係をもって成立したのか。その成立は占領政策とそれへの抵抗においてどのような意味をもち、どのような歴史的意味を担ったのか。そして憲法と教育基本法の関係は、大日本帝国憲法と教育勅語の関係をどう構造的に変容させるものになったのだろうか。

2　大日本帝国憲法と教育勅語

大日本帝国憲法と教育勅語の関係は天皇制国家体制と教育の関係を直接的に表現していた。その関係を概括しておこう。大日本帝国憲法が、山県有朋首相の命を受けた伊藤博文が、ロエスレル、シュタイン、モッセなどプロイセンの法学者の指導のもとで井上毅に起草させたことは広く知られている。草案を起草したのは井上毅であり、事実上、ロエスレルとの協同作業であった。当時プロイセンは「鉄血宰相ビスマルク」による軍部政権の時代であり、大日本帝国憲法の起草に協力したロエスレル、シュタイン、モッセらは軍部政権以前の絶対君主制への復帰を希求する憲法学者たちであった。

天皇制こそ欧州の絶対君主制の翻訳であり、法制的・思想的植民地化の所産であった。大日本帝国憲法の制定はその総仕上げの作業に他ならない。しかし、その翻訳には重要なズレが存在した。プロイセンの法学者が構想した絶対君主制の精髄は、第三条「天皇ハ神聖ニシテ侵スベカラズ」とそれに基づく「君主大権」の考え方に最もよく表現されている。この第三条は、ロエスレルの草案では第二条「天皇ハ神聖ニシテ侵スベカラザル帝国ノ主権者ナリ」と規定されていた。「神聖ニシテ侵スベカラズ」は、立憲君主制における君主の政治責任の免責条項であった。しかし、伊藤と井上はこの条文に対して難色を示した。伊藤と井上にとって天皇の神聖性は、万世一系の神性に根拠をおくものであって、憲法によって法的に定められるという解釈は容認しがたいものであった。そもそも「神聖」という言葉自体が「神聖ローマ帝国」などの表現に見られるように、ヨーロッパの帝政に由来しており、当時は翻訳語としてなじみの薄い言葉であった。しかし、「神聖ニシテ侵スベカラズ」の条文は議会に拘束されない君主の「大権」の法的根拠であり、君主の政治責任の免責の法的根拠として立憲君主制に不可欠であった。

結局、伊藤と井上は、ロエスレルの草案第二条から「帝国ノ主権者ナリ」を削除し、新たに第一条として「大日本帝国ハ万世一系ノ天皇之ヲ統治ス」を挿入する。しかし、この第一条に、ロエスレル、シュタイン、モッセら外国人顧問全員は頑なに反対した。王権の起源を神話で示す「万世一系ノ天皇」という主権者の規定は、近代法の常識を甚だしく逸脱し、政治と宗教（祭紀）を一体化する王権に帰着させてしまうからである。

井上毅は、この第一条と第三条の矛盾をどう解決したのだろうか。その解決策の一つが第一条の「統治ス」という概念であり、もう一つが「教育勅語」の起草であった。

第一条の「統治ス」は、井上が古事記と日本書記から抽出した「治ス（シラス・知らす）」という概念によって基礎づけられている。ロエスレルの草案とは異なり、大日本帝国憲法は天皇の「大権」を「主権（sovereign）」の概念で規定していない点が重要である。第一条は「統治」という概念で天皇の主権を示し、その「統治」は「皇祖皇宗ノ後裔ニ貽シタマヘル統治」と憲法の「告文」で基礎づけられている。この「統治」という言葉に井上の絶妙な論理が隠されている。「統治」は「治ス（シラス）」という日本古来の政治形態を表現し、西欧の君主制のような「支配と従属」「統制と服従」という君主と臣民の対立関係を超越した意味を付与された。伊藤と井上が外国人顧問全員の反対を押し切って強引に起草した第一条は、天皇の神聖性を「万世一系ノ天皇」という神話によって自然的に基礎づけ、同時に「主権」概念を条文から排除し「治ス（シラス）」に淵源をもつ「統治」で天皇の主権を表現することによって「君臣一体」の政治形態を創作したのである。

大日本帝国憲法は、第一条の「万世一系ノ天皇」という王権の規定と「統治」概念による「君臣一体」の政治形態の創作により、社会契約に立脚する近代法の範疇を逸脱し、宗教的王権による道義的国家という特有の「国体」を現前させることとなった。大日本帝国憲法は、教育勅語による道義的正統化を内在的に必要としたのである。

井上が、中村正直による教育勅語草案に真っ向から反対し、元田永孚の協力をえて起草に乗り出したのは当然と言えよう。国家神道の宗教的王権と「君臣一体」の統治を結合する大日本帝国憲法を起草した井上にとって、クリスチャンの中村正直が起草する国家道徳は許されるものではなかった。「万世一系」に王権の「神聖性」の根拠を規定し、その一方で「統治」の概念で天皇個人の主権と「君臣一体」の政治を創出するためには、「国体」の統一性を道徳によって規定する必要があった。したがって教育勅語の最重要部分は、冒頭の「朕惟フニ」に続けて記された第一段の次の文であろう。

「我カ皇祖皇宗国ヲ肇ムルコト宏遠ニ徳ヲ樹ツルコト深厚ナリ我カ臣民克ク忠ニ克ク孝ニ億兆心ヲ一ニシテ世厳ノ美ヲ済セルハ此レ我カ国体ノ精華ニシテ教育ノ淵源亦実ニ此ニ存ス」

教育勅語の成立過程については、井上とともに起草にあたった元老元田を中心に解釈する研究（海後宗臣）とその背後の山県の指導性を強調する解釈（稲田正次）によって開拓されてきたが、大日本帝国憲法と教育勅語との関係を考察の中心に設定する際には、両者の起草にあたった井上を基軸として考察すべきだろう。

そもそも井上は教育勅語の制定に消極的であった。いやしくも立憲君主制の国家において、君主が臣民の内面の自由に干渉することは許されることではなかったからである。教育勅語が、法令でも勅令でもなく「勅語」という最も緩やかな形式で表現されたのは、その結果である。井上が教育勅語に政治的権威を付与しようとする元田の思惑に最後まで抵抗し、学習院か教育会への下付という一回性のものにとどめる画策を行ったことや、政治的統制力を付与する国務大臣の「副署」を付さなかったことは、先行研究がすでに指摘してきたとおりである（八木 二〇〇一、佐藤（秀）二〇〇一）。井上にとっては教育勅語の渙発より大日本帝国憲法の立憲主義の擁護こそが重大であった。同時に井上は、大日本帝国憲法第一条「大日本帝国ハ万世一系ノ天皇之ヲ統治ス」という国体の「威徳」（憲法発布勅語）の基礎を教育勅語で明示する必要があった。その基礎こそ天皇の「教育大権」の基礎をなし、第一条の正統性を道義的に根拠づけるからである。

この解釈は、教育勅語を儒教倫理と国粋主義の統合と見なす通説的な解釈と齟齬するものであろう。井上の意図を中心に解釈すると、元田の儒教倫理と国粋主義による解釈の枠を越え、教育勅語が含みもつ近代性を考慮しなければならなくなるからである。事実、教育勅語は儒教倫理の近代化という性格が濃厚である。たとえば「孝」よりも「忠」を優位におく近代性、さらに決定的なのは「教育勅語」の「普遍性」

として今も称賛される「父母ニ孝ニ兄弟ニ友ニ夫婦合和シ朋友合信シ」という通常「儒教の五倫」と言われる徳目にしても、孟子の五倫五常では兄弟については「長幼に序あり」であって「友」という平等な関係ではない。夫婦についても儒教倫理では「夫婦に別あり」であるが、教育勅語では「和」という対等な関係に修正されている。朋友についても五倫五常では「信」一字であるのに対して、教育勅語では「相信シ」と相互性が強調されている。つまり、儒教倫理が濃厚なこの箇所でさえ、その儒教倫理は近代化されている（八木二〇〇一）。

教育勅語が、その後の歴史においてどのようなイデオロギー機能を果たしたかは今は問わない。教育基本法との関連で問うべきは教育勅語が行政的に機能した勅令や省令との関係である。しかし、教育勅語が記載された勅令と省令は驚くほど少なく、一つの勅令と一つの省令が存在するのみである。その一つは、教育勅語渙発の翌年に制定された「小学校祝日大祭日儀式規定」（文部省令第四号、一八九一年）であり、第一条（二）に「学校長若シクハ教員、教育ニ関スル勅語ヲ奉読ス」と記されている。もう一つは「国民学校令施行規則」（一九四一年）の「修身」に「教育ニ関スル勅語ニ則リ」と記されている。その意味で、教育勅語の行政的な効力は、総司令部による「修身・日本歴史及ビ地理停止ニ関スル件」（一九四五年一二月）と文部省による儀式における教育勅語奉読禁止の通達（一九四六年一〇月）により失効している。

3 「国体護持」と占領政策

教育勅語第一段に登場する「国体」という概念に注意する必要がある。渙発当時「国体」という言葉は「政体」と対になって使用され、「国民性」を意味する nationality の訳語として定着していた。その「国体」概念が法文に登場するのは「治安維持法」（一九二五年）であり、「治安維持法」において「国体」は「私有財産制」と同様、national body を意味する国家体制として法的に定義されたのである。

「国体」概念の変化とその法文化の歴史を明確にしておくことは、教育基本法の歴史的意味を認識するうえで重要である。ポツダム宣言受諾の準備が開始された一九四五年七月頃から連合軍総司令部の占領統治が終了する一九五二年まで、皇室と政府が第一義的に重視したのは「国体護持」であった。そもそもポツダム宣言受諾が一カ月近くも遅延したのは、軍部の強硬姿勢もさることながら「国体護持」と「三種の神器」に固執する裕仁が、敗戦後に予想される連合軍総司令部による国体解体の危険と国内の共産主義革命の危険の双方を抑制する一縷の希望を、ソ連のスターリンとの交渉に託していたからである。実際、裕仁と宮廷グループは近衛文麿を特使としてモスクワに派遣する可能性を在ソ連の日本大使の交渉によって何カ月も追求し、満州国の譲渡と関東軍のシベリアでの強制労働を交渉条件とする密約を計画し準備していた（Bix, 2001）。

他方、アメリカ国務省とマッカーサー総司令部も、占領政策を円滑に進め革命を防止するため、天皇の戦争責任を免罪し天皇制を占領統治において活用する方針を終戦直前に決定していた。マッカーサー総司令部の占領政策は日本本土のみならず朝鮮半島、沖縄、小笠原諸島に及んでいたが、朝鮮半島、沖縄、小笠原諸島における政策が決して「民主化」ではなかったことに留意する必要がある。マッカーサーは、東京に降り立った日から占領統治が終わるまで、裕仁に替わって帝王として君臨し、裕仁を熱く「抱きしめて」(John Dower) 皇室と政府の「国体護持」の希望を支持し擁護したのである。マッカーサーと裕仁との夫婦あるいは親子のような関係は、裕仁がマッカーサーを訪問した瞥見の日からサンフランシスコ講和条約締結による別離まで一度も壊れることはなかった。それどころか、マッカーサーは裕仁の戦争責任を免罪することに全力を傾注し、皇族によって裕仁の退位が進言されたときも、裕仁自身が退位の可能性をほのめかしたときも、政府の高官や知識人や文化人によって退位の要求が公言されたときも、それらすべての退位要求を拒否して裕仁の皇位を擁護し続けた。裕仁の戦争責任の免罪と天皇制の存続こそが、マッカーサーにおいてはポツダム宣言実施の前提であり占領政策の一貫した基軸であった。

もちろん、この戦略結婚がいつも蜜月の関係で進行したわけではないし、その過程には様々な確執と葛藤と矛盾が存在し、双方の狡猾な策略と妥協が含まれていた。しかし、占領期をとおして、この戦略結婚は、ポツダム宣言の遂行、象徴天皇制への移行による「国体の護持」、裕仁の戦争責任の免罪、国民の戦争責任の免罪、アジアへの侵略戦争と植民地支配の免罪、米軍による沖縄の全面占領、戦争放棄と米軍の常駐、共産主義革命の弾圧、対米従属の軍事的政治的経済的同盟関係の樹立という一連の進行を確実なものとした。象徴天皇制と平和主義と民主主義を奇跡のように合体させた日本国憲法は、この戦略結婚の貢物であり、永久の契りを確約する指輪であった。しかも、この戦略結婚は、ポツダム宣言から冷戦体制へと移行する国際情勢を背景として、アメリカの帝国主義的で新植民地主義的な支配と日本国内の民主主義革命の二つを同時並行的に推進するものとなった。そこに戦後日本の幸運もあり悲劇もある。

そのシナリオは、皇室と政府においては早くも「終戦の詔勅」（玉音放送）において準備されていた。「終戦の詔書」は「米英支蘇四国」のポツダム宣言を受諾する旨を告げる放送であったが、ポツダム宣言を受諾しながら「米英二国ニ宣戦セル」理由を説き起こして、アジア太平洋戦争を真珠湾攻撃以降の太平洋戦争に限定し、戦争の正当性を「帝国ノ自存ト東亜ノ安定」に求めて侵略戦争ではなかったと明言している。しかも、ポツダム宣言受諾の理由を「敵ハ新ニ残虐ナル爆弾ヲ使用シ」と原子爆弾の使用によって「我カ民族ノ滅亡ヲ招来スルノミナラス延テ人類ノ文明ヲモ破却スヘシ」と人類の救済のためと宣言している。さらに「東亜ノ解放ニ協カセル諸盟邦ニ対シ遺憾ノ意」を表したうえで、自らについて「常ニ爾臣民ト共ニ在リ」と臣民との一体性を説き、「国体ノ精華ヲ発揚シ世界ノ進運ニ後レサラムコト」を訴えている。この詔書に「敗戦」という表現は一片もない。

戦後直後の文部省の方針も「国体護持」であった（岡本 一九九五）。一九四五年九月一五日の「新日本建設ノ教育方針」は「軍国主義思想」の除去を指示していたが、方針の中心は「益々国体ノ護持ニ努ムルコト」に置かれていた。

「国体」概念が法令に登場し法的に定義されたのは、一九二五年の治安維持法においてであった。治安維持法において定義された「国体」は、先述したように「nationality（国民性）」ではなく「national body

（国家体制）」であった。したがって、法システムとしての「国体」は、「人権指令」（一九四五年一〇月）による治安維持法の失効措置において消滅したことになる。「人権指令」の翌日に皇室内閣である東久邇内閣は総辞職するが、その意味は「国体護持」に失敗した責任を東久邇稔彦がとったものと見てよいだろう。

「国体護持」は、憲法改正過程においても皇室と政府の基本政策であった。東久邇内閣の後を受けた幣原内閣はもともと憲法改正に消極的であり、商法学者・松本国務大臣を主任として組織された憲法問題調査委員会も大日本帝国憲法をわずかに修正しただけの改正案（一月四日松本案）を準備し、「憲法改正要綱」（二月八日松本案）にまとめて総司令部に提出した。この政府改正案では第一条から第四条までほとんど変更されておらず、第三条「天皇ハ神聖ニシテ侵スヘカラス」が「天皇ハ至尊ニシテ侵スヘカラス」に変更されているのみであった。

「至尊（supreme）」という用語は意味深長である。大日本帝国憲法第三条の「神聖」規定（ロエスレル起草）に伊藤と井上が批判的であったことを想起しよう。伊藤と井上にとって天皇の神聖性は神話の歴史に由来するものであって法律で規定されるべきものではなかった。この矛盾を回避するために、伊藤と井上はプロイセンの顧問法学者全員の反対を押し切って第一条「大日本帝国ハ万世一系ノ天皇之ヲ統治ス」を挿入したのである。「神聖」を「至尊」に変更する修正は、もともと伊藤と井上が構想した条文に合致している。つまり、皇室と政府にとって戦後の「民主化」とは、治安維持法制定以前の日本に回帰すること以上の意味を持ってはいなかった。

そのことを端的に示しているのが、憲法問題調査委員会の松本「改正試案」が脱稿される一月四日直前の一月一日の「新日本建設ニ関スル詔書」（通称、天皇の人間宣言）である。「新日本建設ニ関スル詔書」は、CIEダイク局長とヘンダーソン教育課長と日本側の合作であり、天皇が神格を否定し人間へと生まれ変わる公式声明であった。しかし、その文面には、それ以上の意図が隠されている。詔書は明治天皇の「五箇条ノ御誓文」の引用から書き起こされている。この部分は裕仁によって挿入された部分であり、その趣旨は「新日本建設」における民主主義の起点を明治天皇の「五箇条ノ御誓文」に求めることを宣言して、戦争責任の免責をはかることにあった。裕仁の判断は巧妙である。「五箇条ノ御誓文」の「広ク会議ヲ興シ万機公論ニ決スヘシ」は、そもそも人民主権の民主主義を宣言したものではなく、藩閥政治の出発を宣言したものであり、しかも「五箇条ノ御誓文」は人民に対して誓われたものではなく、万世一系の皇統に対する祭儀として誓われたものであった。その「五箇条ノ御誓文」を民主主義政治の出発点として定位し、裕仁は、次のように自らの神格を否定している。

朕ハ爾等国民ト共ニ在リ常ニ利害ヲ同シウシ休戚ヲ分タント欲ス爾等国民トノ間ノ紐帯ハ終始相互ノ信頼ト敬愛トニ依リテ結ハレ単ナル神話ト伝説トニ依リテ生セルモノニ非ス

ここで重要なのは、「人間宣言」が大日本帝国憲法第一条の「統治」概念の正統な解釈に即して行われていることである。井上がロエスレル草案第三条の「主権」概念を抹消し、新たに挿入した第一条の「統治」の概念で天皇の主権を規定したことを想起しよう。伊藤と井上が「主権」概念の使用を忌避したのは、君主制における君主と臣民の「支配と従属」「統制と服従」の対立的関係を排除して「君臣一体」の国体を創作したからである。その根拠を井上は古事記と日本書紀における「治ス（シラス）」に求め、「君臣一体」の政治形態を「治ス」を意味する「統治ス」という用語で表記していた。「人間宣言」における「君民一体」の存在規定による「神格」の否定は、大日本帝国憲法第一条の「統治ス」の本義にもどることを意味していたのである。

こうして「新日本建設ノ詔書」（人間宣言）にせよ、憲法問題調査委員会による第三条「神聖」の「至尊」への修正にせよ、「新日本建設」どころか大日本帝国憲法の本義に回帰する目論見として展開していた。幣原首相の貢献が大と言われる憲法第九条制定の経緯についても同様の検討が必要である。幣原が第九条のアイデアをマッカーサーに進言したかどうかは別として、裕仁の戦争責任の免罪を第一義としたマッカーサーによる政治戦略によって第九条が成立したことは明瞭である（古関 二〇〇二）。幣原の進言協力において重要なことは、幣原が憲法第九条をケロッグ・ブリアン協定（一九二八年）への回帰と認識していたことである。幣原における戦争責任の解決とは、戦争による紛争の解決と軍事力の行使を禁じたケロッグ・ブリアン協定に調印したときの日本に歴史を逆戻りさせることに他ならなかった。

日本社会党案（一九四六年二月二三日）でさえも「主権は国家〈天皇を含む国民協同体〉に在り」「統治権は之を分割し、主要部を議会に、一部を天皇に帰属（天皇大権大幅制限）せしめ、天皇制を存置す」と定めていた。極東委員会の開催と東京裁判の準備を間近に控え、裕仁の戦争責任の免罪の窮地に立たされたマッカーサーが、皇室と幣原内閣と松本委員会（憲法問題調査委員会）の復古的対応に絶望し、トルーマン大統領にも国務省にも相談せず独断で憲法草案の作成に乗り出したのは当然であった。憲法問題調査委員会の改正案に対する新聞や世論による批判の高まりは、マッカーサーの決断の最大の確証となった。マッカーサー原案はわずか一週間で作成され、「政府案」として国会審議へと移される。そして古関彰一が指摘するように、マッカーサー原案は、裕仁の勅諭において、つまり裕仁の主導による政治の民主化と戦争の放棄を内外に示す擬態において公表された（古関 二〇〇二）。こうして、象徴天皇制と基本的人権と戦争放棄で特徴づけられる新憲法制定によって、マッカーサー総司令部と皇室と幣原内閣は戦後最大の危機を乗り越えたのである。

4　憲法における教育規定

憲法制定過程において教育勅語と教育法制はどのような展開をとげたのであろうか。教育勅語は「神道指令」（一九四五年一二月一五日）と「修身・歴史・地理停止」指令（同年一二月三一日）において根拠を喪失し、国民学校令施行規則及び青年学校規定の一部停止（一九四六年三月三日）によって修身における教育勅語の趣旨が無効化し、さらに国民学校令施行規則の一部改正（同年一〇月九日）における式日行事の君が代の合唱、御真影奉拝、教育勅語奉読に関する規定の削除によって行政的に失効した。

しかし、教育勅語はもともと国務大臣の副署を伴わない勅語、つまり天皇の個人的な意見表明の形式をとっていた。そのため、教育勅語のイデオロギー機能は持続し、その対策として「新勅語」作成の準備が総司令部と日本政府の間で議論されていた。他方、戦前の勅令主義から戦後の法律主義への転換が憲法改正と併行して進行する。大日本帝国憲法において教育は天皇の「大権」とされ、財政に関するもの以外はすべて勅令と省令によって統制されていた。新憲法制定にあたって法律主義への移行は急務であった。

憲法は第二六条において、次のように教育を規定している。

すべて国民は、法律の定めるところにより、その能力に応じて、ひとしく教育を受ける権利を有する。

2 すべて国民は、法律の定めるところにより、その保護する子女に普通教育を受けさせる義務を負ふ。義務教育は、これを無償とする。

教育基本法の制定過程に関する研究は多数存在するが、憲法第二六条の制定過程に関する研究は少ない。第二六条は、マッカーサー原案にはなく、国会審議において挿入された条項である。第二六条は、国民の「教育を受ける権利」と、その「普通教育」を受けさせる保護者の「義務」を示し、併せて「義務教育」の「無償」を規定している。

第二六条のルーツは、制定前の数々の憲法案の中に見出すことができる。毎日新聞が一九四六年二月一日にスクープした「憲法問題調査委員会一試案」においては「第三〇条の二　日本臣民は法律の定むる所に従ひ教育を受けるの権利及義務を有す」と記されている。しかし、総司令部に提出された「憲法改正要綱」(松本案)に教育条項は記されていない。「憲法改正要綱」において教育は戦前どおり天皇の「大権」

と見なされていたのである。
最も保守的と言われる日本進歩党の憲法案「憲法改正問題」（二月一四日）は「統治権行使の原則」の第八項で「教育ノ制度ニ関スル重要ナル事項ハ法律ニ拠ル」と記し、制度に限定して法律主義を導入する構想を示していた。日本社会党の「新憲法要綱」（二月二三日）では「国民の権利義務」の第十項において「就学は国民の義務なり、国は教育普及の施設をなし、文化向上の助成をなすべし」と記し、教育を「義務」において規定していた。六月二八日に公表された日本共産党の「日本人民共和国憲法草案」は、天皇制を廃止し「日本国は人民共和制国家である」（第一条）「日本人民共和国の主権は人民にある」（第二条）と規定したことで知られている。その第三七条は、次のように教育機会の保障を規定しているが、「権利」として教育を規定しているわけではない。

すべての人民は教育をうけ技能を獲得する機会を保障される。初等および中等学校の教育は義務制とし、費用は全額国庫負担とする。上級学校での就学には一定条件の国庫負担制を実施する。企業家はその経営の便宜のために被傭者の就学を妨げることはできない。

教育の「権利」規定は、一九四五年一一月に組織された憲法研究会の高野岩三郎元東大教授の「憲法改正私案要綱」（一二月二八日作成）に見られる。憲法研究会は、高野を中心として評論家の室伏高信、元東大教授の森戸辰男、憲法史研究者の鈴木安蔵ら学識経験者によって結成され、一二月二六日に国民主権に基づいて天皇の権限を「国家的儀礼」に限定する「憲法改正試案」をまとめている。その「憲法改正試案」は教育条項を含んではいなかったが、「国民ハ民主主義並平和思想ニ基ク人格完成社会道徳確立諸民族トノ協同ニ努ムルノ義務ヲ有ス」と記していた。その二日後に作成された高野の「憲法改正私案要綱」は、「天皇制ニ代ヘテ大統領ヲ元首トスル共和制ノ採用」を提唱して「日本国ノ主権ハ日本国民ニ属スル」「日本国ノ元首ハ国民ノ選挙スル大統領トス」と定めるユニークな案であったが、その条文の一つで「国民ハ教育ヲ受クルノ権利ヲ有ス」と規定していた。この高野の「憲法改正私案要綱」が第二六条の直接的な起源と言ってよいだろう。

政府が三月九日に公表した「憲法改正草案要綱」は、第二四条において「国民ハ凡テ法律ノ定ムル所ニ拠リ其ノ能力ニ応ジ均シク教育ヲ受クルノ権利ヲ有スルコト　国民ハ凡テ其ノ保護ニ係ル児童ヲシテ初等教育ヲ受ケシムルノ義務ヲ負フモノトシ其ノ教育ハ無償タルコト」と規定している。この案は四月一七日、ひらがな口語文体に改められ、第二四条は「すべて国民は、法律の定めるところにより、その能力に応じて、ひとしく教育を受ける権利を有する。すべての国民は、その保護する児童に初等教育を受けさせる義務を負ぶ。初等教育は、これを無償とする」と表記され、さらにその後、「児童」が「子女」に、「初等教育」が「普通教育」に修正されて成文へと至っている。

なお第二六条の修正過程においては、成人学校や夜間学校に関わっていた教員連合が義務教育を六年間の無償の初等教育に制限する文言の削除を国会に要求し、文言の修正を実現したという経緯がある。この運動は九年間の義務教育の実現の推進力となり、第二六条の「能力に応じて」という文言によって無償の義務教育の後の教育機会を保障する基礎となった。第二六条は、社会権の一部として教育権を規定する二〇世紀の憲法の先進性を表現しているだけでなく、「日本国憲法」の中で最も民意を反映した条文であった。その歴史的文脈に即して理解するならば、「能力に応じて」は、能力による差別を含意するのではなく、「教育を受ける権利」の保障を表現する文言なのである。

5　教育基本法の成立と「教権の独立」

マッカーサーの憲法草案において教育は、第二四条の社会権の一部に「無償の普遍的な義務教育が確立されるべきである（Free, universal and compulsory education should be established.）」と述べられていただけであった。マッカーサー原案が最小限の教育条項しか持たなかった理由は、アメリカ憲法が教育条項を持たないのと同様、地方分権の教育行政を構想し教育法令の立法主体を都道府県行政に求めていたからであろう。教育の地方分権化は米国教育施設団の勧告の一つであった。その間隙を縫って登場したのが、田中耕太郎文相による「教育根本法」の構想であった。

田中耕太郎の「教育根本法」は「教権の独立」に基づいていた。田中耕太郎が「教育根本法」の構想を表明したのは、憲法改正を審議した第九〇回帝国議会においてである。森戸辰男の「教権の確立」を憲法の条文に加える提案に対し、田中耕太郎は「立法技術」において「相当困難」であると述べ、「教育に関する根本法」を制定する意向を表明している（六月二七日）。この発言が田中の「教育根本法」構想の表明とされるが、この構想の性格を理解するうえで重要なのは、帝国議会衆議院憲法改正委員会第四回（七月三日）における杉本勝次と大島多蔵の質問に対する田中の答弁である。憲法に「教育憲章とも言うべき一箇条」を掲げることを提唱した杉本の質問に対し、田中は「教権の独立」を主張し「教育憲章」は「教育根本法」によるべきであると反論している。杉本についで大島は、二〇世紀に制定された多くの憲法が教育の条文を含んでいることから、教育に関する一章を設け「教育の自主性」「教育の機会均等」「教育の義務制」の三項について条文化する提案を行った。この大島の意見に対しても、田中は「憲法全体の体裁」から不都合であり、「教権の独立」という立場から憲法とは別に「教育根本法」を立法するのがふさわしいと答弁している。田中において「教育根本法」は「教権の独立」構想の具体に他ならなかった。

田中の「教権の独立」論については、八月二七日の貴族院本会議において南原繁によって疑義が表明されている。南原は「文化国家の使命」として、「憲法に於きまして、其の教育の全般に通じた根本方針並に国家に対する任務を規定する必要はなかったか」と田中文相に問い質し、「教権の確立」が「文教官僚主義」を招く危険を指摘しつつ、「教権の確立」はむしろ「地方分権化の問題」であり「教育根本法」に解消すべきではないと主張した。

南原の疑義は、田中の「教権の独立」に対する真っ当な批判と言うべきだろう。そもそも「教権の独立」は、天皇の「教育大権」を戦後の法律主義においてどう改革するかという問題であり、司法と同等の「教権の独立」を保障することは文部省による官僚的統制の温存につながるからである。しかも「教権の独立」を地方分権化によって実現する南原の主張は、「教育大権」を地方行政に委ねたドイツの戦後改革とも符合している。しかし、この南原の質問に対する答弁においても、田中は司法と並ぶ「教権の独立」構想に固執し続けている。

なぜ、田中は憲法に教育の条文を入れるのを頑なに拒否したのだろうか。森戸、杉本、大島にとって教育は社会権の一部であったのに対して、田中にとっての教育は社会権や政治に解消されるべきものではなく、人権や政治から独立した道徳哲学に基づく自律的な領域であり、憲法の条文としてはふさわしくないものであった。田中において「教育根本法」とは教育の自律性（autonomy）を法制化する「教育憲章」に他ならなかった。「教育根本法」は「教権の独立」（教育の自律性）に法的基礎を与えるものとして構想されたのである。

田中文相が教育基本法と憲法の作成に携わる文部大臣の立場にありながら、最も頑迷な教育勅語の擁護者の一人であった事実に留意しよう。そもそも田中が東京大学法学部教授の任を継続したまま文部省学校教育局長の任を引き受けたのは、大日本帝国憲法の改正において「国体護持」の使命に法哲学の立場から応えるためであった。実際、CIEによる「教育勅語」の無効化の圧力に対して最も頑強に抵抗したのは田中であった。田中によれば「教育勅語」は「我が国の醇風美俗と世界人類の道義的な核心に合致するもの」で「自然法と言うべき」ものであり、戦後においても「決して無視されてはならない」規範であった（地方教学課長会議での訓示、一九四六年二月）。田中文相個人においては教育勅語の規範の擁護と「教育根本法（基本法）」の作成とは矛盾してはいなかった（久保 一九九四）。

「教権の独立」は、田中文相のみならず「教育基本法」の作成にあたった教育刷新委員会の知識人や政治家、および田中のもとで教育基本法の立法を主導した田中二郎（文部省参与・東京大学法学部教授）を始めとする文部官僚にも共有されていた。「教権の独立」が国家主義と軍国主義の教育に対する反省によって主張されたことは明らかである。しかし同時に、「教権の独立」が、近衛内閣が新体制運動の一環として一九三六年に組織した革新的知識人のグループ、昭和研究会の一組織であった教育改革同志会において提起された標語であった歴史を忘れてはならないだろう。教育改革同志会の提唱した「教権の独立」は天皇の教育大権に基礎づけられ、大政翼賛運動における教育改革の標語の一つとなった。

「教権の独立」が文部省の官僚的統制に帰結する危険性を総司令部とCIEはかぎとっていた。「教育基本法」の骨子が報告された際、トレーナーは「教育の自主性（autonomy of education）」に質問を寄せ、CIEと文部省の連絡をつとめる関口審議室長は「政治からの自主独立（freedom from politics）」と答えたが、トレーナーは、教育者だけによる「教育の自主性」は「危険」であると指摘している（一一月二一日）。

田中文相の「教権の独立」構想は教育基本法の内容の骨格を形成しただけでなく、その制定過程にも具現化された。一九四六年八月一〇日に設置された教育刷新委員会は、米国教育使節団の日本教育家委員会を母体にして組織され、内閣総理大臣「所轄」の委員会であった。内閣総理大臣「所轄」の委員会は先例がなく、「所轄」の形式において行政府に対する独立性が確保されていた。教育刷新委員会は連合国総司令部に対しても独立していた。この独立性は委員会と総司令部と文部省の「連絡委員会（Steering Committee）」によって制限されたとは言え、教育基本法の作成における教育刷新委員会の主導権を保障する基礎となった。さらに第一回総会で田中文相が述べたように、教育刷新委員会は「教育家」を中心に

「あらゆる分野における代表的な権威者を網羅し」、「全然官僚的な要素を含んでいない」という意味でも「独立性」を示していた。教育刷新委員会そのものが田中文相の「教権の独立」を体現していたのである。

6 「人格の完成」という教育目的

「教権の独立」を名実ともに体現した教育基本法は、憲法と同様の前文を掲げ、しかも理念と規範を条文で規定した特殊な法律として成立する。この特殊性は、田中文相自身が表現したように「教育勅語」に代替する理念が法律で制定される必要があったこと、および並行して準備されていた教育諸法令を憲法と連係させる「基本法」が必要とされた事情による。

教育基本法の特殊な性格は、第一条の「教育の目的」に集約的に表れている。「人格の完成」を「教育の目的」とする規定は、法制的あるいは思想的にどのように正統化されたのだろうか。教育刷新委員会の審議による原案が、第一条の「教育の目的」を「人格の完成」ではなく「人間性の開発」と表記していたことはよく知られている（林 一九九八）。務台理作や森戸辰男が「人間性の開発」を強く主張したのは、「人格の完成」という規定に軍国主義教育に加担した新カント主義哲学の残影を読み取り、国家主義との親和性を読み取ったからである。しかし、文部省は「人格の完成」に固執し、再三にわたって「人間性の開発」を「人格の完成」へと修正し立法化している。なぜ、田中耕太郎は「人間性の開発」を忌避し「人格の完成」に固執したのだろうか。

教育基本法をつぶさに検討すれば、教育目的に関して二つの表現が併存している。その一つは前文にあり、「普遍的にしてしかも個性ゆたかな文化の創造をめざす教育」という表現によって「文化の創造」が教育の目的とされている。英文においても「文化の創造をめざす教育」がeducation which aims to creation of culture と翻訳されていることから、「文化の創造」が教育目的とされていることは明らかである。もう一つは第一条「教育の目的」の「人格の完成」の表記である。第一条の「人格の完成」は、もちろん前文の規定より本質的である。そして、この「人格の完成」を教育目的とする思想に、教育を「人づくり」と定義する日本特有の教育概念を読むことも可能である。

一方、教育基本法と同時に成立した学校教育法において、教育目的は「普通教育」と表現された。「普通教育（General education）」は、一般に教育の公共性を表現する概念であり、学制（一八七二年）から第一次小学校令（一八八六年）までの公教育の目的規定に符合している。第二次小学校令（一八九〇年）から国民学校令（一九四一年）まで、小学校令第一条の目的は「普通教育（人民の教育）」と「国民教育（国民の教育）」と「道徳教育（臣民の教育）」の三つで表現されており、この三層構造を「皇国民の練成」において一元的に統合したのが国民学校令であった（佐藤 一九九五）。学校教育法の「普通教育」という目的規定は、国民学校令の教育目的を教育勅語制定以前の教育目的にもどすことを意味していた。

それでは、なぜ、教育基本法第一条は「教育の目的」を「人格の完成」と表現したのだろうか。この問いに答えるためには、教育基本法が憲法の具体化として成立したことを踏まえる必要がある。「人格の完成」は憲法のどの部分に対応しているのだろうか。

第一条の「人格の完成」と憲法との対応関係については、教育刷新委員会の議事録も文部省関連の文書も明確な回答を与えてはいない。「第九十二帝国議会に於ける予想質問答弁書」（文部省調査局、一九四七年三月一二日）は、「人格」について「人の人たる所以即ち人間的存在を非人間的存在から区別する諸種の特性の集合的統一調和を意味する」と記し、「完成」の意味は「普遍的価値を自然性として個性の中に実現すること」と表記している。

この答弁書に見られる「人格の完成」が、田中耕太郎の哲学に立脚していることは明瞭である。「国体」と教育勅語の擁護者であった田中耕太郎は、同時に敬虔なカソリック教徒であり、キリスト教に特徴的な「完成主義（perfectionism）」の思想、すなわち不完全な人間が完全な神に近づくことを最高の理想とする思想を抱いていた。田中は後に著した『教育基本法の理論』（一九六一）において「人格の概念は人間が動物と神との間の中間的存在であり、自由によって自己の中にある動物的なものを克服して、神性に接近する使命を担っていることを内容とする」と述べ、「神は人間の最高の理想」と言う（田中 一九六一）。その意味で、「人格の完成」の公式の英訳「full development of personality」はCIEを欺く言葉ではなかったか。田中の解釈による「人格の完成」は超越性の志向を含んでおり、「perfection of personality」と翻訳するのが正確である。しかし、同書においても「人格の完成」が憲法のどこに対応しているのかは示されていない。

教育基本法の立法技術を主導した田中二郎が明言しているように、教育基本法は憲法との対応を意識して法文化された。そして、制定後のコメンタールにおいて文部省は、「人格の完成」について「個人の尊厳」を謳った憲法第十三条「すべて国民は、個人として尊重される」との対応を公式の解釈として提起する（辻田・田中 一九四七）。この解釈は、その後、文部省の公式見解として定着したと言ってよい。だからこそ教育基本法は、教育勅語の復活を求める人々によって「個人主義」と批判され続けてきた。しかし、ここで問うているのは、教育基本法制定過程における「人格の完成」と憲法との対応関係についてであって、制定後の文部省の公式の解釈ではない。少なくとも田中耕太郎は、『教育基本法の理論』において「人格の完成」を個人主義やヒューマニズムに性格づける解釈を拒否している。

私は、田中耕太郎の立法意志において、「人格の完成」に対応した憲法の条項は第一条の象徴天皇制にあったと解釈している。その根拠は二つある。一つは法哲学上の「人格」概念であり、大日本帝国憲法の法哲学を基礎づけたプロイセンの法哲学者シュタインにおける「人格」概念である。シュタインの法哲学と国家学を研究した瀧井一博は、シュタインの「人格」概念について次のように記している。

> 現実に繰り広げられている社会問題を是正し、そこに共同体的統一をもたらすには、「個別的人格（einzelne Personlichkeit）」の上に立つ「一般的人格（allgemeine Personlichkeit）」としての「国家」による市民社会への積極的な介入が必要とされ、そしてそのような具体的活動、すなわち行政を通じて、国家は現実の市民社会を「国家的市民の社会＝国家公民社会（Staatsbourgerliche Gesellshaft）」へと蕎動すべきことが期待される（瀧井一博『ドイツ国家学と明治国制』一九九九）。

「個別的人格」に「共同体的統一」をもたらす「一般的人格＝国家公民」としての「人格」概念は、教育基本法第一条の「教育は、人格の完成をめざし、平和的な国家及び社会の形成者として」という論理に符合している。しかも「個別的人格」の総意によって統合された「一般的人格（国家）」の「共同体的統一」は、憲法第一条の象徴天皇制を国民主権と併行して規定する論理にも符合している。田中が「人格の完成」に「超越性」と「神性」を付与したのは、憲法第一条の象徴天皇制との対応を企図したからではないだろうか。

もう一つの根拠は、教育目的を「人格の完成」に求めるアイデアと「人格の完成」という用語の由来である。教育目的を「人格の完成」と規定するアイデアは、田中耕太郎によるオリジナルな発案ではない。教育勅語の影響力に手をこまねいた総司令部が密かに準備した新勅語「大東亜戦後ノ教育ニ関シテ下シ給ヘル勅語」（通称「京都勅語草案」一九四五年一二月五日）において、戦後教育の総括的な目的は「人格ノ完成」として表現されていた。この新勅語は、「君民一体」の「国体の清華」を謳い、「道義的立憲国」としての日本の再建を平和主義と民主主義の教育で達成することを求めていたが、その教育を総括する目的として「人格ノ完成」を提唱していた。この「京都勅語草案」は、米第六軍本部軍政部のシーフェリン海軍中佐の依頼に基づいて同志社大学の神学科主任のクリスチャン有賀鐵太郎が起草している。有賀も田中と同様、クリスチャンであったが、同時に天皇制と教育勅語の擁護者であった。教育勅語の擁護を頑強に主張する田中に困惑したＣＩＥが、「旧勅語を否定するよりも、新勅語の発布により、田中文相の面目を立てることができる」と一九四六年八月六日の「覚書」に記していること、および、米国教育使節団の来訪に向けて組織された日本教育家委員会が新勅語を要請する奏申を行い、新勅語の構想は教育刷新委員会で否定されるまで持続していたことを考慮すれば、文部大臣である田中が、CIEから「京都勅語草案」を提示されて知っていたと想像するのが自然であろう。しかし、田中耕太郎が文部省の公式見解において「人格の完成」を憲法第一条に対応させることはなかった。

田中耕太郎の後を受けて文相に就任した高橋誠一郎は衆議院本会議において、第一条の「人格の完成」は「個人の尊厳と価値」を示す趣旨であると答弁し、第十三条との対応関係をほのめかしている。高橋は、第三条（教育の機会均等）は憲法第一四条第一項と第二六条第一項、第四条（義務教育）は憲法第二六条第二項、第五条（男女共学）は憲法第一四条第一項、第九条（宗教教育）は憲法第二〇条と対応していると答弁しているが、第一条と憲法との対応関係について明示的には答えていない。しかし、教育勅語との関連については高橋文相も田中の見解を継承し、「私も教育勅語とこの教育基本法との間には、矛盾と称すべきものはないと考えている」と答弁し、「これ（教育勅語）に代えるに新しいものをもってするという考えはもっていない」と述べている。「この法案（教育基本法）の中には、教育勅語のよき精神が引きつがれている」とも言う。「人格の完成、これがやがて祖国愛に伸び、世界人類愛に伸びて行くものと考える」という高橋の言葉が示すように、「人格の完成」は、教育勅語と教育基本法の断絶を埋める伸縮自在な概念として活用されていた。文部省において憲法第十三条との対応で「人格の完成」を解釈する見解が安定するのは、国会において「教育勅語等の排除に関する決議」および「教育勅語等の失効確認に関する決議」（一九四八年六月一九日）がなされた後のことである。

7　教育基本法成立の歴史的意味

教育基本法は「教育憲章」あるいは「教育憲法」として制定された。しかし「教育憲章」と言おうが「教育憲法」と言おうが、他の法律と比べて特別の法的効力をもっているわけでもなければ、その改正に特別の手続きを必要とするものでもない。このような特殊な法律が定められた背景には、田中耕太郎を中心とする文部官僚による「教権の独立」構想があった。「教権の独立」に対する評価は二分されるだろう。「教権の独立」は国家権力からの教育の自律を宣言するが、それと同時に、文部省の独断的で官僚的な統制を存続させる基礎にもなりうる。「教権の独立」に固執した文部省は、天皇の「教育大権」の解決策を地方分権化に求めたＣＩＥの政策に消極的であり、中央主導の官僚主義的統制を制度的に弱めることはなかった。

「教権の独立」によって構想された「教育憲章」「教育憲法」としての教育基本法は、近代法としての枠組みを超え、個人の思想や信条の自由に抵触する教育の目的や理念や規範および道徳や倫理まで法律で規定している。「人格の完成」を「教育の目的」とする第一条はその象徴である。

教育の理念や規範を法律で規定する教育基本法が、法システムとして成立しえたのは、文化共同体としての国家（文化国家）が憲法によって正統化されていたからである。文化国家の最たるものは大日本帝国憲法下の「国体」であろう。その「国体」が治安維持法失効によって法制的に消滅した後に復活したのが、

「文化国家」の概念であった。「文化国家」は戦時下において「大東亜共栄圏」を建設し「八紘一宇」を推進する国家の意味で汎用された概念であるが、戦後においては軍事国家に対立する概念として教育文献に頻繁に登場する。戦後直後の「文化国家」の概念は、津田左右吉、和辻哲郎、南原繁らの知識人の論考が示すように、天皇を歴史と文化の統合の象徴とする国家すなわち「国体」概念を代替する意味を担っていた。教育基本法の制定過程で、草案の「文化国家」という用語はＣＩＥの指示により「文化的な国家」へと修正された。この修正は「国体」と「文化国家」との連続性を断つためであった。

「文化国家」が「文化的な国家」へと修正されたとは言え、「教育憲章」であり「教育憲法」である教育基本法の規範的性格は、文化共同体としての国家（文化国家）を前提としており、憲法との関連で言えば「天皇は、日本国の象徴であり日本国民統合の象徴」という第一条によって支えられていた。このことは、教育基本法の平和主義と民主主義とは矛盾しない。裕仁の戦争責任の免責を第一義に掲げたマッカーサーの占領政策において象徴天皇制と平和主義と民主主義が一体であったことは、すでに示したとおりである。

最後に、教育基本法「改正」を叫ぶ人々による史実の歪曲と思想の無節操について指摘しておこう。「改正」論者の主張は大別して二つある。一つは教育基本法を占領下における「押し付け」とする主張であり、もう一つは教育基本法が教育勅語を補完するものとして成立したという主張である。たとえば、「新しい教育基本法を求める会」（西洋潤一会長、高橋史朗事務局長）は、「教育勅語を補完するもの」として教育基本法が成立したと主張することによって、教育勅語の延長線上に教育基本法「改正」を位置づける主張を展開している。その「要望書」は、次のように言う。

古来、私たちの祖先は、皇室を国民統合の中心とする安定した社会基盤の上に、伝統尊重を縦軸とし、多様性包容を横軸とする独特の文化を開花させてきました。教育の第一歩は、先ずそうした先人の遺産を学ぶところから発しなければなりません。

教育基本法の「押し付け」論の誤りは明瞭だろう。総司令部とCIEは新勅語の準備は進めていたが、教育基本法の構想は持っていなかった。教育基本法の制定は「教権の独立」を構想した田中耕太郎文部大臣によって提案され、田中二郎文部省参与の主導によって立法化された（古野 二〇〇三）。草案を準備した教育刷新委員会の組織と審議も「教権の独立」において進められたのであり、内閣法制局における法案の準備過程でCIEの修正要求が出されはしたものの、「押し付け」によって法案が成立したわけではない。教育基本法制定の根拠となった「教権の独立」は、総司令部とCIEの予測の枠を超えており、むしろ「危険」と見なされていた。しかし「押し付け」論と同様、「自主制定」論も誤りである。教育基本法の制定は憲法の制定よりも自主性が大きいとは言え、占領政策の一環として遂行された以上、憲法と同様、日本政府と総司令部の合作として位置づけるべきだろう。

「改正」論者のもう一つの主張である教育基本法を「教育勅語を補完するもの」（高橋 二〇〇一）あるいは「教育勅語を擁護する関係で制定されたもの」（杉原 一九八三）という解釈はいくつも矛盾を含んでいる。教育勅語が、修身・歴史・地理の停止、国民学校令施行規則の一部削除および式日の儀式における教育勅語奉読の禁止によって行政的効力を失っていたことはすでに示したとおりである。教育基本法の成立時点で教育勅語が法的行政的に失効している以上、「擁護する」ことも「両立する」こともありえない。ましてや「教育基本法は教育勅語を補完するものとして成立した」（高橋）というのは論外である。

「改正」論者の「補完」「両立」論は、田中文相と高橋文相の国会答弁を根拠としている。しかし、田中も高橋も法的行政的に「補完」と「両立」を述べているのではない。教育勅語と教育基本法の理念やイデオロギーの「補完」性と「両立」性を述べているに過ぎない。しかし、もともと文書の形式から言って、明治天皇の個人的な意見表明に過ぎない教育勅語と、国会において立法された教育基本法とは、およそ次元を異にしている。

法的行政的に言えば、教育基本法が「教育勅語」を代替するものとして成立し機能したことは明瞭であろう。そうだとすれば、教育基本法を「教育勅語を補完するもの」とする認識および「両立するもの」とする認識は、田中耕太郎文相や高橋誠一郎文相の国会答弁と同様、道徳と倫理というイデオロギーによる「補完」と「両立」を意味するものということになる。しかし、この「補完」論と「両立」論はおよそ無意味である。なぜなら、「教育勅語」は明治天皇の個人的な意見表明に過ぎず、国会において審議され立法化された法律と同列に並べて議論すること自体が無意味である。

さらに付言すれば、理念やイデオロギーとして見ても、教育勅語は大日本帝国憲法と密接不離の補完関係にあり、日本国憲法と相即的関係にある教育基本法が「補完」したり「両立」することは不可能である。教育勅語の理念とイデオロギーは大日本帝国憲法に基礎をおいていたのだから、大日本帝国憲法の失効と同時に教育勅語の効力も制度的には失われている。ちなみに教育勅語の復活を求める人々も存在するが、大日本帝国憲法の復活と切り離して教育勅語の復活を提唱すること自体が無意味である。

あるいは「改正」論者は、教育基本法が教育勅語の影響が払拭されていない状況で成立した事態を「補完」もしくは「両立」と表現しているのだろうか。そうだとすれば、当時の雰囲気の一面を常識的に述べているだけであって何も言ってないに等しい。

「改正」論者は史実に即した主張をすべきである。「日本文化の伝統」を天皇制と教育勅語に求めるならば、天皇制の存続に腐心したマッカーサーの占領政策を高く評価すべきであり、教育勅語の普遍性に固執した田中耕太郎の「教権の独立」を基礎とする教育基本法の制定を高く評価すべきだろう。もし「改正」論者がポツダム宣言と占領政策による「国体」の崩壊を道徳と倫理の崩壊として断罪しているのであれば、「国体」を崩壊にまで導いた裕仁とその側近の道義的政治的責任を追求すべきだろう。さらに「改正」論者が「日本古来の伝統」に政治と教育の基礎を求めているのであれば、明治以後の天皇制と教育勅語が、欧州の君主制と国家倫理の模倣と翻訳に他ならないことを認識すべきだろう。あるいは「改正」論者が、教育基本法による平和主義と民主主義の教育を嫌悪し、戦前のような教育勅語による教育への回帰を渇望しているとすれば、敗戦後の占領下において、アジア太平洋戦争以前の日本への回帰の可能性は存在しなかった事実を認識すべきである。また、現在の政治と教育の荒廃がアメリカによる「洗脳」の結果であると言うのであれば、憲法や教育基本法の改正の前に、対米従属関係の根幹を構成している安保条約の廃棄を主張すべきだろう。いずれにせよ、「改正」論者の主張は歴史認識においても思想においても稚拙であり、一貫性を欠いている。

教育基本法は、アメリカ帝国主義と象徴天皇制の戦略結婚によって産み落とされたファントム（妖怪・鬼っ子）であった。このファントムは、憲法第二六条で規定された人権としての教育を教育システム全体に一貫させる機能を果たし、平和主義と民主主義の教育に法的基礎を与えてきた。しかし、教育基本法は文部官僚による高い評価と熱心な宣伝（宮地・安達 一九四九）にもかかわらず、成立直後から教育勅語の復活を求める保守的政治家から攻撃の標的とされ、しかも文部省外の教育関係者からは一九五〇年代後半まで無視され続けてきた。文部官僚以外の人によって教育基本法の価値に言及した最初の書物は、一九五七年の長田新編『教育基本法――教育研究サークルのために』であり、制定一〇年後のことである。

教育基本法の宙吊り状態は裁判の判例においても明瞭である。教育基本法による判例は一九五〇年代は皆無であり、一九六〇年代においても少数の判例が見出されるに過ぎない。しかし、一九七〇年代以降、教育基本法を判例とする件数は急に増加し、その状況は今日まで持続している（平原 一九九八）。このことは、アメリカ帝国主義と象徴天皇制の戦略結婚によって誕生した「ファントム」としての教育基本法が、文部省主導の民主教育の衰退によって宙吊り状態になり、やがて人々の闘いによって新たな生命を獲得するという戦後民主主義の弁証法を体現していて興味深い。私たちが教育基本法を擁護しているのは、制定後の闘いによって新たに吹き込んだ生命の部分なのである（中野 二〇〇二）。

しかし教育基本法はもう一つの「ファントム」を抱え込んでいた。理念や規範や道徳を法で規定する性格である。本章が示してきたように、教育基本法の規範法としての性格は、憲法の第一章（象徴天皇制）

に連動しており、教育基本法の第一条と第二条は、憲法第一章とともに廃棄されるべきものと言えよう。逆に言えば、象徴天皇制が存続する限り、規範法としての教育基本法は存続し続ける基礎を持っている。しかし、改正された教育基本法は、憲法との対応関係を切断し憲法に超越した規範法として、教育の目的と理念と規範と道徳を法律で定めている。この「改正」を正統化できる根拠は、法的にも政治的にも教育的にも存在しない。改正が断行された現在、教育基本法の「擁護」から「廃止」へと闘いを転換すべきだというのが、本論が描出した教育基本法成立の複雑な歴史から導き出される私の結論である。

〈参考文献〉


岡本遼司「教育改革と民主主義観」中村政則・天川晃・尹健次・五十嵐武士編『戦後日本・占領と戦後改革（4）戦後民主主義』岩波書店、一九九五年。

長田新編『教育基本法――教育研究サークルのために』新評論、一九五七年。

久保義三『昭和教育史――天皇制と教育の史的展開（下）』三一書房、一九九四年。

古関彰一『「平和国家」日本の再検討』岩波書店、二〇〇二年。

古野博明「教育基本法とはどんな法律か――教育基本法制定過程が示しているもの」子どもと教科書全国ネット21編『ちょっと待ったあ！教育基本法「改正」』学習の友社、二〇〇三年。

佐藤秀夫「教育基本法と「伝統」――教育基本法制定過程に関わる今日的論の批評」日本教育学会『教育学研究』第六八巻四号、二〇〇一年一二月。

佐藤学「「個性化」幻想の成立――国民国家の教育言説」森田尚人・藤田英典・黒崎薫・片桐芳雄・佐藤学編『教育学年報4　個性という幻想』世織書房、一九九五年。

佐藤学「教育基本法「改正」というトラウマ」『現代思想』二〇〇三年四月号。

鈴木英一『日本占領と教育改革』勁草書房、一九八三年。

鈴木英一・平原春好編『資料・教育基本法五〇年史』勁草書房、一九九八年。

杉原誠四郎『教育基本法の成立――「人格の完成」をめぐって』日本評論社、一九八三年。

Dower, John, *Embracing the Defeat: Japan in the Wake of the World War II*, Norton and Company, 1999.（ジョン・ダワー著、三浦陽一・高杉忠明・田代泰子訳『敗北を抱きしめて（上・下）』岩波書店、二〇〇一年）

高橋史朗「教育基本法の五〇年史」西深潤一編『新教育基本法：6つの提言』小学館文庫、二〇〇一年、所収。

瀧井一博『ドイツ国家学と明治国制――シュタイン国家学の軌跡』ミネルヴァ書房、一九九九年。

竹下栄治・岡部史信著『憲法制定史（資料と論点）』小学館文庫、二〇〇〇年。

田中耕太郎『教育基本法の理論』有斐閣、一九六一年。

辻田力・田中二郎監修・文部省内教育法令研究会著「教育基本法の解説」国立書院、一九四七年。

中野光『もっと生かそう教育基本法』つなん出版、二〇〇三年。

西深潤一編『新教育基本法――6つの提言』小学館文庫、二〇〇一年。

林量俶「教育基本法の教育目的――「人格の完成」規定を中心に」川合章・室井力編『教育基本法――歴史と研究』新日本出版社、一九九八年。

平原春好「教育基本法制の形成と展開」前掲鈴木英一・平原春好編『資料・教育基本法五〇年史』勁草書房、一九九八年。

Bix, Herbert B, *Hirohito and the Making of Modern Japan*, Hamer Collins, 2000.（ハーバート・ビックス著、吉田裕監修『昭和天皇（上・下）』講談社、二〇〇二年）

堀尾輝久『いま、教育基本法を読む』岩波書店、二〇〇二年。

宮地茂・安達健二「教育刷新委員会について――終戦後における教育刷新の主要動向」森戸辰男他著『新教育基本資料とその解説』学芸教育社、一九四九年。

八木公正『天皇と日本の近代（上＝憲法と現人神、下＝「教育勅語」の思想）』講談社現代新書、二〇〇一年。

11 個の身体の記憶からの出発

ナショナル・ヒストリーを超えて

1　はじめに

あらゆる歴史の語りはそれ自体が歴史の産物である。「自由主義史観研究会」を切り込み部隊とする「新しい歴史教科書をつくる会」の鼓舞するナショナリズムも、戦後日本の社会と教育の歴史が生み出した帰結点の一つとして認識される必要があろう。「従軍慰安婦」の問題を契機として噴出した強迫的なナショナリズムの語りは、まっとうな学問的議論としてはおよそなじまない語りではあるが。いや、そうであればこそ、学界や教育界において規範化された歴史認識に対する大衆と一部マスメディアの反逆を喚び起こし、公的には克服されたはずの偏狭なナショナリズムを一挙に表舞台に押し出すものとなった。その言説の内容や感情は決して新しいものではない。戦後民主主義の裏側の舞台で半ば公然と語られてきた敗戦の屈辱や聖戦の虚妄や正史への渇望が、今や表舞台のマスメディアを媒介として宣伝され消費されている。この新しいナショナリズムは次の三点で特徴づけられるだろう。

第一は、このナショナリズムが、冷戦構造の崩壊というイデオロギーの雪崩現象を基盤として成立し、しかも旧ソ連を仮想敵国としてきた伝統的右翼の崩壊と再編を基盤として登場したことである。ナショナリズムのプロパガンダの中心的な担い手は、右翼団体の怖いお兄さんから反米・反共の感情を抱き続けてきた評論家やマスコミ関係者へと移動している。今日のナショナリズムが大衆の喝采を浴びている根拠の一つは、「知識人」がナショナリズムを過激に鼓舞するという右翼イデオロギーの担い手の更新にある。

第二は、「従軍慰安婦」が主題化された事実が示しているように、新しいナショナリズムは、国民国家と家父長制家族という近代の二つの抑圧装置を固守する欲望を露にしている。民族差別と性差別に連なる主張が公然と言明され、「国益中心」のエゴイズムのもとで「反日」というラベルを汎用して「国民」と「非国民」の境界線を引く策動が繰り返されている。この新しいナショナリズムが、民族差別と性差別の言説と連動して登場していることは、新しい右翼の連合体である「日本会議（「日本を守る国民会議」）」が、「従軍慰安婦」の教科書からの削除を要求するとともに、在日韓国・朝鮮人の諸権利の拡大（地方公務員の国籍条項の撤廃、参政権など）と夫婦別姓に反対する運動を展開していることからも明瞭である。

第三は、この新しいナショナリズムが、近代的合理主義を掲げてきた左翼の転向を基盤として展開していることである。戦前のファシズム運動が国家社会主義のイデオロギーにおいて大衆を動員し国民運動を組織したように、新しいナショナリズムも、左翼の転向を基盤として登場した新保守主義のイデオロギーの延長線上に成立している。冷戦構造の崩壊によって拠り所を喪失した独裁的な社会主義や民族的な社会主義が、新しいナショナリズムのイデオロギーへと転生したのである。

本章では、この三つの特徴を生み出す基盤となった戦後の歴史教育の問題を反省的に議論しておきたい。「自由主義史観」をまっとうに信奉し実践している教師は、一般に報じられているほど多くはない。しかし、新しいナショナリズムを戦後の歴史教育に内在する問題として自覚し、自らの思想的な課題として格闘している教師は、さらに少ないと思うからである。大半の教師や教育学者は、この珍奇なブームを他人事として受けとめ、自らの歴史観の「純粋さ」を確認しているに過ぎないのではないだろうか。賛同こそしないが、「従軍慰安婦＝売春婦」というのも「大東亜戦争＝自衛戦争」というのも「一つの見方」として周辺において教室に臨む、あるいは、特殊な右翼の策動による一時的なブームとして静観するというのが、多くの教師や教育学者の現状であろう。

知識人やジャーナリストの多くが、新しいナショナリズムの低劣さには辟易しながらも、日本とアジアの将来を左右する重大な問題の一つとして批判してきたのとは対照的に、教師や教育学者は、この事態に憤懣を抱きながらも沈黙を保つ状況が支配的である。しかし、この新しいナショナリズムは、教師や教育学者にとって他人事として傍観し静観できる問題なのだろうか。

2　歴史教育の中のナショナリズム

新しいナショナリズムの語りは、二重の意味で歴史それ自体の否定である。まず第一に新しいナショナリズムは、一五年戦争によって生命を失ったアジアの二千万人の死者、日本の三百万人の死者を記憶から抹殺する欲望を露にしている。その象徴が「従軍慰安婦＝売春婦」という攻撃であり、「南京大虐殺」に対する懐疑の言動である。その言動が歴史を歪曲する「修正主義」と呼ばれるのは、慰安所における強制と性的暴行の事実を知っていながら、「従軍慰安婦＝売春婦」と一括して戦争責任を拒否している点、あるいは、南京大虐殺において城外の死者が多数を占めている事実を知っていながら、南京の城内に死者を限定して南京大虐殺それ自体に対して懐疑を表明している点などに見ることができる。歴史の本質が死者の記憶にあるとするならば、死者の抹殺を企てる新しいナショナリズムの語りは、歴史それ自体の否定を意味していると言えよう。

第二には、新しいナショナリズムの「歴史」は、戦争を多様に体験した個人の具体的な生き様としての歴史ではなく、それら個々人の複数的な歴史を「国民」一般に抽象した「歴史」である。ここでも「従軍慰安婦」をめぐる問題は象徴的である。「従軍慰安婦」の存在は、わが国でも韓国でも自明の事柄であった。この自明化され抽象化された問題の壁を打ち破ったのが、金学順という固有名を冠した個人による証言（一九九一年）であった。固有名で登場し証言する行為を通して、初めて「国民」一般に回収されない個人の歴史、「戦争被害者」一般に回収されない個人の歴史が現出したのである。「従軍慰安婦」が固有名で登場したからこそ、国家の謝罪を要求し戦争責任を追及することが可能になったのである。このような固有名で登場する戦争の歴史は、「従軍慰安婦」を体験させられた人々によって語られただけではない。近年は、旧日本軍の兵士も、侵略し殺戮し強奪し強姦した戦争責任を固有名において証言する状況を迎えている。彼らもまた、自らの戦争犯罪を直視し謝罪する行為を通して、彼らを戦争犯罪へと導いた国家の責任を問う地平を獲得している。これらの固有名の戦争の語りが、ナショナリズムに回収されない歴史の語りを現出させたことの意義は、いくら強調しても強調しすぎることはないだろう。歴史とは抽象化された「国民の歴史」である前に、何よりも具体的な「個人の歴史」であるからである。

ところで、「新しい歴史教科書をつくる会」における「自国の正史」を標榜するナショナリズムの枠組みは、戦後の歴史教育のトータルな否定と言うよりもむしろ、戦後の歴史教育の基本的な枠組みを骨格においては踏襲している点に留意する必要がある。「新しい歴史教科書をつくる会」に対する批判を徹底させれば、戦後の歴史教育が内在させてきた枠組みそれ自体の反省へと踏み込まざるをえないだろう。

たとえば、平和と民主主義の歴史教育を中心的に推進してきた歴史教育者協議会（一九四九年創設）も例外ではない。歴史教育者協議会は、その「設立趣意書」を「私たちはかぎりなく祖国を愛する」という言葉で書き起こしていた。この趣意書は、もちろん「過去においてあやまった歴史教育が軍国主義やファシズムの最大の支柱とされていた事実を痛切に反省」して宣言されているのだが、アジアの人々に対する侵略と殺戮の責任が記されているのでもなければ、侵略戦争へと国民を総動員した国家の責任とそれに同調し加担した国民の責任が記されているのでも、広島、長崎の原爆や東京大空襲において大量殺戮を断行した米軍の責任が記されているわけでもなかった。そして追求されているのは「学問的教育的真理」であり、「げんみつに歴史学に立脚し」た歴史教育である。ナショナリズムに対する反省は薄く、むしろ「歴史教育は国家主義と相容れないと同時に、祖国のない世界主義とも相容れない」とされ、「正しい歴史教育は正当な国民的自信と国際精神を鼓舞するものでなくてはならない」と結論づけられている。「学問的真理」と「愛国心」が、戦後において追求すべき歴史教育の両輪だという。

三つの問題を指摘しておこう。まず第一に、この「設立趣意書」は、死者の声を抹消している点で、戦争直後の「墨塗り教科書」の枠組みを超えてはいない。戦争責任に背を向ける戦後の日本人の態度の出発点に「墨塗り教科書」がある。「墨塗り教科書」は、教師にも生徒にも敗戦の屈辱として体験されたが、この措置はもともと占領軍が指令したわけでも占領政策として提起されたわけでもない。むしろ占領軍に対して「軍国主義」を克服するポーズを表明する意図で計画された措置が「墨塗り」であった。文部省は早くも一九四五年九月二〇日に「国防軍備等を強調せる教材」「戦意昂揚に関する教材」「国際和親を妨げる処ある教材」「其の他承詔必謹の点に鑑み適切ならざる教材」の四項目の「墨塗り」を指示しているが、この措置は進駐軍の眼から戦争犯罪の事実を隠蔽することを画策した軍や政府の機密文書の焼却の延長線上で遂行されている。

戦争を過ぎ去った事柄として消去し死者の声を抹消するという離れ業を通して、戦後の教育は平和と民主主義の教育への速やかな移行を実現したのである。もちろん、一人ひとりの身体には煩悶と慟哭を伴う生々しい戦争の記憶が逡巡していたのだが、少なくとも学校教育で教えられる公定の歴史においては、その身体の記憶は抹消され、祖国の再建へと明るく邁進する教育が施されたのである。

歴史教育者協議会の「設立趣意書」の第二の問題は、「げんみつに歴史学に立脚」と表現された科学主義である。ここで言われる歴史の科学は二つの事柄を意味していた。一つは神憑りな皇国史観に対抗した実証主義であり、もう一つは法則定立学としての歴史科学の主張である。特に、法則定立学としての科学主義は社会構成体史として歴史を法則的に認識する、戦後の歴史研究と歴史教育の支配的なパラタイムを構成している。ここに脱落しているのは、個人が特定の文脈で体験する歴史的経験の特異性（singularity）であり、個性記述法によって析出される個の軌跡としての歴史の語りである。この科学主義は、歴史を因果論的、決定論的に認識する一種の宿命論を導き出すとともに、歴史の科学と個人の実存とを切断して、歴史学者と大衆、教師と生徒の歴史認識を二分する作用を果たしたと言えよう。すなわち、社会構成体史としての歴史科学の構成と実証に献身する歴史学者と、大衆文学として歴史を物語として享受し消費する大衆との分裂であり、歴史を法則として教授する教師とテストに備えてひたすら暗記する生徒との分裂である。個人が歴史を学ぶ意味の抽象化という空白を埋める必要が提起され続けてきたのである。

さらに科学主義は、大学の歴史学者の語りを特権化する作用をもたらす。歴史学者と教師の素朴な啓蒙主義が、「学問的真理」の権力作用を教育関係に組み込むことを促進したことも指摘しておかなければならない。生徒は、ひたすら教師の語る歴史をノートに書き留める役割を負わされ、自ら歴史を構成し語る主体としての役割は制限されてしまう。歴史学と歴史教育の結合の原則を主張し続けた遠山茂樹も、『戦後の歴史学と歴史意識』（岩波書店、一九六八年）において、「多くの研究者」がこの原則を「歴史教育者は歴史学の成果を学び、これをわかりやすく児童に伝えれば良い」と考え、「歴史教育は歴史学に従属するもの」と見なす傾向に陥った問題を指摘している。歴史を語る主体の成立を前提にしてこそ、「歴史学と歴史教育の結合」は積極的な意味をになうのであるが、そのような教育関係を教室で築く教師は稀であった。

第三の問題は、この「設立趣意書」を貫く愛国主義と民族主義である。「設立趣意書」は「国家主義」は否定しているが、「国家主義」の基盤となったナショナリズム（国民主義）に対する反省と批判の意識を欠落し、むしろナショナリズムを温存し継承する立場を表明している。占領下における戦争責任の自覚という状況、および、天皇制を擁護するために戦争責任を軍部に限定し国民の戦争責任を不問に付してしまった戦後処理の状況が、ナショナリズムそれ自体の検討をおろそかにする結果を導いている。民間教育団体である歴史教育者協議会の出発点も、その枠組みから脱却しえてはいない。「設立趣意書」は、「内には民主主義」「外には国際平和」を「ファシズム」から脱却する二つの原理として掲げていたが、その主体である「国民」を対象化する視点は欠落していた。実際、戦後の歴史教育において、「国民主義（nationalism）」と「愛郷主義（patriotism）」、「国民（nation）」と「人民（people）」と「公民（civic）」と「市民（citizen）」と「民衆（folk）」、あるいは、「国民性（nationality）」と「人種主義（racism）」と「民族性（ethnicity）」とはしばしば混同され、それぞれの差異は曖昧にされてきた。これらの範疇の複数性が表現している一人ひとりの個人が抱え込んでいる社会的存在としての重層性や、日本に居住する人々の文化や歴史の多様性と複合性を無化し同一化する言葉として、「国民」という概念が検討されないまま戦後においても踏襲されたのである。

　戦争の記憶を抹消し科学主義と愛国主義を掲げて出発した戦後の歴史教育は、教師や生徒においては、中心化され一元化された歴史認識へと傾斜してしまう結果をもたらしている。たとえ中心が「天皇」から「労働者」あるいは「民衆」へと置き換えられたとしても、その歴史が「国民の歴史」として中心化し一元化する欲望によって語られるならば、「新しい歴史教科書をつくる会」の「自国の正史」を求める渇望と類似した思考方法に陥らざるをえないのではないだろうか。新しいナショナリズムと対峙するとすれば、少なくとも、戦後の歴史教育が出発点とした前述の三つの枠組みを批判的・反省的に検討する作業が出発点となるであろう。

3　歴史教育の新しい段階へ

　結論と過程とを逆にたどったのかも知れない。歴史教育は、戦後五〇余年を経て、ようやく、戦争の歴史を個の身体の記憶として甦らせ、宿命論に帰結する科学主義の語りを克服し、ナショナリズムそれ自体も相対化しうる歴史の語りを実現する地点まで到達してきたと言うべきだろう。「聖戦」や「正史」の虚妄が今日大衆の喝采を浴びているのも、裏を返して言えば、戦後公的には抑圧され深層に押し込められてきた語りが、その正体を露にする状況にまで達し、表舞台において思想的に克服できる状況を迎えた結果と見ることもできる。

たとえば、歴史教育者協議会の実践において沖縄が明瞭に意識されたのは一九六〇年代に入ってからであり、未解放部落や在日韓国・朝鮮人部落の歴史が主題化されるのも一九六〇年代、そして北海道やアイヌの歴史についての教育は一九七〇年代になって本格化している。日本の歴史を地域から複数的にとらえなおす視点も一九七〇年代に入って一般化している。

戦争の教育についても同様である。教師の戦争責任が意識化されたのは「逆コース」が顕在化した一九五〇年代半ば以降であり、一五年戦争を主題とする歴史教育が一般の学校において実践され始めたのも、遠山茂樹・藤原彰・今井清一の『昭和史』が刊行された一九五五年以降のことである。しかも、初期の戦争の教育は、「戦争体験の伝承」とはいっても、圧倒的に被害者としての語りが中心であり、アジア諸国に対する加害の責任が教育内容として定着したのはごく最近のことである。確かに『三光』（一九五七年）において告白された日本軍の蛮行を教材化した教師も一部には存在したとはいえ、歴史教育者協議会においてさえも、加害責任の問題が最初に討議されたのは一九六九年の大会においてであり、ジェノサイドの歴史として東京大空襲の掘り起こしが提起されたのは一九七一年の大会であった。

一般の学校において戦争の加害責任が教育内容として位置付けられ、天皇の戦争責任を問題にする教育実践が登場したのは、「侵略」と「進出」をめぐって教科書問題が国際化した一九八〇年代以降のことである。「南京大虐殺」「強制連行」「七三一部隊」「創氏改名」など、侵略と殺戮の事実が教育内容として定着したのは、つい最近であることを改めて確認しておきたい。歴史教育は、戦後五〇年を経てようやく、戦争の歴史をまるごと受容する地点までたどりついたのであり、「従軍慰安婦」をめぐる新しいナショナリズムの攻撃は、この地点において登場している。「従軍慰安婦」の記述がすべての中学校教科書で検定を通過するのが一九九四年であり、今日まで、その「削除」を要求する議案が三〇〇以上の地方議会に提出されたが、可決したのは三〇余りの議会でしかない。ようやくそこまで、わが国の国民の歴史認識も到達したのであり、その到達点において日本人の深層の中で抑圧されてきた語りが露呈してきたのが、「新しい歴史教科書をつくる会」の動きなのである。

しかし、今克服すべき課題も歴史教育には多い。その中心的な課題は「国民の正史」への欲望と闘うことである。この課題は、これまで「国民の歴史」と呼んできたものを脱中心化し多層化し複数化する必要を提起している。歴史修正主義の策動に対して「歴史の真実」を擁護し伝承する教育を推進すると同時に、「真実の歴史」を標榜するあらゆる「正史」の欲望と闘わなければならない。

そもそも「日本史」とは、日本という「国の歴史」なのだろうか、それとも日本人と呼ばれる「国民（民族）の歴史」なのだろうか、あるいは日本と呼ばれる地域に棲息した「人々の歴史」なのだろうか。ここで「日本」という地域や「日本人」という国民の境界線が、歴史を通して激しく伸縮してきた事実を認識する必要がある。今日の教科書を見ると、まるで太古の昔から「日本」という地域が安定して存在し、「日本人」という単一民族がそこに棲息し、「日本文化」が自立的に形成されてきたかのように叙述されている。

「日本史」と「世界史」の区分も問題である。「日本史」と「世界史」は内と外の境界線で二分され、世界史が登場しない「日本史」と日本史が登場しない「世界史」の教科書になっている。内と外に二分された今日の歴史教科書では、「日本史」の中に「世界史」を見ることも、「世界史」の中で「日本史」を認識することも不可能である。そもそも「世界史」自体、旧制中学の「東洋史」と「西洋史」を合わせて成立した教科であり、インターナショナルな歴史としての性格を欠いている、という問題がある。

歴史教育は、今後、個人、国民、地球市民（人類共同体）の三つの層を意識した内容の再編が求められるだろう。これまで、わが国の歴史教育は「国民の歴史」の教育であり、個人の教育は「国民」として抽象化され、地球市民の教育は「国際的な日本人」へと解消されて、すべて「国民の教育」というナショナリズムにおいて統合されてきた。この枠組みからの脱皮が求められている。

4　同一性から複数性へ

「国民の正史」への欲望に対抗する歴史教育は「日本史」の複数性を擁護する方法論を必要としている。個から出発し、個人の歴史の複数性をあるがままに肯定する歴史認識の形成である。戦争の歴史のような近・現代史の教育においては、特にこの立場が堅持される必要がある。一人ひとりの身体の抱えている多様な戦争の記憶と歴史を多様なままであるがままに尊重し合うことが、歴史を語り伝承する教育の原則であろう。「善」とか「悪」とか「正しい」とか「過ち」というラベルで一括するのではなく、この日本の近現代を生きた一人ひとりの複数の歴史をそのまま「日本人の歴史」の事実として受容する教育が必要である。何を「善」と見るか、何を「悪」と見るか、何を「正しい」と見るか、何を「過ち」と見るかは、個人の思想信条の自由の問題である。戦時中「国賊」と呼ばれて生きた人も、「聖戦」と信じて玉砕した人も、異国の地で侵略と殺戮を遂行した人も、戦争に怯えて精神に異常をきたした人も、自ら進んで日本に移住したり強制連行されて日本人として帰化した人も、空襲によって命を失った人も、それぞれが「日本人」として戦争の歴史を生きたのであり、その歴史を個の身体の軌跡の記憶として記したのである。その軌跡と記憶の無限のヴァリエーションこそが、日本人の歴史そのものである。その軌跡と記憶に「善／悪」や「反日／愛国」の境界線をひく策動を許してはならないだろう。

個人が体験した日本の歴史の複数性を認識するうえで、マージナルな領域を生きた人々の歴史に学ぶことは重要である。ナショナリズムの欲望と運動は、中心から周辺へと普及し拡張する運動として認識されがちだが、ナショナリズムは、むしろ「国民」と「非・国民」との間に境界線がひかれるマージナルな領域において最も激しく作用し、周辺から中心へと還流する運動として展開することにもっと着目される必要がある。植民地に生きた人々の歴史や、沖縄やアイヌの人々の歴史や、在日韓国・朝鮮人の歴史から、もっと深く学ぶ必要があり、そこに生きた人々の歴史を浮き彫りにして「日本人の歴史」を複数化する必要がある。この作業も歴史教育においては、やっと緒についた段階と言えよう。

たとえば、在日韓国・朝鮮人の歴史に学ぶことは、ナショナル・アイデンティティをめぐる問題がいかに複雑で深刻な問題として日本に存在しているかを教えてくれる。在日韓国・朝鮮人の多くは、祖先の出身地では「朝鮮」であり、帰属している国という点では「大韓民国」であり、ネイティブ・カントリーとしては「日本」であって、祖国（朝鮮）と母国（大韓民国）と故国（日本）という三つの「国民」の分裂したアイデンティティを生きている（徐京植『「民族」を読む』参照）。この三つの分裂の狭間に日本と韓国・朝鮮の近現代の歴史が埋め込まれていると言ってもよい。さらに、この分裂の狭間を認識することは、日本と朝鮮半島との政治・経済・文化の交流の深い歴史を学び、アジアの中の日本、そして世界の中の日本の歴史を再構築する見通しを開く一歩を準備している。

「日本の歴史」は日本という国の歴史ではなく、日本という国に生きた人々の歴史であろう。日本という国に生きた人々の歴史は、「国民の歴史」あるいは「国民の正史」として抽象化された概念に解消されない特異性と複数性を持っている。この個人の歴史の重層性と複数性という多様性を認識する授業が、これまでのわが国の歴史教育においては欠落していたと言えよう。特に近現代史の教育においては、私の歴史、父と母の歴史、祖母と祖父の歴史という個人を軸とする歴史の伝承と語りが、日本人の歴史の教育と並行して課題化される必要があると思うのである。

個から出発し身体の記憶として歴史を語り伝承することは戦争の教育においても中心課題である。国家を単位として認識された戦争は「正義」や「自衛」という虚飾を帯びることも可能であるが、個人を単位とするならば、どのような戦争も国家という暴力装置によって遂行された侵略と殺戮でしかない。近代の日本が侵略戦争を繰り返し、未曾有の大量殺戮を犯した数少ない国の一つであることは紛れもない歴史の真実である。その事実をまるごと認識することは、決して「自虐」に陥ることでも「暗黒史観」に浸ることでもないことは言うまでもない。「聖戦」という虚妄こそが、そして自民族中心のナショナリズムこそが、侵略と敗戦の事実を直視することによって「自虐」の感情を醸成し「暗黒史観」というシニシズムの罠にからめとられる落とし穴になっているのである。

これまで歴史教育に携わる教師たちは「地域教材の掘り起こし」を広く展開して、「民衆」の生きた歴史に学ぶ実践を推進してきた経験を有している。その伝統を継承し「民衆」という統括名称の歴史ではなく「個人」の複数の歴史に学ぶ実践へと移行することが求められよう。戦争に抵抗した人々の歴史、戦争で傷ついた人々の歴史に学ぶだけでなく、戦争に積極的に加担した人々の歴史からも多くのことを学ぶ必要がある。そのような複数性を獲得してこそ、学び手は歴史の記憶を現在の自らの生き方において反省的に継承し、平和を希求する強靭な意志を育てることを可能にするのである。

「従軍慰安婦」の問題は、民族差別と性差別の接点で浮上した戦争と暴力をめぐる問題であり、国民国家と家父長制という近代の二つの支配装置とそのイデオロギーをめぐる問題であった。言説の稚拙さや事実の歪曲や妄言に踊らされることは慎むべきだが、「従軍慰安婦」の問題が浮上したナショナリズムと家父長制の基盤を洞察し、平和教育の反省と推進の糧とすることは必須の課題である。

ここでは歴史教育におけるナショナリズムを検討してきたが、平和教育という点で見ると、国語の教科書や平和教育の教材や児童文学における戦争の扱われ方の検討も不可欠である。好戦的なマンガの世界とは違って、戦争を扱った教科書教材は平和の希求を基調としているが、それらのテキストには、歴史教科書と同等、あるいはそれ以上にナショナリズムと家父長制のイデオロギーが色濃く浸透している事実にもっと留意する必要がある。死者を抹消した戦後を無批判に肯定している「一つの花」(今西佑行)、国定教科書の軍国主義教材「一太郎やあい」と同じ文体を採用し軍国主義を醸成した家父長制イデオロギーに無批判な「おかあさんの木」（大川悦生）や「一太郎やあい」とプロットも文体もほとんど同じであることに無自覚な新教材「父の列車」（吉村康）などなど、今も教科書に採用されたり児童文学として読まれている平和教材の多くが、ナショナリズムと家父長制のイデオロギーに対して無批判であると言っても過言ではない。「従軍慰安婦」の問題をくぐりぬけた今、わが国の文学教育も、歴史教育と同様に、根幹を問い直す作業を開始する地点に到達している。

戦争の教育は、その本質から言って死者の歴史である。戦争の教育とは生者の身体の記憶をとおして語られる死者の語りであろう。歴史教育にせよ、文学教育にせよ、戦争の教育が「国民の歴史（正史）」として抽象化し平和教育が理念化してしまうのは、戦争の記憶を消去し二千万人のアジアの死者と三百万人の日本の死者の声を抹消して「経済大国日本」へと邁進した戦後日本の空白を今日の教育が抱え込んでいるからである。この空白は、今日の子どもたちにおいて歴史の喪失とアイデンティティの霧散という根の深いニヒリズムを生み出し、新しいナショナリズムは、この空白の中に虚妄の歴史を打ち立てようとしている。死者の声を甦らせてニヒリズムやシニシズムに立ち向かい、一人ひとりの身体の記憶として歴史を語る言葉を教室の内外で紡ぎ出すこと、その多様な実践が、子どもたちの中に平和な社会を求める強靭な意志を育てる教育を準備するのである。

12 グローバル化による学校教育のディレンマ

1　はじめに

二一世紀日本の教育改革は〈改革〉と〈危機〉の過剰の中にある。しかも、現在の改革の特徴は、〈危機〉が改革を生み出すだけでなく、むしろ〈改革〉が〈危機〉を増大させるという、〈改革〉と〈危機〉の同時進行、あるいは〈改革〉と〈危機〉のパラドクスとアイロニーにある。

この混乱と混迷は、政治、経済、文化のグローバル化とポスト産業主義社会の出現によって、近代教育制度の根幹を形成してきた国民国家の統合と産業主義社会の建設という二つの規範と正統性が崩れるという〈二一世紀的様相〉において進行している。

グローバル化による政治・経済の構造的変化は、日本においては教育の制度的、社会的、文化的基盤の移行としてではなく、それらの崩壊と解体として作用している。たとえば、制度的基盤の再編は、二〇〇六年の教育基本法改正による法システムの解体、義務教育費国庫負担制度の崩壊による財政システムの危機、分権改革と規制緩和によるヴィジョンなき改革至上主義の横行において顕著である。教育の社会的基盤の崩壊も顕著である。若年労働市場の崩壊、離婚率の急上昇、階層格差の拡大、そして文化基盤の解体としては、学びからの逃走、学力低下、新しい能力主義と競争主義、教育の公共性の崩壊などが顕著である。

これらの〈改革〉と〈危機〉の同時進行は、一九八〇年代の半ば以降の新自由主義と新保守主義の教育政策によって助長されてきた。新自由主義の教育政策の結果、個人の選択の自由による市場原理万能主義が浸透し、制度の責任を極小化して個人の責任を極大化するイデオロギーが普及し、責任概念が〈応答責任〉から〈説明責任〉へと転換して、競争主義が称揚され、〈私〉中心主義によって〈公共性〉と〈公共倫理〉が崩壊しつつある。この進行を積極的に推進したのはマスメディアであった。マスメディアは、ポピュリズムによって喚起された〈教育危機〉の集団ヒステリーに同調して、学校批判と教師批判を繰り返し、学校現場における教育の危機を深刻化させた。

本章では、この三〇年間における学校の危機の進展を政治的に分析し、グローバル化による学校カリキュラムの〈改革〉と〈危機〉が日本においてどのように議論され、どう展開しているのかについて報告することとしたい。

2　転換期の学校

日本の教育は、歴史的転換点に立っている。日本における近代教育は学制の公布に始まり、欧米諸国が数世紀をかけて達成する教育の普及をわずか一世紀で達成してきた。すでに欧米の教育システムを導入する以前、すなわち明治維新（一八六七年）以前において世界一の水準といわれるリテラシー（識字能力）の普及が民衆教育機関（寺子屋、郷学）において達成されていた事実が、この急速な近代教育の基盤にあったことを無視することはできない。学制において導入された米国の翻訳教科書を使用した小学校と日本の伝統文化を教えた民衆教育機関との並存は、その後約二五年間持続するが、日清戦争と日露戦争との間、すなわち一八九五年から一九〇五年の間に義務教育の就学率は六一％から九六％に飛躍的に発展し、二〇世紀の初頭において、日本の義務教育の普及はすでに欧米を凌駕する水準に達している。この急速な教育の近代化が、極東の後発国として出発した日本の中央集権的な国家政策によって推進されたことはいうまでもない。欧米列強に匹敵する国民軍隊の組織と一九世紀末に着手される産業革命による産業主義化が、近代の教育化を推進した二つの推進力であった。国民国家の統合と産業主義社会の建設である。

初等教育の普及がいち早く達成されたのに対し、第二次大戦の終了まで、中等教育と高等教育は少数のエリート教育の枠に閉ざされていた。中等教育と高等教育の普及は、一九四五年から一九五一年までのアメリカ占領期における教育の民主化によって準備された。一九四七年にアメリカ占領軍ＧＨＱ（General

Head Quarters）の指導を受けて実施された新学制は、前期中等教育までの九年間を義務教育として定め、六・三・三・四の学校体系に移行したが、その新たに義務化された中学校は当初から一〇〇％近い就学率を達成していた。

しかし、後期中等教育の高校と高等教育の大学と短大が急速に普及するのは、一九六〇年代と一九七〇年代の高度成長期、すなわち急速な産業主義化の時代である。この後期中等教育と高等教育の急速な普及も驚異的である。一九八〇年に、高校進学率は、義務教育ではないにもかかわらず、九四％に達し、大学と短大の進学率は三七％に達している。当時、ヨーロッパ諸国の高校進学率（全日制）が七割程度、大学の進学率が一〇％台であったことを考慮すれば、この急速な普及がいかに驚異的であるかを知ることができよう。アメリカは唯一、日本以上の水準を達成していたが、日本の高校の卒業率がほぼ一〇〇％であったのに対し、アメリカの高校の卒業率が七五％前後であったことを考慮すれば、日本の教育の普及は、一九七〇年代の末には欧米諸国を凌駕したといってよいだろう。

この中等教育と高等教育の急速な普及は、戦後改革における教育の民主化によって達成された教育の機会均等の成果であるが、その推進力となったのは、戦前と同様、強力な国民国家を標榜するナショナリズムと急激な産業主義化であった。第二次大戦によってアメリカに惨敗した日本人が、資源のない国において強い国家を築くために力を投入したのは教育であった。実際、敗戦の屈辱を体験した世代の日本人にとって、敗戦は科学技術における敗戦であり、アメリカの経済力に匹敵する国際的な経済力を形成することは「戦後の戦争」であった。その結果、教育と並ぶ経済の発展も驚異的であり、一九八五年のＧＮＰは一九七〇年の四五〇％に達している。

「ジャパン・アズ・ナンバー1」（エズラ・ヴォーゲル）という言葉が世界を席巻したのも一九八〇年である。この言葉は日本の経済力を表現したものだが、すぐに日本の教育の枕詞になった。日本の飛躍的な経済発展は学校教育の成果だというのである。それを裏づけるように、一九八二年に実施された国際学力調査（IEA）の結果において、日本の中学二年生の数学の学力が参加二五カ国中で第一位を獲得したことによって、「日本の教育は世界一」という賛辞は世界の常識になった。世界の人々は、一二世紀のマルコ・ポーロが「日本は金の国」と絶賛したのと同様、「日本は教育の国」と絶賛するにいたる。一種のオリエンタリズム（サイード）である。

海外の評価が頂点に達した時点で、日本の教育に対する国内の評価が最低になったのは、歴史の皮肉である。日本の教育の普及は一九八〇年にピークに達したと見てよい。事実、後期中等教育の進学率は、一九八〇年から今日まで微増しているだけであり、大学の進学率は、一九八〇年の三七％からしばらく停滞し、一九八六年に上昇傾向を示し、近年に上昇して六〇％に接近しているが、この一九八六年と近年の上昇は、いずれも高校卒業者の就職難によるものであり、大学への進学率も、一九八〇年に急速な上昇を停止している。その一九八〇年、すなわち一世紀にわたる教育の近代化の到達点において教育の危機が爆発したのは、まさしく皮肉以外の何物でもない。

教育危機が最初に勃発したのは、中学校の校内暴力であった。地方の漁業の港町尾鷲市で発生した中学校の校内暴力は警察権力の導入で沈静化されるが、全国紙の一面で報道されたこの暴力事件は、すぐに全国の中学校に拡大し、三年間に数校に一校の割合で暴力事件が多発するにいたる。この時期、中学校では高校への受験競争が激化し、人生の成功と不成功が実質的には大学受験よりも高校受験で決定されるようになっていた。その窒息状況が、中学生の暴力を誘発したのである。この中学校の校内暴力は、その後の学校の生徒管理の徹底と警察の補導によって一九八三年には沈静化するが、その後ふたたび上昇へと転じている。同時期、子どもによる家庭内暴力も拡大し、暴力をめぐる問題は、子ども問題の中心問題の一つとなった。

一九八三年の校内暴力の一時的な沈静化とともに、新聞やテレビで大きく報道されはじめたのが、いじめと不登校と引き籠もりの拡大である。子どもの暴力は管理主義の教育によって子ども自身の内面へ向かうものとなった。いじめの発生件数は、一九八四年の一二万件を頂点として二〇〇二年には二万二千件近くまで減少するが、二〇〇六年度から「いじめ」の定義等を変更し、調査を実施することになり、二〇〇七年には一二万五千件にまで激増した。不登校の生徒（心理的な要因で年間三〇日以上学校に行かない者）の数も、今日まで一貫して上昇しており、現在二〇二三年は三五万人に接近している。

さらに、戦後一貫して減少傾向にあった少年犯罪が一九九〇年代半ばから増加に転じ、二〇〇〇年には一四歳から一八歳までの青少年犯罪の件数が、警察による全検挙者のうちの五〇％を超えている。人口比でいえば、わずか七％の世代が全犯罪の半数以上を起こしているのである。青少年の犯罪は先進国においていずれも深刻である。日本の青少年犯罪の総数は非常に少ないが、アメリカにおける青少年犯罪の全犯罪に占める比率が九％、最も深刻とされるイギリスにおいても一七％であることを考えれば、日本の青少年犯罪の全犯罪に占める比率が五〇%を超えているのは異様である。なお、この数値は、近年減少傾向にあるが、なお三〇%近くを示し、日本の社会が子どもと青年にとって息苦しい社会になっていることを示唆している。しかも、一九七〇年代までの青少年犯罪は、その大半が都市の中心部に住む貧困層の青少年であったが、一九八〇年代以降は、その多くが都市郊外に住む新中間層の青少年の突発的な一過性の犯罪である。

こうして一九八〇年代に「教育危機」は、マスメディアによって中心的な社会問題の一つとなった。一九八〇年以降の日本において教育に関する記事がテレビのニュースに登場したり、新聞の一面で報道されたりすることは稀であったが、一九八〇年以降は連日のように「教育危機」がテレビのニュースで報道されたり特集が編まれ、新聞の一面も飾っている。

新保守主義と新自由主義の教育政策が登場し、教育改革の中心的なイデオロギーを形成したのは、この文脈においてであった。一九八四年、日本で初めて新保守主義と新自由主義を掲げた中曽根首相の私的諮問機関である臨時教育審議会は、一世紀以上にわたる「教育の近代化」の終焉を宣告し、前述の一連の教育の危機的現象が欧米をモデルとする「画一的平等」と「効率性」を中心とする教育の結果であると批判し、「教育の自由化」を提言している。この臨時教育審議会の改革提言は、そのレトリックにおいて、それまでの教育政策と根本的に異なるものであった。教育の機会均等と平等は、戦後の民主主義教育の大原則であったからである。

臨時教育審議会に託した中曽根首相の当初の目的は、ヴァウチャー制度の導入による公立学校の民営化であった。ヴァウチャー制度とは、新古典主義のシカゴ学派のミルトン・フリードマン（Milton Friedman, 1912 - 2006）が発案した方式であり、教育委員会が親に金券〈ヴァウチャー〉を発行し、親の学校選択の自由を認めて、公立学校を民営化して企業体として運営する方式である。中曽根内閣の新自由主義の政策によって国有鉄道の民営化と電信電話公社の民営化が断行されたが、その民営化政策の一環として公立学校の民営化が計画化されたのである。

公立学校の民営化の政策は、教育の機会均等と平等の原則を固守する文部省の抵抗によって臨時教育審議会の提言からは除外され、報告書において「教育の自由化」は「教育の個性化」へと修正された。しかし、一九八四年の臨時教育審議会以降、新自由主義のイデオロギーは、マスメディアを通して教育学者や教育評論家、一般市民および教員組合の中にも急速に浸透し、教育改革の中心的なイデオロギーとなった。当初激しく抵抗した文部省も一九九〇年代には、新自由主義の教育政策の中心勢力へと変貌している。公立学校と公立学校の教師は、一連の教育病理の責任を問われて、マスコミからも教育学者からも教育評論家からも一般市民からも文部省からも批判され、スケープ・ゴート（贖罪のヤギ）となった。

公立学校と教師に対する批判は、一種のステレオ・タイプを形成している。公立学校は「画一的平等」と「テストによる勉強の強制」と「厳しい校則」によって、監獄のように、子どもの自由と個性を抑圧しており、その結果、「いじめ」と「不登校」が拡大し、少年犯罪も多発しているというのである。このステレオ・タイプは、その後二〇年近く、あらゆるメディアや雑誌や新聞を通して繰り返し語られた。事実、この解釈に基づく「いじめ」や「不登校」の出版物は、一五年間、絶えず書店の店頭を飾るベスト・セラーになっている。そして、このステレオ・タイプの公立学校への批判と教師批判がマスメディアを通じて喝采をあびればあびるほど、新自由主義のイデオロギーが教育改革の政策に浸透し、逆に、新自由主義のイデオロギーが教育政策に浸透すればするほど、大衆の公立学校批判と教師批判が強まるという相乗作用を起こしている。

しかし、新自由主義のイデオロギーを基盤として浸透した「教育の危機」は、マスメディアによる「創られた危機（manufactured crisis）」であることに留意する必要がある。文部省が実施した一九九八年の調査結果を見ると、九八％の小学生が「学校が楽しい」と答えている。もちろん、この数値は、今日の学校に問題がないことを示してはいないし、学校は楽しい場所でなければならないという小学生の強迫観念を示しているともいえるが、しかし、学校は監獄と化しているという公立学校批判のステレオ・タイプが現実ではないことを示している。

いまや一般の人々は子どもの自殺と聞くと「いじめ」の結果と即断してしまうが、「いじめ」が原因の自殺は子どもの自殺の一％である。子どもを自殺に追い込んでいる残りの九九％の要因は、いまも繰り返される「創られた危機」のステレオ・タイプの背後で隠されたままである。

公立学校への批判の最大の焦点となっている不登校についても同様である。不登校の数が一貫して上昇傾向にあること自体は深刻であるが、不登校の定義となっている年間三〇日の欠席という基準は、アメリカでは「よく学校に通いました」という皆勤賞の基準である。義務教育の登校率は、世界の国々の中でトップ水準に位置することを認識しておかなければならない。少年犯非に関しても、いくら増加傾向にあるとはいえ、日本の青少年犯罪の発生率は先進諸国の中で最低の水準にあることを同時に認識しておく必要がある。

このように繰り返し語られてきた「教育の危機」の多くは「創られた危機」にすぎない。しかし、公立学校が歴史的な転換点に立たされ、子どもたちの中に新たな危機が浸透していることも事実である。マスメディアが一貫して無視してきた「現実の危機」である。

子どもたちの中に拡大している「現実の危機」の一つは、私が「学びからの逃走」と呼んできた現象である。マスコミと一般市民および文部省の政策担当者の大半が「日本の子どもは勉強に追われてゆとりがない」という常識的な観念に縛られているが、この認識は四〇年前までの日本の子どもの現実であって、今日の子どもの現実ではない。それどころか、今日の日本の子どもは、どの調査結果を見ても、世界で最も勉強しない子どもへと変貌している。

たとえば、二〇〇二年の国際教育到達度評価（ＩＥＡ）の結果において、日本の中学二年生の学力は数学で第五位に低下し、二〇〇六年のＰＩＳＡ調査において読解力はＯＥＣＤ加盟国の平均以下にまで転落した。またＩＥＡ調査、ＰＩＳＡ調査を含め、日本の子どもの校外の学習時間は調査対象国の中で最下位。教科の好き嫌いを調べた項目では数学は下から二番目、理科は最下位であり、教科を学ぶ意味を尋ねた項目では数学も理科も最下位であった。

「学びからの逃走」の進行は過激である。東京都の生活文化局の一九九八年の調査では、校外の学習時間がゼロの中学二年生の割合は四四％にまで急増していた。この状況は二五年後の現在、若干の改善は見られるものの、中学生の三割、高校生の四割は学校外の学習時間、読書時間はゼロである（世界平均は三時間）。一般的にいって、小学校の高学年から約二割の学習に熱心な子どもを残して、大半の子どもたちが自分の能力にはやばやと絶望し、学校の学習を嫌悪して学びから逃走している。「創られた危機」において危機の中心とされる「いじめ」や「不登校」や「少年犯罪」が学齢児童の数％の現象であるのに対して、「学びからの逃走」は学齢期のほぼすべての子どもに浸透している「現実の危機」である。

しかし、なぜ、四〇年前まで世界一勉強熱心だった日本の子どもたちが、世界一勉強嫌いの子どもたちへと変貌したのだろうか。日本の教育の「現実の危機」の深刻さがそこに表現されているように思われる。

3 「東アジア型教育」の崩壊

現代日本における教育危機の拡大は、「東アジア型教育」の破綻として性格づけることが可能である。「東アジア型教育」とは、中国・北朝鮮・韓国・日本・台湾・香港・シンガポールの七つの国地域の教育を特徴づける概念であり、第二次大戦以前は、日本の植民地支配によって普及し、戦後は、日本の飛躍的な経済発展をモデルとして浸透している。なお、通常「東アジア」と呼ばれる地域はマレーシアも含んでいるが、マレーシアはイスラム圏に属し、前記の七つの国とは異なり独自の発展を遂げているので、ここでは除外している。

「東アジア型教育」の最大の特徴は、「社会移動（social mobility）」の装置として学校を機能させ、中央集権的な国家統制によって「圧縮された近代化（compressed modernization）」を達成したことにある。日本の教育の量的普及がわずか一世紀で欧米諸国を凌駕したことは先に示したが、「圧縮された近代化」は韓国や中国や台湾においてさらに顕著である。これらの国々は、わずか半世紀で日本の教育と同等の量的普及を達成している。今日、韓国と台湾の大学進学率は九〇％を超えており、日本の水準を凌駕している。「圧縮された近代化」は、第二次大戦後の世界システムにおける東アジアの特殊性に根ざしていた。冷戦構造は、経済発展という点では、ある意味で平等なシステムであった。先進国であれ開発途上国であれ、あるいは資本主義の国であれ社会主義の国であれ、冷戦構造下においては、どの国もＧＮＰにおいて年率四％前後の成長を達成したからである。

しかし、東アジアの国々は、中国を除いて、冷戦構造下において年率一〇％前後の急激な経済発展を達成している。日本のＧＮＰ（Gross National Product）が一九七〇年から一九八五年にかけて四五〇％も増大した事実は先にもふれたが、韓国についていえば、一九七〇年に国民一人当たりのＧＤＰ（Gross Domestic Product）は約三〇〇ドルだったが、二〇〇〇年には一万ドルに接近している（二〇二二年には三万一一二二ドル）。

東アジア諸国における経済と教育の双方における「圧縮された近代化」が、朝鮮戦争とベトナム戦争の特需に支えられたことは明らかである。そして東アジアの国々は、冷戦構造が崩壊するまで保護貿易を固守し、独自の経済政策で急速な産業主義化（industrialization）を達成した事実も重要である。さらに日本についていえば、安保条約によって米軍の傘のもとに自らを組み込み、戦前は国家予算の三〇％以上に達していた軍事費をGDPの一%以下に削減し、多額の国家予算を経済と教育の発展に投入することを可能にしてきた事実も無視できない。

しかし、東アジア諸国の教育と経済の「圧縮された近代化」は、皮肉にも、近代化が頂点に達した時点で深刻な崩壊の危機に直面している。その危機は一九八〇年代に潜在的に進行し、一九八九年のベルリンの壁の崩壊と翌年のソ連邦の崩壊による冷戦構造の崩壊によって一挙に顕在化し、一九九七年のタイにおけるバーツの下落を起点とする「アジア危機（Asia shock）」によって決定的となった。その意味で韓国が、国民一人当たりの総生産（GDP）を悲願であった年間一万ドルに接近させた時点で、戦後直後の国内備蓄のレベルに急激に転落し、IMFの管理下に入ったことは象徴的である。グローバリゼーションによって「圧縮された近代化」は「圧縮された崩壊」へと反転したのである。

「圧縮された近代化」を特徴とする「東アジア型教育」は、いくつかの共通する特徴を有していた。その第一は、学校を「社会移動」の装置として活用して大衆教育の急速な普及を達成するとともに、学校のシステムをピラミッド型に序列化し、受験競争と学歴主義を激化させたことである。事実、受験競争の激しさは「東アジア型教育」のきわだった特徴である。

たとえば、韓国の高校生は、三食の弁当を持参して登校し、朝七時から夜一〇まで授業を受けている。正規の授業は三時に終了するのだが、その後、大学受験のための補修授業が夜一〇時まで続く。韓国では一九七〇年代に受験競争が過熱化して病弱の中学生が増えたため、軍隊の弱体化を危惧したパク・チョンヒ大統領は、「平準化」政策を推進して高校入試を廃止し、塾や予備校を法律で禁止した。その結果、高校が塾や予備校の役割を果たす結果になったのである。いくら法律で禁止したとはいえ、闇の塾や予備校は多数存在する。生徒の多くは、夜一〇時に高校で補修授業を終えた後も深夜まで闇の塾や予備校に通っている。

同様の現象は、近年、中国において顕著である。中国の都市部の高校生は、韓国よりも過激で、朝六時から夜一一時まで高校で受験勉強をしている。北京市の住民のうち、大学を卒業した者の比率は七％であるが、親の九〇％以上が子どもを大学に進学させることを希望し、親の四〇％以上が子どもに海外の大学院で博士号の学位を収得させることを望んでいる。大衆の「社会移動」の欲望を基盤として達成された教育の「圧縮された近代化」は、受験競争の過激化を伴って進展したのである。

「東アジア型教育」の第二の特徴は中央集権的な国家統制にある。「東アジア型教育」を推進した七つの国々は、いずれも「開発独裁」と呼ばれる中央集権的で官僚主義的な教育行政によって「圧縮された近代化」を推進してきた。しかも、東アジアの国々は、中国と台湾、北朝鮮と韓国という二つの民族の分裂、および日本と韓国を拠点とするアメリカの新植民地化政策により、自国中心のナショナリズムを醸成する国際関係に置かれてきた。ナショナリズムの教育政策が「圧縮した近代化」の中心的な推進力となってきたのである。

「東アジア型教育」の第三の特徴は、急速な産業主義化に伴う「効率化」にある。東アジアの国々は、一学級の定員がどの国も四〇名以上という悪条件を抱えながらも、過剰な教育内容を処理し、国際的にトップレベルの学力水準を達成するという「効率性」によって「圧縮された近代化」を達成してきた。一九九九年以降の国際教育到達度評価（ＩＥＡ）における数学と理科の学力成績は第五位までが、シンガポール、韓国、香港、台湾、日本という「東アジア型教育」で独占されてきた。この教育の「効率性」は、過去三五年でＧＤＰを二六倍も増加させ、「圧縮された近代化」を過激に推進した中国では顕著である。中国の小学校では日本の小学校と中学校の九年間で教える漢字の量が一年ごとに教えられ、数学では日本の小学校の二年分が一年間に詰め込まれている。

しかし、「圧縮された近代化」を特徴とする「東アジア型教育」は、まさにその近代化を達成した時点において、その弱さを露呈させる結果をもたらしている。最大の推進力であった「社会移動」の機能は、教育の量的拡充が頂点に達した時点で、その効力を喪失する。「圧縮された近代化」の途上においては、大半の子どもが教育を受けることによって親よりも高い教育歴を獲得し、親よりも高い社会的地位を獲得していた。しかし、教育の量的拡充が頂点に達すると、わずかの子どもしか親よりも高い教育歴を獲得できないし、親よりも高い社会的地位を獲得することはできない。学校は人生の幸福を約束する場所から、人生の失敗と挫折を体験する場所へと様変わりする。

さらに「東アジア型教育」における「圧縮された成長」は、強力な国民国家の構成と急速な産業主義化を二つの主要な推進力として遂行されてきた。しかし、冷戦構造の崩壊後における政治、経済、文化のグローバリゼーションと、それに伴う産業主義社会からポスト産業主義社会への移行は、「東アジア型教育」の推進力であった国民国家の統合と産業主義化の二つを根底から突き崩している。

こうして東アジアの国々は「東アジア型教育」の破綻という共通の難問に直面している。「東アジア型教育」の破綻は、端的にいって、「日本型教育」の破綻である。その危機は、①冷却しない受験競争、②教育の目的の喪失と学びからの逃走、③若年労働市場の解体、④排他的なナショナリズム、⑤過激な私事化と民営化、⑥学校の規範性（norm）と正当性（legitimacy）の喪失、⑦親や市民の学校不信と教師不信、⑧青少年の非行と暴力、⑨詰め込みの学び（rote learning）とテスト中心の学び、⑩大規模学級と画一的指導、などに見ることができる。

しかも「東アジア型教育」の破綻を克服する政策においても、多くの国々が日本の教育政策を模倣する展開を遂げた。一九九六年以降、韓国と台湾の教育政策は約三年遅れで日本の教育政策を模倣する展開を遂げていたし、二〇〇一年三月に決定された中国教育部のカリキュラム政策は、日本の文部科学省が作成した学習指導要領（Course of Study）を翻訳した方針で構成されていた。グローバリゼーションのもとで、戦前の植民地支配に匹敵する新しい文化的植民地化が進行したといってもよい。その後、二〇〇〇年以降、東アジア諸国の教育は日本モデルから離脱して、フィンランド、カナダをモデルとする政策へと転換している。

4　新自由主義・新保守主義の教育改革

新自由主義と新保守主義の教育改革は、二〇〇二年以降、とくに小泉首相と安倍首相によって強引に推進された。その結果、次のような変化が教育現場に生じている。

① 学校選択制度が導入され、多くの地方教育委員会が学校を市場競争の原理によって統制するようになった。二〇〇八年には、学校選択制度を導入している地方自治体は二八七自治体であり、全体の八％に達した（現在は激減）。

② 都道府県教育委員会によって習熟度別指導によるトラッキングが学校に導入され、二〇〇八年には、小学校の六八％、中学校の七三％が、数学や英語の教科において能力別の学級編成を行っていた（二〇〇九年以降は激減）。

③ 教師バッシングのもとで、教師の給与は過去三〇年間で平均二〇％低下している。

④ 文部科学省は二〇〇七年に全国学力テストを導入したが、その時点で、九〇％以上の都道府県が標準学力テストを導入し、学校をテストによる競争状態に追い込んでいた。

⑤ 二〇〇五年のOECDの調告によれば、日本はOECD加盟三〇カ国の中でアメリカについで五番目に貧富の格差の大きい国になっている。

⑥ 東京都や大阪府の大都市では、小学校、中学校、高校の児童生徒の三割近くが〈貧困〉に苦しんでいる。

⑦ 大阪府の高校生の四割が貧困のために授業料を払えない状況にある。

⑧ ポスト産業主義への急速な移行と長引く経済不況のために、若年労働市場は一九九二年から二〇〇二年までの一〇年間で九〇％が消滅した。二〇〇八年現在、高卒者の三人に一人、大卒者の四人に一

人が定職についていない。

⑨ 親の教育費負担は世界一に達している。とくに貧困家庭の教育費負担は深刻であり、年収三〇〇万円以下の世帯では家計の六〇%が教育費に費やされている。

⑩ 学びからの逃走は深刻であり、中学生の三割、高校生の四割が学校外でまったく学習していない。

⑪ 教師の超過勤務(無償)は限界に達しており、二〇〇七年の文部科学省の調査によれば、小、中、高校の教師の一週間の平均労働時間は五二時間に達している。

⑫ 子どもと親の教師に対する信頼は世界で最低レベルにまで落ち込み、教職の専門性を保障する教育、研修の機会も世界で最低レベルに落ち込んでいる。

⑬ 最も深刻なのは教育予算の削減であり、日本の公教育費(二〇〇八年)は、GDP比率でいえば、OECD加盟国三〇カ国中ワースト二位、政府予算費でOECD加盟三〇カ国中ワースト五位にまで落ち込んでいるが、いっこうに改善される兆しはない(二〇二三年現在は世界一三四位)。

5 カリキュラム政策としての学力政策

学力問題が教育改革の中心問題に浮上したのは約三〇年前のことである。その背景はいくつかある。第一はグローバリズムのもとでの国家戦略としての教育改革の推進である。第二は小泉首相の登場によって拍車がかかった新自由主義による競争主義的・能力主義的な教育の推進である。第三は「小さな政府」を求める分権改革と規制緩和による学校と教師に対する新たな評価と管理の推進である。第四はメディアを媒介とする公教育批判による教育産業の市場拡大である。

第一の国家戦略としての教育改革は、グローバリゼーションのもとで先進諸国はポスト産業主義社会(高度知識社会)へと急激に移行し、経済の国際競争力を高めるうえで教育水準の向上が必須条件になったことによる。国際学力テストの結果がランキング競争として大々的に報じられているのは、学力の国際ランキングが直接的に経済の国際競争力を表現していると認識されているからである。グローバリゼーションによるナショナリズムによって経済の国際競争と学力の国際競争は同一視され、国家戦略としての教育改革を推進するために学力ランキング競争が利用されている。

第二の新自由主義の政策は、教育を責任からサービスへと転換し、サービスの受益者による自由な選択と自己責任、サービスの提供者における生存競争という市場原理によって学校を統制する新しいシステムを形成している。学力テストによる学校と教師の評価と教員査定制度と学校選択制度はその格好の条件をもたらしている。これまでの常識的な観念において学力テストは子ども(生徒)を評価対象としてきたが、今日の学力テストは教育行政機関を評価し学校を評価し教師を評価するものへと変貌している。そして第三の分権改革と規制緩和による新たな学校管理と教員評価の要請は、学力のランキング競争によって新自由主義の教育改革の直接的推進力を獲得している。

第四の教育産業の市場拡大の欲望は「学力低下」論争の最大の推進力であった。一九九六年の時点でバブル期と比べて収益を三割近くも落として存続の危機に直面していた受験産業は、「学力低下」をめぐる集団ヒステリーによって見事に復活し、二〇〇六年には史上最大の収益をあげている。メディアを通じて浸透した公教育に対する不信感の醸成、小泉内閣によって推進された「聖域なき構造改革」による公教育の民営化を背景として、「学力問題」は教育産業の復活と飛躍の契機となり、その結果、親の教育費負担は世界一高額に達している。

前記の背景が示すように、学力政策は教育改革の諸領域の中で最もポピュリズムが浸透しやすい領域である。学力は、国家においては「国力」の源であり、個人においては「人間力」の源であって、誰もがその危機を感じ、誰もがその危機について議論し、誰もがその解決について意見をもつことができるからである。

もう一つ看過しえない問題がある。学習指導要領の制度的問題である。新学習指導要領は、教育課程行政として見ると、次の二つの特徴を示している。

第一は、教育基本法改正に伴う学校教育法改正による学習指導要領の変化である。この変化は義務教育の内容編成の原理的変化であり、その意味は決して小さくはない。旧学校教育法第二一条は「義務教育」の内容を八領域で示していた。この規定は言葉で明示されてはいないが、「義務教育」の目的を普通教育(general education)に求め、その普通教育の内容を領域で示した規定であった。しかし、改正学校教育法第二一条は、改正教育基本法の前文、第一条、第二条、第五条に盛り込まれた教育の理念と規範と目標に基づいて、教育内容を「知識」「技能」にとどまらず、「態度」を含むものへと拡張し、公教育としての普通教育の概念と性格の枠組みを超えて義務教育の目標と内容を国家規範と国家戦略に結合させる規定へと変化している。新学習指導要領は学校教育法第二一条の改正を受けて、普通教育としての公教育の内容領域を提示する文書から、国家戦略と国家規範を教育内容として具体化する政策を表明する文書へと変貌したといえよう。新学習指導要領は、その結果、これまで以上に教育の内容と方法に直接的かつ具体的に介入する性格を強めている。

第二は、新学習指導要領の中央集権的統制がそのまま持続され、世界の教育改革の趨勢である分権改革に逆行している点である。カリキュラム行政における分権改革の方向は世界各国に共通した現象であり、グローバル・スタンダードといってよい。どの国も教育改革を国家戦略として位置づけ、ナショナル・テストによる中央集権的評価を推進しているのも事実であるが、もう一方で、カリキュラム政策と教師政策においては分権改革を推進し、国家が定める教育内容を大綱化し、カリキュラムの編成と実施の権限と自律性および学校経営に関する権限と自律性を中央の教育行政機関から学校と教師に委譲する改革を実施している。

もともと中央集権的統制の強い日本の教育課程行政において、教育内容の編成と実施に関する権限を思い切って脱中心化して分権改革を推進することは、「知識基盤社会」への対応と同等あるいはそれ以上に重要な課題であったはずである。しかし、新学習指導要領においては教育課程の編成権の分権化や学校と教師の自律性と創造性の拡大については、まったく考慮されていないばかりか、むしろ文部科学省が学習指導要領によって教育の内容と方法をより詳細に決定し介入することによって、学校と教師の自律性や創造性を限定する結果を導いている。文部科学省は、「学力問題」をめぐる学校批判と教師批判を一身に引き受けることによって分権改革に逆行する政策を推進し、かえって学校と教師の自律性と創造性を規制する機能を果たしてきたのではないだろうか。

教育改革における分権改革のよじれは、教育危機の重大な問題の一つである。義務教育費国庫負担問題に象徴される過激なほどの構造改革は、分権改革として見ると、文部科学省から都道府県の首長に財源と権限が委譲されただけで、市町村教育委員会と学校と教師はむしろ財源を失い、自律性と創造性を限定づけられる結果を招いている。そのため、日本の学校と教師は、諸外国と比べて、分権改革から最も阻害された状況に立たされている。

カリキュラム行政における日本の学校と教師の自律性の現状については、その国際的な位置がＰＩＳＡ調査によって示されている。ＰＩＳＡ調査（二〇〇六年）は一四項目にわたって学校における教師の意思決定の権限について調査したが、調査対象となった五五カ国・地域の中で、日本は、韓国やタイと並んで、学校と教師の自律性が最も確立されていない国である。この現実を考慮するならば、新学習指導要領は、教育内容をこまごまと厳密に規定するのではなく、学校において教育課程を自律的に編成するための大綱的基準を提示して学校と教師の創意と責任をいっそう重視すべきであった。ちなみに「学力論争」において話題の中心となった「ゆとり」という用語は、もともと一九七八年の学習指導要領改訂において教育課程の編成における「学校裁量」を拡大する趣旨で導入された言葉であった。その後二回にわたる学習指導要領改訂において文部科学省は「生活科」の導入や「総合的な学習の時間」の設定など、限定的ではあるが、学習指導要領を大綱化し学校と教師の自律性を拡大する方向性を堅持していた。しかしその後の学習指導要領においては、これまでの大綱化の方向は失われ、教育内容を細部にわたって厳密に規定し、さらには学力の概念や教育の方法まで規定することによって分権改革に逆行する政策を導いている。

6　学力政策のポリティクス

学力政策の性格を理解するうえで、ＰＩＳＡ型学力の鍵概念となっている「リテラシー」の概念を検討する必要がある。ＰＩＳＡ型学力は、東アジア諸国では「コンピテンシー」を中心に理解されているが、文書を読めば一目瞭然で「リテラシー」が中心概念である。

「リテラシー」は多義的な概念である。この概念の内包を最小に限定すれば「読み書き能力（＝識字）」と定義され、最大に拡張すれば「オーラリティ（口承文化）」に対する「書字文化（文字を媒介とする文化）」と定義される。この最小と最大の意味のうち、基底的なのは後者の意味であり、「リテラシー」はまず「口承文化」に対する「書字文化」として規定することができる。

しかし、同時に注目すべきことは、この概念が教育概念として成立したという歴史的事情であろう。オックスフォード英語辞典（ＯＥＤ）によれば、「literacy」という用語が最初に文献に登場するのは、一八八三年にマサチューセッツ州教育委員会が発行した公報『エデュケーション・ジャーナル』においてである。「リテラシー」という概念は教育概念として登場したのであり、一九世紀に制度化された公教育の共通教養を意味していた。

それ以前に literacy に該当する言葉は literature であった。現在、この言葉は「文学」というジャンルの意味に限定されているが、近年になるまでこの言葉は読書を通じて形成される優れた教養あるいは博覧強記を意味していた。この「優れた教養」という意味は literature という言葉が一四世紀にラテン語から英語に導入されて以来、一貫している。たとえば、フランシス・ベーコン（Francis Bacon, 1561-1626）は、「あらゆる文献の知識に通じていること」を literature と称している。この言葉が近代になって「文学」を意味するようになったのは、文学こそが優れた教養を提示する代表的な言語表現の様式だったからである。

したがって、「リテラシー」の意味は人々が保有すべき「共通教養」と理解するのが妥当である。「識字能力」としての狭義の意味は後に付加されたものである。その歴史はアイロニーとして興味深い。近年のイギリスとアメリカのリテラシーに関する歴史研究は、公教育が制度化し普及した一八世紀から一九世紀にかけて人々の「識字能力」は高まるというよりも、むしろ低下したという歴史の皮肉を示している。たとえば、イギリスの識字率を調査した研究では、識字率の発展は一七世紀と一八世紀の末に起こっており、一九世紀の識字率は一八世紀の大衆の識字率よりも低下していると結論づけている。

イギリスに限らず、多くの先進諸国において、公教育の制度化と普及の時期になぜ識字能力の低下が起こったのだろうか。その最大の要因は産業革命にある。大工場生産システムの普及は、知的能力や職人芸を必要としない大量の単純労働者を生み出し、マニュファクチャー段階のギルド組織が保持していた職人としての技能や読み書き能力の教育機能を崩壊させてしまったのである。

「リテラシー」という概念は一九世紀の末に成立して以降、「機能的リテラシー（functional literacy）」の概念へと発展する。この概念を最初に提起したのは、一九三〇年代にニューディール政策を遂行した民間国土保全部隊（Civilian Conservation Corps）であった。「機能的リテラシー」とは社会的自立に必要な基礎教養を意味しており、その基準は一九四七年に国勢調査局において四年ないし五年程度の学校教育の水準として規定され、一九五二年には六年程度の学校教育の水準、一九六〇年の教育省の規定で八年の学校教育の水準へ、さらに一九七〇年代の末にはハイスクールの卒業程度の教育水準へと変更されて今日にいたっている。この経緯が示すように「機能的リテラシー」の水準は、学校教育の大衆化の水準に対応して定められてきた。

この社会的自立の基礎という用法は、一九五六年にウィリアム・グレイ（William Gray）によってユネスコの推進する開発途上国におけるリテラシー・プログラムにおいて採用された。ユネスコにおいても「機能的リテラシー」は「読み書き能力だけでなく、大人になって経済生活に十全に参加するための職業技能を含む」と定義されている。

以上を概括すると、「リテラシー」は二つの意味を担ってきたといえよう。一つは「教養」としての伝統的概念であり、この用法は中世においては「高度の教養」を意味してきたが、近代になって「公共的な教養」あるいは「共通教養」を意味するものへと変化している。もう一つは一九世紀に登場した「読み書き能力」あるいは社会的自立の基礎となる「読み書き能力」を意味するリテラシーであり、この用法は教育の専門用語として登場し、社会的自立の基礎となる「機能的リテラシー」という概念に支えられて普及してきた。

「リテラシー」の概念についての前記の歴史性を踏まえたうえで、今日の学力問題において議論されている「リテラシー」をめぐる問題について検討しておこう。

最初に指摘しておきたいのは、今日の学力問題の中で議論されている「リテラシー」の概念の狭さ、あるいは性格の狭隘さである。今日の学力問題の中で議論されている「リテラシー」の概念がOECDのPISA調査によって提示された「読解リテラシー」「科学リテラシー」「数学リテラシー」の概念を踏襲していることは周知の通りである。また、その「リテラシー」の概念が、同じくOECDの生涯学習の調査研究（DeSeCo）によって定義された二一の「キー・コンピテンシー」に基づいていることも広く知られている。それらの背景を調べるかぎり、PISA調査の学力概念である「リテラシー」は、たしかに「二一世紀」の「高度知識社会」において必要とされる学力概念として有効ではあるが、その学力の定義と基準それ自体が、北欧型の旧福祉国家と親和性をもっていることは否めない。事実、PISA調査の結果において高位の学力水準を達成したフィンランド、カナダ、オーストラリアなどはいずれも（北欧型）旧福祉国家の典型であり、その親和性が高かったといえよう。（ちなみに「北欧型旧福祉国家」といえば、一般にスウェーデン、デンマーク、オランダ、ノルウェーがあげられようが、これらの国々はPISA調査において好成績を収めていないという事実を指摘する方も多いだろう。しかし、これらの国々は、冷戦構造崩壊後、積極的に新自由主義政策を取り入れ、旧来の「福祉国家」型の教育システムを大きく変貌させている事実に注目する必要がある。）

問うべき問題は二つある。その第一は「PISA型学力（「コンピテンス」と「リテラシー」）は、グローバル・スタンダードになり得るか」という問いであり、第二は「PISA型学力を『二一世紀型学力』と定義してよいか」という問いである。いずれも大きな本質的な問いであり、この小論で議論すべき範囲を超えているが、最小限で確認すべき事柄を指摘しておこう。

第一の問い、「PISA型学力は、グローバル・スタンダードになり得るか」という問いに関して、私の回答は「否」である。OECDの加盟三八カ国を見ても、トルコやメキシコのように、いまなお産業主義化の経済発展を遂げている国も少なくない。それらの国々においては、産業主義化とポスト産業主義化が同時進行で展開しているとはいえ、世界の国々の半数以上は、いまなお産業主義化が経済の中心であり、義務教育の完全実施、学びの質の向上が教育改革の中心である。それらの国々において「PISA型学力」が「グローバル・スタンダード」になりえないことは明瞭である。

第二の問い、「PISA型学力を『二一世紀型学力』と定義してよいか」という問いに対して、私の答えは「ある面ではそういえるが、もう一面ではそうではない」である。この問いに答える前提として、一般に流布している数々の誤解を正しておく必要がある、日本国内では「PISA型学力」を二一世紀教育の達成目標として設定する議論も見られるが、それは正しい認識とはいえない。「PISA型学力」（リテラシー）は、その概念と定義の成立背景が示しているように、二一世紀の高度知識社会において生涯学習に参加するための基礎学力を示したものである。その意味では義務教育修了時点でのミニマムな学力の基準と内容を示したものであり、決して「目標」や「到達点」を示したものではない。

さらにいえば、前述したように、「ＰＩＳＡ型学力」は、北欧型の旧福祉国家に見られるように、学校教育終了後、すべての人々が生涯学習へと直結する学習社会の建設と結びついている。たとえば、フィンランドを例にとると、五カ年計画で「二九歳の時点で八〇％以上の人々が高等教育（大学もしくはポリテクニク、いずれも三年就学）を修了している社会」の建設を達成している。生涯学習のシステムが不十分な国、あるいは生涯学習のシステムが学習機会の格差拡大として機能してしまう国において「ＰＩＳＡ型学力」は、それだけでは宙吊り状態になる危険性も指摘しておかなければならない。

「ＰＩＳＡ型学力」およびその「リテラシー」の概念が、旧来の学校の枠内に閉ざされ社会との関係も切断された「基礎学力」の概念の狭さを打ち砕く画期的な提案であること、および、この概念が二一世紀の高度知識社会において有効な学力モデルを提供したことの画期的な意義については、いくら強調しすぎても強調しすぎることはない。とくに、知識が高度化し複合化し流動化する高度知識社会に必要な能力を「コンピテンス」の概念で示し、その教育内容を「リテラシー」で再定義する概念枠組みを提示したことの意義は大きい。

また、これまでの「リテラシー」の概念が、義務教育修了段階の共通教養を意味するものとして学校教育の内側に閉ざされていたのに対して、新たな「リテラシー」の概念は、義務教育の終了段階の共通教養ではなく、生涯学習社会への参加の基礎としての共通教養へと再定義されている点も重要である。

しかし、それらの画期的意義にもかかわらず、「ＰＩＳＡ型学力」はあらゆる国の学校教育に妥当なグローバル・スタンダードとして認識すべきではないし、「二一世紀型学力」として普遍化しうるものではないことにも留意しておく必要がある。

「ＰＩＳＡ型学力」が北欧型の旧福祉国家の教育と親和性があると述べたが、同様のことは「ＴＩＭＳＳ型学力」についても指摘することができる。「ＴＩＭＳＳ型学力」は東アジア型の学校教育に強い親和性を示している。ＴＩＭＳＳ調査（一九九五年以降四年ごと実施）においてトップレベルを獲得した国は、シンガポール、香港、韓国、台湾、日本であり、すべて東アジアの固々で独占されている。

しかし、ここで興味深いことは、ＴＩＭＳＳ調査の結果が、決して東アジア型教育の優秀性を示してはいないことである。このことは東アジア各国の市民、教師、教育行政官のリアクションを見れば明瞭である。ＴＩＭＳＳ調査の結果におけるトップレベルの得点は、東アジア諸国においては、しばしば加熱した競争主義の教育や暗記詰め込み教育の結果として認識されている。すなわち学力調査結果の優秀性がその国の教育の劣等性を示すものとして受け取られている。この事実は、東アジア諸国においては、産業主義社会からポスト産業主義社会への移行期において「東アジア型教育」からの離脱が課題として意識されていることを示している。

東アジア諸国に共通するこれら一連の興味深い現象の是非を問うのはこの小論の目的ではない。むしろ重要なことは、「ＰＩＳＡ型学力」にしろ「ＴＩＭＳＳ型学力」にしろ、国際学力調査の想定している「リテラシー」の内容とその調査結果は、その国の地理的位置によって地政学（geopolitics）の様相を帯びることである。この状況において求められるのは「ＰＩＳＡ型学力」や「ＴＩＭＳＳ型学力」が各国において機能するポリティクスの研究であろう。日本を例に取り上げると、今後、日本の学校教育は、教育の格差拡大に対応して、一部のエリート教育（リベラルアーツの教養）と標準タイプの教育（ＰＩＳＡ型学力）と下層向けの教育（伝統的な基礎学力）という三つの階層別の教育に分岐する危険がある。そのポリティクスの解明が教育研究者には求められるだろう。

13 あとがき

本書は、私の教育史研究のアンソロジーである。本書によって、私の主な学術論文（和文）のほとんどを全五部作にまとめることができた。（既刊は『カリキュラムの批評——公共性の再構築へ』『教師というアポリア——反省的実践へ』『学びの快楽——ダイアローグへ』以上世織書房、『学校改革の哲学』東京大学出版会。）あと残る学術論文のアンソロジーは英語で執筆した諸論文の論文集のみである、既刊の四部作は、幸運なことに難解な大部の書籍であるにもかかわらず、多くの読者に愛読されてきた。本書もその恩恵に浴すれば幸いである。

本書の裏舞台を記しておこう。本書の論文は四八年間にまたがっている。第九章「城戸幡太郎の教育科学論——発達の技術としての教育」は二五歳で執筆した修士論文の一部である。幸運なことに、この論文は城戸先生卒寿記念出版の一章として、公刊することができた。最も新しい論文は「序論」であり、七二歳の書下ろしである。本書はこの間の四八年間に書き溜めた諸論文を、教育史像全体が浮かび上がるよう、時系列に即して配列した。

私が教育史研究に着手した動機は消極的なものであった。私が学生・院生の時代に実証的に教育学を研究しようとすれば、歴史学研究か社会学研究か心理学研究を行うしか方法がなかった。現在では教育学のメソドロジーは多種多様に存在しているが、当時は心理学、社会学、歴史学のいずれかによるしか経験科学としての教育学は存在しなかったのである。

もちろん積極的動機もある。二〇歳前後から歴史への関心は高く、内外の歴史書を読みあさっていた。学部学生時代に読んだ書物で最もインパクトを受けた歴史書は、フランツ・ボルケナウの『封建的世界像から市民的世界像へ』だった。同書は、自然法から人権思想が成立する歴史を、封建社会から市民社会への移行における概念とカテゴリーの変遷として描き出していた。この著書のように教育学の概念と思考の社会史を描き出す研究に挑戦したい。これが大学院進学の動機となった。

大学院進学前の数年間、教育史関連の著書を原書で渉猟し読みあさった。ドイツのヘルマン・ノールの改革教育学の歴史やディルタイの精神科学の論集、アメリカの教育史では定番のカバリーやモンローやクレミンを読み込んだ。これらの原著のうち私が最も精読したのは二つの書物だった。一つは、ハロルド・ラッグ（コロンビア大学教授）の*Foundations for American Education*（1947）であり、もう一つはカール・ハインツ・ギュンター（フランクフルト大学教授）の*Geshichte der Erziehung*（1957）である。ラッグの本は八二六頁、ギュンターの本は四九五頁の大著であり、二一歳から二三歳の年齢でよく精読したものだと思う。ラッグの本は後に博士学位請求論文（『米国カリキュラム改造史研究』東京大学出版会）へと連なった。また、ギュンターの本は新聞より小さな活字で百科事典のように厚い本で、東独の経済事情から紙質はすこぶる悪かったし、歴史叙述の骨格は史的唯物論の枠を脱してはいなかったが、記述内容は浩瀚で博覧強記に圧倒される専門知識で埋め尽くされていた。ヨーロッパの教育史でこれを超える本には、その後出会っていないほどの名著である。

付言すると大学院進学前後、英語、ドイツ語、ロシア語、フランス語で多数の原著を読んだことは一生の財産になっている。英語文献以外では、ドイツ語でノールの主要著作、ディルタイ一〇巻選集、カントの三批判書、マルクスの『資本論』『聖家族』『フォイエルバッハ論』『経済学・哲学草稿』など、ロシア語ではヴィゴツキー一〇巻選集、クループスカヤ選集、レーニンの『哲学ノート』など、フランス語は不得手だったがルソーの『エミール』と『社会契約論』は原著で読んだ（フランス語の経験は、後にイタリア語とスペイン語の原著を読む準備になった）。これら原著の乱読によって、人文社会科学の研究では、言語の翻訳不可能性と格闘しない限り本格的研究はなしえないことを痛感したし、日本の教育学の「閉鎖性」と「歪み」についても自覚することができた。

教育史研究の出発点でもう一つ決定的影響を与えたのが、大学院指導教授の稲垣忠彦先生である。大学院進学を決断したのは、稲垣先生の『明治教授理論史研究——公教育教授定型の形成——』を読んだことによっている。同書は、授業実践を「定型」（システム・制度）として対象化する方法、教授理論におけるペスタロッチ主義からヘルバルト主義への移行をアメリカとドイツと日本の比較教育史によって研究する方法、教育実践と教育学説を結び付けて歴史的に研究する方法など、斬新なアイデアと示唆に満ちていた。

稲垣先生は最初の個人指導で、意外にも「教育史研究者は一〇人に一人でいいので、教育実践を中心に研究しなさい」と言われ、教育実践の研究と教育史の研究の「二足のわらじ」を履くよう諭された。当時の私は諭された意味を理解しかねたが、「二足のわらじ」の教えが、その後一生続く私の研究スタイルとなった。当時、教育史学会では「領域としての教育史」か「方法としての教育史」かの議論が活発に行われていた。ゼミナールで学恩を受けた中内敏夫先生と佐藤秀夫先生は研究対象も方法も異なっていたが、「領域としての教育史」を研究されていた。他方、稲垣先生は「方法としての教育史」の筆頭格だった。私自身はこの二項対立については懐疑的だったが、布置から言えば「方法としての教育史」の末端に参入したことになる。

最初の教育史研究（修士論文）が城戸幡太郎の教育科学の研究だったことも、今思うと幸運だった。この主題の根幹には、「教育実践の科学」という日本特有の「教育科学」がどう成立したのかという問いがあった。しかし、若輩の私にとって城戸先生は「巨人」であり「怪物」だった。その大きな壁によじ登ろうと一週間、城戸先生のお宅を訪問し午後一時から日没までインタビューを行った。この経験は圧巻だった。同時期、波多野完治先生宅にも三日間訪問してインタビューを行った。（お二人はその後、亡くなられるまで私の研究の応援者として励まし続けてくださった。）

城戸先生の「巨人・怪物」たるゆえんは、戦前からドイツを中心とする哲学研究と心理学研究にとんでもなく精通しておられ、城戸先生を研究することは、そのままドイツの哲学と心理学の豊潤な歴史を理解することにつながっていた。その巨大なベースがあって「教育実践の科学」という教育科学論が構想され提示されたのである。日本の「教育科学」の成立に関しては、同時代に阿部重孝が「制度的事実の教育科学」をアメリカの教育科学運動のジャッドを敷衍して提示したが、城戸の「教育実践の科学」は日本特有の教育科学概念であり、私の教育学研究の根幹をかたちづくるものとなった。

最初の論文「城戸幡太郎の教育科学論──発達の技術としての教育」は、今読み返しても二五歳の研究とは思えない論文である。しかし、この論文が高い評価を得たのとは対照的に、私自身は博士課程進学後、何度も教育学から離れようともがいていた。多くの先達から「教育学説史研究」の進展を嘱望されたが、私自身は一〇年先二〇年先の自分の研究が透けて見える絶望感に捕らわれていたし、私の研究に深く巣くうペダンティズムに嫌悪を抱いていた。

＊

なぜ、教育学なのか。なぜ歴史研究なのか、その問いから「二足のわらじ」の歩みが始まった。当時、海外では教育学のパラダイム転換の嵐が席巻していた。教育学だけではない。人文科学・社会科学すべてがパラダイム転換の只中にあった。構造主義が一時は制覇し、その直後ポスト構造主義が台頭して、あらゆる学問が越境し解体し再創造されていた。私もカリキュラム研究と教師教育研究の分野で、その一翼を担うことになった。舞台は国内ではなく海外であった。教育史研究に則して言えば、次の二つの根源的問いによる格闘を開始したのである。

一つは、日本の教育史研究の閉鎖性をどう克服するかである。日本の教育史研究は「教育史学」という枠と「日本」という枠に呪縛され、自己閉塞に陥っているのではないか。他者のまなざしを持たない学問は独善でしかない。外部に絶対的基準（普遍的真理）を構成し、その基準で自らを検証し統制しない研究は、どんな研究も学問の真理に接近することはできない。しかし、日本の教育史研究は「他者」が内在していないし、「外部の絶対的基準」も持ちえていないのではないか。その結果、どの研究もモノローグの自己撞着に終始しているのではないか、という疑問が生まれたのである。日本の近代史は「特殊」であり「例外」という思考は右翼イデオロギーの特徴だが、左翼イデオロギーも同様の呪縛にかられていたと思う。教育史も同様である。日本の教育史は、韓国やタイやトルコやメキシコと同様に「特殊的」であると同時に「一般的」であり、グローバルな世界の近代教育の歴史の一つである。その「特殊性」と「一般性」の絡み合いを描出する方法を探索しなければならない。

もう一つの根源的な問いは、「歴史」と「教育」、「思想」と「行動」の二元論をどう克服するかという哲学的問いである。教育の実践や政策があって、その「背景」に歴史があるのではない。教育の実践や政策が歴史そのものである。教育はそれ自体が歴史であり、歴史が教育の実践と政策を現前させている。二〇二〇年七月一日のA県のB小学校のC教室の出来事は一回性の小さな出来事（incident）であるが、その小さな出来事の偶発性と必然性が歴史そのものなのであり、それ以外に「教育」は存在せず、「歴史」も存在していない。しかも歴史の事実は所与に存在するのではなく、歴史の語りによって歴史の事実として現出する。歴史研究は、新たな歴史的事実の掘り起こしであり、所与となっている歴史的事実の語り直しであり、隠された歴史的事実の開示である。教育実践の創造や教育政策の決定もまったく同様であり、それ自体が歴史の語り直しであり、歴史の再創造なのである。

「歴史」と「教育」の二元論と同様、教育学に根深く巣くっている「思想」と「行動」の二元論も克服されなければならない。教育史の研究者は実践家としても行動しなければならない。行動なき思想は空虚であり、思想なき行動は無意味である。

この二つの根本的問いから、私の教育史研究は第二ステージへと入った。博士論文『米国カリキュラム改造史研究』(東京大学出版会)はその一歩であった。この研究では、実践と理論と制度を一つの複合体として「カリキュラム改造」の歴史として構造的に描き出し、近代の複数性を摘出することを目的とした。この目的に迫るため、一九世紀末から二〇世紀半ばのアメリカの進歩主義教育の実践史料約三千点を収集し、それらの実践事例を実践の記述言語とディスコースで分析して四類型に分類し、一千五百の事例を活用して実践と理論と制度を構造化した歴史叙述を試みた。ポスト構造主義の方法によって構造主義の歴史像を提示したのである。

もう一つの根本問題である「外部の絶対的基準」については、その後も長らく模索が続いた。日本の教育史を研究するだけで日本の教育史を理解し叙述することはできない。三〇代半ばから諸外国との協同研究の機会が増え、これまで三三カ国の大学で招待講演を行い協同研究を行ってきたが、どの国を訪問するときも三冊はその国の社会史、政治史、文化史、教育史の文献を読むことにしてきた。歴史を認識しなければ、その国の教育を理解することは不可能だからである。それら多様な教育史を通底する「絶対的基準」をどのように設ければいいのだろうか。また、その「外部の絶対的基準」によって、日本の教育史は、どのような捉えなおしが可能なのだろうか。その模索を通して獲得した方法論については「序論」で論じたので、ここでは二つのことだけを指摘しておきたい。

一つは、教育史の舞台を資本主義の歴史として設定することである。この立場は学生・院生の頃から一貫しているが、その必要を強く認識したのは、一九八〇年代半ば以降、新自由主義が世界を席巻し、一九八九年のベルリンの壁が崩壊して以降、グローバリゼーションが一挙に進展したことによっている。新自由主義と冷戦構造の崩壊によって資本主義は新しいステージ（末期状況）へと突入して変態し、崩壊へと突き進んでいる。国家資本主義からグローバル資本主義へ、産業資本主義からポスト産業資本主義へ、生産資本主義から投資資本主義、さらには情報テクノ資本主義へ、この資本主義の成立、膨張、発展、変態、崩壊の歴史において教育はどう変貌してきたのか。そして現在、新型コロナと第四次産業革命、ロシアのウクライナ侵攻によって資本主義はどう変貌しているのか。これらの問いを教育の相においてより精緻に探究しなければならない。

私の教育史研究におけるもう一つのインパクトは、一九九〇年代以降のカルチュラル・スタディーズによる洗礼である。文化の政治学という新しい地平を拓いたスチュアート・ホールの登場は衝撃的であった。一九九〇年代までの私の研究はラディカル・プラグマティズムによる脱構築（deconstruction）を方法論的基礎としていた。それを強力に後押しするものとして、カルチュラル・スタディーズの洗礼を受けたのである。文化の実践（教育実践もその一つ）こそが、権力関係を構成し再構成する政治過程の中心であるというスチュアート・ホールの新しいマルクス主義のアプローチは、一九九〇年代以降の私の教育史研究の支柱の一つになった。

＊

本書は私の教育史研究の前述のような逡巡と模索の足跡を記している。ふりかえってみると、遅々たる歩みであり、逡巡を繰り返した歩みである。若い研究者の方々には、この拙い格闘の足跡を踏み台にしていただくことを祈るばかりである。幸い、私の研究室からこれまで三〇本近い博士論文が産出されてきた。それらの多くは、私が若い頃から着想しながらも実現できなかった研究であり、本書の研究水準を凌駕する水準で結実している。読者の方々には、それらの優れた諸論文を併せて読んでいただければ幸いである。

なお、本書第六章「学校という装置——「学級王国」の成立と崩壊」は、もともと英語の書籍の一章として執筆した論文の日本語版であり、『学校改革の哲学』（東京大学出版会）に再録された論文である。本書への再々録を許可してくださった東京大学出版会、日本語版の再録を許可してくださったRoutledge社に感謝したい。さらに第三章「明治元年創設の公立学校」も『学校改革の哲学』所収の論文の一部がベースになっている。この部分の再々録の許可についても東京大学出版会に感謝したい。

本書も先の三部作同様、世織書房の伊藤晶宣さんの尽力によって出版することができた。本書の企画を伝えられてから一〇年以上が経過してしまったが、その怠慢に寛容に耐えて励まし続けてくださった伊藤さんに、心からの感謝を記しておきたい。

二〇二四年七月一日

著者

〈初出一覧〉

1　「序論＝教育史像の脱構築へ」書き下ろし。

2　「『近代教育史』の批判的検討」藤田英典・黒崎勲・片桐芳雄・佐藤学編『教育学年報6　教育史像の再構築』世織書房、一九九七年一〇月、一一七〜一四一頁。

3　「明治元年創設の公立学校＝柏崎県小千谷民生局立「小千谷校・振徳館」」藤田英典・黒崎勲・片桐芳雄・佐藤学編『教育学年報6　教育史像の再構築』世織書房、一九九七年一〇月、三三五〜三三八頁、および、「交響する学びの公共圏――身体の記憶から近代の脱構築へ」栗原彬・小森陽一・佐藤学・吉見俊哉『内破する知――身体・言語・権力を編みなおす』東京大学出版会、二〇〇〇年四月、八三〜一二二頁により構成。

4　「「義務教育」概念の歴史的位相――公教育と国民教育」（原題の副題は「改革のレトリックを問い直す」）日本教育学会『教育学研究』第七二巻四号、二〇〇五年一二月、四三一〜四四三頁。

5　「「個性化」幻想の成立――国民国家の教育言説」森田尚人・藤田英典・黒崎勲・片桐芳雄・佐藤学編『教育学年報4　個性という幻想』世織書房、一九九五年九月、二五〜五一頁。

6　「学校という装置――「学級王国」の成立と崩壊」栗原彬・小森陽一・佐藤学・吉見俊哉『越境する知4　装置：壊し築く』東京大学出版会、二〇〇〇年、二六五〜二九四頁。

7 「演劇教育のトラウマ——坪内逍遥『児童劇』の挫折」『演劇人』第二号、演劇人会議、一九九八年一〇月、二六〜三二頁。
8 「共生へのユートピアとその挫折——下中弥三郎の「近代」と「反近代」」（原題の副題は「学校改革運動の「近代」と「反近代」」）栗原彬編「講座　差別の社会学」第2巻『日本社会の差別構造』弘文堂、一九九六年一二月、一八八〜二〇〇頁。
9 「城戸幡太郎の教育科学論——発達の技術としての教育」城戸幡太郎先生卒寿記念出版刊行委員会編『城戸幡太郎と現代の保育研究』ささら書房、一九八四年一〇月、第二部第六章、一七五〜二〇二頁。
10 「教育基本法成立の歴史的意味——戦後教育の象徴とその表象」藤田英典・黒崎勲・片桐芳雄・佐藤学編『教育学年報10　教育学の最前線』世織書房、二〇〇四年三月、五七〜八五頁に加筆。
11 「個の身体の記憶からの出発——ナショナル・ヒストリーを超えて」（原題の副題は「戦後の歴史教育の反省」）小森陽一・高橋哲哉編『ナショナル・ヒストリーを超えて』東京大学出版会、一九九八年五月、三〇五〜三一八頁。
12 「グローバル化による学校教育のディレンマ」（原題「グローバル化による日本の学校カリキュラムの葛藤」）労凱声・山﨑髙哉共編『日中教育学対話Ⅰ　教育学研究と教育改革の現状と課題』春風社、二〇〇八年九月、二六五〜二九七頁より抜粋。

著者紹介

佐藤学（さとう・まなぶ）

一九五一年広島県生まれ。東京大学大学院教育学研究科博士課程単位取得退学。教育学博士。東京大学大学院教育学研究科教授、学習院大学文学部教育学科教授などを経て、現在、東京大学名誉教授・北京師範大学客員教授。全米教育アカデミー会員、アメリカ教育学会名誉会員、日本教育学会元会長。

主な著書に『米国カリキュラム改造史研究――単元学習の創造』（東京大学出版会、一九九〇年）、『学び・その死と再生』（太郎次郎社、一九九五年）、『カリキュラムの批評――公共性の再構築へ』『教師というアポリア――反省的実践へ』『教育時評＝一九九七～一九九九』『学びの快楽――ダイアローグへ』（ともに世織書房、一九九六年、一九九七年、一九九九年、一九九九年）、『学校の挑戦――学びの共同体の創造』『教室と学校の未来へ――学びのイノベーション』（ともに小学館、二〇〇六年、二〇二三年）、『学校改革の哲学』（東京大学出版会、二〇一二年）、『第四次産業革命と教育の未来ポストコロナ時代のＩＣＴ教育』『新版・学校を改革する学びの共同体の構想と実践』（ともに岩波書店、二〇二一年、二〇二二年）など多数。

教育史像の脱構築——近代化言説の系譜学

2025年3月11日　第1刷発行 ©

著　者　佐藤　学
装　画　日和崎尊夫
装幀者　M. 冠着
発行者　伊藤晶宣
発行所　(株) 世織書房
印刷所　新灯印刷 (株)
製本所　協栄製本 (株)

〒220-0042　神奈川県横浜市西区戸部町7丁目240番地　文教堂ビル
電話 045-317-3176　振替 00250-2-18694

落丁本・乱丁本はお取替えいたします　Printed in Japan
ISBN978-4-86686-041-1